应用型教育数智化财会专业"十四五"系列教材

# 金 融 学

主 编 胡 丹 程小芳
副主编 张 薇 谭 瑛 李娅茜

华中科技大学出版社
http://press.hust.edu.cn
中国·武汉

## 内容简介

本书作为一本全面、系统的金融学学习指南，共分十章，深入浅出地介绍了货币与货币制度、国际货币体系与汇率制度、信用、利息与利率、金融中介机构、商业银行、中央银行与金融监管、金融市场与金融工具、货币供求与均衡、货币政策等重要内容。

本书结构合理、内容全面、语言简洁明了、实用性强，将帮助读者掌握金融学的基本概念、原理和方法，了解金融市场的运行机制，熟悉金融机构的业务操作，为后续的学习和实践打下坚实的基础。

本书适用于经济类、管理类学生对金融学相关课程的学习，也可作为社会从业人士的参考读物。

图书在版编目（CIP）数据

金融学／胡丹，程小芳主编．－－武汉：华中科技大学出版社，2024.9.
ISBN 978-7-5772-1292-0

Ⅰ．F830

中国国家版本馆 CIP 数据核字第 2024D6S841 号

**金融学**
Jinrongxue

胡丹　程小芳　主编

策划编辑：聂亚文
责任编辑：黄　军
封面设计：孢　子
责任校对：张汇娟
责任监印：周治超

出版发行：华中科技大学出版社（中国·武汉）　　电话：（027）81321913
　　　　　武汉市东湖新技术开发区华工科技园　　邮编：430223
录　　排：武汉创易图文工作室
印　　刷：武汉科源印刷设计有限公司
开　　本：787 mm×1092 mm　1/16
印　　张：17
字　　数：432 千字
版　　次：2024 年 9 月第 1 版第 1 次印刷
定　　价：48.00 元

本书若有印装质量问题，请向出版社营销中心调换
全国免费服务热线：400-6679-118　竭诚为您服务
版权所有　侵权必究

# 前言
## PREFACE

金融是现代经济的核心,是推动经济社会发展的重要力量。金融学是一门研究货币与金融体系运行机制、货币运行与经济运行之间关系的实践性很强的课程。本书作为一本全面、系统的金融学学习指南,结构合理、内容全面、语言简洁明了、实用性强,将帮助读者掌握金融的基本概念、原理和方法,了解金融市场的运行机制,熟悉金融机构的业务操作,为后续的学习和实践打下坚实的基础。本书适用于经济类、管理类学生对金融学相关课程的学习,也可作为社会从业人士的参考读物。

本书共分十章,深入浅出地介绍了货币与货币制度、国际货币体系与汇率制度、信用、利息与利率、金融中介机构、商业银行、中央银行与金融监管、金融市场与金融工具、货币供求与均衡、货币政策等重要内容。此外,本书配备了大量的阅读材料,结合我国金融改革实践对理论知识进行阐述,更加科学、全面地反映了我国在金融学理论研究和改革实践方面的成果,引导学生了解更多的金融实践案例和发展趋势,拓展学生的视野和思路,体现实用性的特色;全书各章都设置了思政专栏,将课程思政元素有机融入教育教学全过程,全面培育学生的爱国情怀、职业操守、诚实守信与法治意识,推动立德树人、协同育人,积极培育社会主义核心价值观;全书各章后还设置了复习思考题,帮助读者更好地复习、巩固、理解和应用所学知识,检验学习效果。

本书的编写团队汇聚了来自湖北开放大学与武汉华夏理工学院的资深教师,团队成员不仅拥有深厚的学术背景,还积累了丰富的业界工作经验和教学经验。团队成员对金融的各个领域进行了深入的研究和探讨,并充分考虑了应用型高校学生的认知规律和学习需求。全书由胡丹、程小芳担任主编,各章编写人员及分工如下:胡丹编写第一章、第二章、第三章、第四章;胡丹、张薇编写第十章;程小芳、胡丹编写第八章、第九章;李娅茜、胡丹编写第五章、第六章;谭瑛、胡丹编写第七章。在教材的编写过程中,我们得到了来自评审专家和华中科技大学出版社的大力支持和帮助,在此表示衷心的感谢!

由于编者水平和时间有限,本书难免存在不足之处,敬请同行专家、读者多提意见和建议。同时,我们也希望本书能够为读者带来更多的学习收获和实践经验,为金融学领域的发展做出贡献。

编　者

2024 年 8 月

# 目录
## CONTENTS

第一章　货币与货币制度 ····················································································· 1
　第一节　货币的起源与发展 ············································································· 3
　第二节　货币的职能 ···················································································· 13
　第三节　货币制度 ······················································································· 16

第二章　国际货币体系与汇率制度 ······································································· 24
　第一节　国际货币体系概述 ··········································································· 26
　第二节　外汇与汇率 ···················································································· 30
　第三节　汇率制度 ······················································································· 38

第三章　信用 ···································································································· 45
　第一节　信用概述 ······················································································· 46
　第二节　现代信用形式 ················································································· 54

第四章　利息与利率 ··························································································· 68
　第一节　利息与利率概述 ·············································································· 69
　第二节　利率的度量 ···················································································· 77
　第三节　利率的决定 ···················································································· 80
　第四节　利率的作用 ···················································································· 86

第五章　金融中介机构 ······················································································· 91
　第一节　金融中介机构概述 ··········································································· 92
　第二节　西方国家的金融中介体系 ·································································· 95
　第三节　中国的金融中介体系 ······································································ 102
　第四节　国际金融机构体系 ········································································· 109

第六章　商业银行 ···························································································· 115
　第一节　商业银行的产生与发展 ··································································· 117
　第二节　商业银行的性质与职能 ··································································· 122
　第三节　商业银行的主要业务 ······································································ 124
　第四节　商业银行的经营管理 ······································································ 134

第七章　中央银行与金融监管 ············································································ 140
　第一节　中央银行的产生与发展 ··································································· 141
　第二节　中央银行的体制 ············································································ 145
　第三节　中央银行的性质与职能 ··································································· 149
　第四节　中央银行的主要业务 ······································································ 150

| 第五节　金融监管 | 154 |

## 第八章　金融市场与金融工具 163

| 第一节　金融市场概述 | 165 |
| 第二节　金融工具 | 168 |
| 第三节　货币市场 | 183 |
| 第四节　资本市场 | 187 |
| 第五节　金融衍生产品市场 | 195 |

## 第九章　货币供求与均衡 200

| 第一节　货币需求 | 202 |
| 第二节　货币供给 | 209 |
| 第三节　货币均衡与失衡 | 218 |
| 第四节　通货膨胀 | 220 |
| 第五节　通货紧缩 | 229 |

## 第十章　货币政策 234

| 第一节　货币政策概述 | 236 |
| 第二节　货币政策目标 | 237 |
| 第三节　货币政策工具 | 244 |
| 第四节　货币政策传导机制及效应 | 249 |

## 参考文献 261

# 第一章
# 货币与货币制度

**JINRONGXUE**

### 学习目标

了解货币的起源和形态发展过程。
掌握货币的本质与职能。
理解货币制度的构成及演变。

### 导入案例

**比特币的发展历程**

比特币(Bitcoin)又叫数字货币、虚拟货币,其概念最初由中本聪在2009年提出,是基于点对点网络协议而产生的一种去中心化、数字化的电子货币,是一种网络虚拟资产。

与法定货币不同,比特币不依靠特定货币机构发行,它依据特定算法,通过大量的计算产生。比特币经济使用整个P2P网络中众多节点构成的分布式数据库来确认并记录所有的交易行为,并使用密码学的设计来确保货币流通各个环节的安全性。P2P的去中心化特性与算法本身可以确保无法通过大量制造比特币来人为操控币值。基于密码学的设计可以使比特币只能被真实的拥有者转移或支付。这同样确保了货币所有权与流通交易的匿名性。比特币的供应总量上限为2 100万,具有极强的稀缺性。

比特币没有一个集中的发行方,而是由网络节点的计算生成,谁都有可能参与制造比特币,而且可以在全世界范围内流通,可以在任意一台接入互联网的电脑上买卖,不管身处何方,任何人都可以挖掘、购买、出售或收取比特币,并且在交易过程中外人无法辨认用户的身份信息。

2009年1月3日,中本聪开创比特币点对点网络开源用户群节点和散列函数系统,从此,其对等网络和它的第一个区块链开始运行,他发行了最初的50个比特币。

2010年5月21日,第一笔公开的使用比特币购买实体物品的交易,是美国佛罗里达的一位程序员花费1万个比特币购买了价值25美元的披萨优惠券。

2010年7月17日,第一个比特币平台成立。

2011年2月9日,比特币价格首次突破1美元。

2014年9月9日,美国电商巨头eBay宣布,该公司旗下支付处理子公司Braintree开始接受比特币支付。该公司与比特币交易平台Coinbase达成合作,接受这种相对较新的支付手段。虽然eBay市场交易平台和PayPal业务还不接受比特币支付,但旅行房屋租赁社区Airbnb和租车服务Uber等Braintree客户将可开始接受这种虚拟货币。

2017年,比特币价格再次飙升,达到了20 000美元的历史高点,随后下跌。

2021年,比特币价格再次上涨,达到64 000美元的历史高点,但随后再次下跌。

2023年,加密市场进入熊市,比特币价格维持在30 000美元左右。

比特币的价格在其发展史上经历了许多起伏,但其仍然是最受欢迎的数字货币之一,吸引了全球范围内的用户和投资者。

在中国,2013年12月,中国人民银行、工业和信息化部、中国银行业监督管理委员会、中国证券监督管理委员会、中国保险监督管理委员会联合印发《关于防范比特币风险的通知》,该通知首次禁止各金融机构和支付机构开展与比特币相关的业务,并强调比特币不是法定货币。2017年9月4日,中国人民银行等七部门联合发布《关于防范代币发行融资风险的公告》,该公告叫停了首次代币发行融资行为(ICO),并指出"代币发行融资"本质上是一种未经批准非法公开融资的行为,强调任何平台不得从事法定货币与代币、"虚拟货币"相互之间的兑换业务,不得买卖或作为中央对手方买卖代币或"虚拟货币",不得为代币或"虚拟货币"提供定价、信息中介等服务。

【思考】
(1) 比特币到底是不是货币?
(2) 它是否会替代主权国家的法定货币呢?

资料来源:https://baijiahao.baidu.com/s?id=1596061668186457397&wfr=spider&for=pc.

## 第一节 货币的起源与发展

货币是现代经济不可或缺的经济要素,它直接作用于生产、流通、分配和消费,是进行宏观调控的重要工具,所以又被称为经济的润滑剂。

### 一、货币的起源

根据考古发现,世界上最早的货币可以追溯到公元前3 000年左右的美索不达米亚地区(现今伊拉克一带),当时以银块作为货币。在中国,最早的货币是贝币,在新石器时代晚期开始出现,夏商周时期广泛流通。货币的出现代替了过去的以物换物,大大地促进了商品的流通,促进了人类经济发展。可以说,货币是商品经济能够诞生的关键因素,有了货币,商品经济和货币经济的萌芽就开始出现。正是货币的发明、金融的使用,推动人类文明逐渐从农耕时代慢慢过渡到工业文明时代。

关于货币起源的学说,古今中外有多种,如中国古代的先王制币说、交换起源说,西方国家的创造发明说、便于交换说、保存财富说,等等。这些学说或认为货币是圣贤的创造,或认为货币是保存财富的手段,许多法学家甚至说货币是法律的产物。凡此种种,不一而足。虽然从特定的历史背景来看,多数学说都存在一定的合理成分,但无一能透过现象看本质。马克思从辩证唯物主义和历史唯物主义的观点出发,采用历史和逻辑相统一的方法观察问题,科学地揭示了货币的起源与本质。

马克思将货币商品论建立在劳动价值论的基础上,从价值形式的发展要求中揭示了货币产生的客观必然性。马克思认为,货币是交换发展和与之伴随的价值形态发展的必然产物。价值形式经历了"简单的价值形式→扩大的价值形式→一般价值形式→货币形式"的发展过程。从这一发展过程可以看出:首先,货币是一个历史的经济范畴,是随着商品和商品交换的产生与发展而产生的;其次,货币是商品经济自发发展的产物,而不是发明、人们协商或法律规定的结果;再次,货币是交换发展的产物,是社会劳动和私人劳动之间矛盾发展的结果。

### (一)商品交换与价值形式

商品是使用价值和价值的对立统一物。使用价值是商品的自然属性,用以满足人们的某种需要。价值是商品的社会属性，它证明凝结在商品中人类一般劳动的存在。商品交换的依据是商品的价值，因为使用价值是不同质的，无法相互比较，只有价值具有质的共同性和量的可比性，等价交换便成为一条自然的交换法则。

使用价值以物质形态直接出现，可为人们的感官直接感知，但价值是寓于商品中的抽象劳动，不能通过商品自己表现，而是在商品交换过程中相对表现出来的。通过交换，一种商品的价值表现在另一种商品上了。于是，后一种商品就成了前一种商品的价值表现形式。这就是商品价值的表现形式，简称为价值形式。货币正是在这种由商品交换发展所决定的价值形式的发展中产生的。

## （二）价值形式发展与货币产生

### 1. 简单的价值形式

简单的价值形式，也称偶然的价值形式，即一种商品的价值偶然地表现在另一种商品上。人类社会尚未发生大分工以前，商品交换只是偶然现象。极为低下的生产力水平，决定了人们不可能经常有剩余产品拿来交换，更谈不上专门为交换而进行生产。但这种偶然的商品交换已经具有了商品价值表现的简单形式，即一种商品的价值通过另一种商品相对表现出来。它说明商品有了等价物，价值不再是完全抽象的，而具有了"物的形式"。其交换形式为：

$$2只羊 = 1把石斧（第一次社会分工后）$$

一种商品一旦作为等价物，便具有了如下特征。

第一，使用价值成为价值的表现形式。等价物并不能用自身的价值来表现出其他商品的价值，因为它自身的价值也是内在的、不可捉摸的，只能以自身的外在形式即一定量的使用价值来表现。

第二，具体劳动成为抽象劳动的表现形式。等价物也是具体劳动的产物，但它被用来衡量别的商品所含劳动的质和量，成为抽象劳动的代表。生产等价物的具体劳动，使凝结在与其交换的商品当中的抽象劳动具体化了。

第三，私人劳动成为社会劳动的表现形式。一种商品主动与等价物交换，其实质是使生产这种商品的私人劳动求得社会的承认，转化为社会劳动。但生产等价物的劳动也是私人劳动，只因为等价物在交换关系中被他人所追求，具有与别的商品直接交换的能力，这种私人劳动便具有了直接的社会性，成为社会劳动的代表。

等价物的上述特征提醒人们，在商品价值的简单表现形式中已经孕育了货币的胚芽，等价物的特征中蕴藏着货币的本质，货币是一种发展成熟了的等价物。

在原始社会末期，由于劳动生产率很低，剩余产品数量非常有限，所以交换只是在原始公社之间偶然发生。当时的商品交换在双方的经济生活中只占极小比重，因此，也没有相对固定的交换比例。

### 2. 扩大的价值形式

随着生产力的发展，尤其是社会分工的出现，商品交换不再是偶然发生的事情，而成为一种经常性的有规律的现象。这样，每一种商品不再是偶然地和另一种商品相交换，而是经常地与其他许多种商品相交换；其价值不再是由另一种商品简单地表现，而是由许多种商品来表现；每一种商品的等价物不止有一个，而是有一系列。其交换形式为：

$$2 \text{ 只羊} = \begin{cases} 1 \text{ 把斧头} \\ 1 \text{ 匹布} \\ 50 \text{ 千克盐} \\ 10 \text{ 克黄金} \\ \text{其他商品} \end{cases}$$

这种情况说明,商品价值同它借以表现的使用价值的特殊形式没有关系,每一种进入交换的商品都可以充当其他商品的等价物。价值是无差别的人类劳动的凝结,这一论断在这种扩大了的价值表现形式中得到了证明。这时候,商品之间的交换比例不再是偶然确定的,而是更加接近于它们内部实际包含的价值量。

扩大的价值形式与简单的价值形式有一个共同特点,就是它们都属于直接物物交换,要求交换双方在同一时间、同一地点彼此都需要对方的商品,而且价值量相等时,交换才能成立。交换的成立受到严格的条件限制,这就使交换受到极大的局限。比如,有羊的人希望以羊换布,而有布的人则想换米,有米的人希望换锄头,有锄头的人愿换丝,有丝的人想换羊。在物物交换的条件下,有羊的人为了得到布必须首先以羊换丝,再以丝换锄头,然后以锄头换米,最后以米换布。只有逐步地解开需求链,才能使生产这些产品的劳动得到社会承认,从而使私人劳动转化为社会劳动。要解开这个需求链是要花费极大精力的,更何况在一个限定的时间和空间范围内这样的需求链未必存在。所以物物交换具有极大的局限性,提高了交易成本,制约了交换的发展。

**3. 一般价值形式**

当人们在直接的物物交换中遇到困难时,便开始自发地或本能地在市场上寻找一种商品,这种商品进入交换的次数最多,其使用价值是大家共同需要的,只要将自己的商品先换成这种商品,再换他实际所希望的商品就不成问题了。谁都这样做,谁都把这种商品当作等价物,那么,这种商品实际上就成了所有商品的公共的或一般的等价物了。其交换形式为:

$$\text{商品} \rightarrow \text{一般等价物} \rightarrow \text{商品}$$

当价值表现物被长期固定在某一种或某几种商品上时,价值形式便发展了质的飞跃。一般等价物的出现标志着商品交换进入了高级阶段,直接的物物交换让位于通过媒介的间接交换,交换过程就分裂为买和卖两个独立的阶段,商品所有者先卖再买,为了买而卖,这种间接交换就是商品流通。

一般等价物已经不再是普通的商品,它有如下两个重要特征。

第一,一般等价物不再是消费的对象,而成了交换的媒介。作为一般等价物的商品,并不是人们交换的目的,而是交换的手段。

第二,一般等价物不是用其自然的使用价值,而是用由社会赋予它的使用价值——直接与其他商品相交换的能力——来表现商品的价值。

**4. 货币价值形式**

一般等价物的出现,解决了直接物物交换的矛盾和困难,使商品交换在一般等价物的媒介作用下获得了新的发展。但这时候充当一般等价物的商品还是不固定的,时而是这种,时而又是那种。这种情况必然阻碍商品交换的进一步发展。因此,人们很自然地要求在较大的范围内

（如一个民族甚至一个国家）将一般等价物统一起来，使其成为长期固定的一般等价物。这种固定化了的一般等价物就是货币。其交换形式为：

$$\left.\begin{array}{l}1\text{ 把斧头}\\1\text{ 匹布}\\50\text{ 千克盐}\\10\text{ 克黄金}\\\text{其他商品}\end{array}\right\}=10\text{ 克黄金}$$

货币的产生，使一切商品的价值有了一个固定的、相对统一的表现形式。这种变化一方面有利于商品交换，另一方面也增大了商品买卖脱节的可能性，促使危机爆发。在货币形式下，整个商品世界分为两极：一极是各式各样的商品，它们以使用价值的形式存在，在交换中，它们要求转化为价值；而另一极则是货币。

综上可知，货币是商品经济发展到一定阶段的产物，是商品内在矛盾发展的必然结果。货币出现后，商品便与等值货币进行交换，价格便成了价值的货币表现，商品的交换也就通过商品的价格进行。

图1-1展示了价值形态的演化过程。

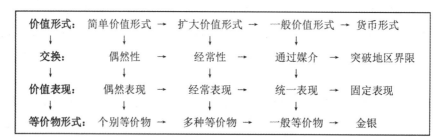

图1-1　价值形态的演化过程

## 二、货币的形态及其演变

货币的形态是指货币的存在形式，即货币是用什么材料制作的。很多物品都可以充当货币，但是，能够充当货币的一般等价物还需要具备一定的条件。只有在理想的货币短缺时，其他东西才会替代它。通常，理想的货币需要具备如下条件：①普遍可接受性；②易于标准化，且价值稳定；③易于分合，方便"找零"和大额支付；④易于保存，不易变质；⑤体小价大，便于携带。

明白了理想货币的条件，就会更加容易理解历史上不同形态货币的演变过程。

### （一）实物货币

实物货币是人类最早采用的、最原始的货币形式，具体表现为实物形态的商品，其作为普通商品（非货币）用途的价值，与其作为货币用途的价值是相等的。在远古时期，生产力不发达，交换就是为了满足生产和生活的某种需要，所以作为交换媒介的货币一般是具有特殊使用价值的、最普通的供求对象，是相比其他商品而言较为珍贵、最能代表社会财富并易于保存的实物。

中国是世界上最早使用货币的文明古国之一。在中国的商周时期，牲畜、粮食、布帛、珠玉、贝壳等都充当过货币,其中,以贝最为流行。早在公元前21世纪,夏朝的人们就开始以贝壳为货币。贝自然生成均匀的个体,便于计量和找零。此后,表示财富的文字大多带有"贝"字旁(或底)。

实物货币之所以随着商品经济的发展逐渐退出货币历史舞台,根本原因在于实物货币具有难以消除的缺陷。它们或体积笨重,不便携带;或质地不匀,难以分割;或容易腐烂,不易储存;或大小不一,难以比较。

## (二)金属货币

世界上曾经充当货币的金属主要是金、银、铜,铁作为货币的情况较少,这是因为冶炼技术发展以后,铁的价值很低,用于交易过于笨重,且易锈蚀,不易保存。但是,有的民族、国家也曾短暂出现过铁充当货币的历史。总的来看,金属货币的演化是沿着两个趋势进行的。

第一,金属货币经历了由贱金属到贵金属的演变。这个演变过程与生产力的发展和商品交换的发展相适应,在金属货币产生的初期,生产力不发达,商品交换规模相应较小,所以价值低的贱金属铁、铜就可以满足交易的需要;当社会经济发展到相当水平、交易规模相当庞大时,就需要价值高的贵金属金、银来充当币材。金银的自然属性使其具有质地均匀、便于分割和铸造、便于携带、不易损坏、体积小、价值高等特征,这些特征使金银最适于充当货币,所以马克思说过一句话:"金银天然不是货币,但货币天然是金银。"

在西方主要资本主义国家中,黄金充当币材的垄断地位是在19世纪内先后完成的,其货币形式的发展基本遵循了由贱金属向贵金属演变的模式。但中国货币形式的发展并没有严格体现出由贱金属向贵金属演变的特征。据考证,中国最早的货币金属是铜和金两种。在殷商时代的中晚期,也就是公元前14世纪至公元前11世纪,人们已经使用铜铸造货币,距今已有3 100年以上的历史。黄金在商代的遗址中就有发现,但当时只是用作饰物,在战国时期开始作为货币使用,考古发现有一种铭文读为"郢爰"的金钣,就是战国楚地的货币。进入周代以后,中国一直是铜币流通的天下,直到20世纪30年代还有铜元流通,民国政府在20世纪20年代、30年代还发行过铜元。白银作为币材是从宋朝开始,并一直是主币的币材。

从中国货币史的角度考察,中国的币材是金银铜并行、以铜为主。中国使用铁作为货币的历史很短,五代十国时期出现过铁钱;在宋代,四川专用铁钱,有些地方铁钱、铜钱并用,作为货币的贵金属主要是银,金作为货币相对较少。

第二,金属货币经历了从称量货币到铸币的演变。金属货币最初是以块状流通的,金银块、金银锭、金银元宝都属于称量货币,使用称量货币时每笔交易都需要称重量、鉴定成色,有时还要按交易额的大小把金属块进行切割,这种货币就是称量货币。称量货币交易起来很不方便。后来,有些有名望的大商人在贵金属块上打上自己的印记,标明重量和成色,表示用自己的信誉对其真实性负责,这样就方便了流通,这就是铸币的雏形。当商品交换扩大到更大范围以后,当地有名望的商人给货币进行信用背书就不行了,这时要求对货币的重量、成色给予更权威的证明,而最具权威的自然就是国家。

铸币是由国家打上印记,证明重量和成色的金属块。所谓国家的印记,包括形状、图案、花纹、文字等等。最初,各国的铸币有各种各样的形状,但后来都逐步过渡到圆形,因为圆形最便于携带而不易磨损。中国最古老的金属铸币是铜铸币,有三种形制:"布""刀""铜贝"。"布"是铲形农具的缩影,最早的"布"出现在西周春秋时期;"刀"是兵器刀的缩影,主要流通在齐国、燕国;"铜贝"最初是在南方楚国流通,通常称为"蚁鼻钱",形状像海贝,也称"鬼脸钱"。从秦始皇起，我国历代王朝发行的铜铸币都采用秦朝"半两"铜钱圆形方孔的形制。"半两"铜钱是中国统一铸币制度的开始，以后历代王朝货币的名称虽有改变，但圆形方孔的形制一直延续到清代。秦朝到隋朝的铸币是以重量命名的，叫作"半两钱"和"五铢钱"，"五铢钱"从汉朝起到隋朝流通了大约700年。唐武德四年(621年)，废铢两制，实行宝货制，其形状仍为圆形方孔，其币文为通宝、元宝、重宝等，前面再加当朝皇帝的年号，从而确立了以后历代王朝铸币的基本形制。需要指出的是，唐朝在武德年间发行的货币为"开元通宝"，不再以重量铭文而以年号铭文，使铸币彻底摆脱了称量货币的影响。受西方货币文化的影响，清光绪二十六年(1900年)，朝廷在广东首先制造了新式的机制铜元，改变了铜钱圆形方孔的形制；1935年，民国政府实行法币政策以后，机制铜元也逐步退出历史舞台，前后只流通了短短三十几年。清朝中后期，开始铸造银币，称"龙洋"；北洋政府发行的银币，称为"袁大头"；国民政府发行的是印有孙中山头像的银币。

图1-2展示了我国在不同历史时期的实物货币和金属货币。

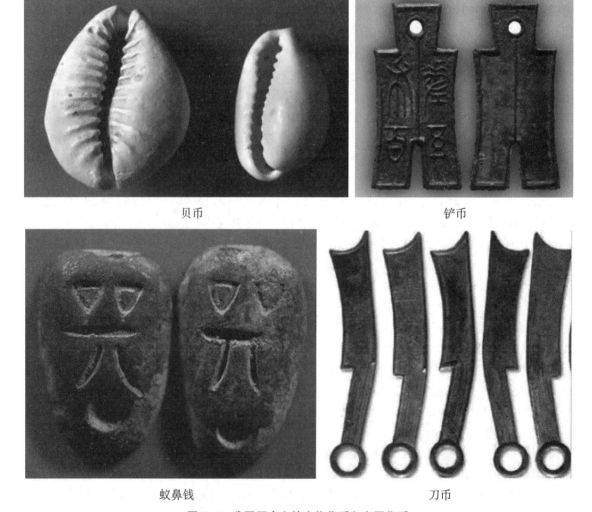

贝币　　　　　　　　　铲币

蚁鼻钱　　　　　　　　刀币

图1-2　我国历史上的实物货币和金属货币

半两钱　　　　　　　　　　　五铢钱

续图 1-2

### （三）信用货币

信用货币是以信用作为保证，通过信用程序发行和创造的价值符号。信用货币有两种类型，一种叫可兑换的信用货币，另一种叫不可兑换的信用货币。

可兑换的信用货币是随时可以兑换黄金的信用货币，这种货币是黄金的代用货币。可兑换的信用货币最早出现在英国。在中世纪后期，英国的金匠为顾客保管金银货币，所开出的收据（在中国称为银票）可以在流通领域代表金银币流通，这是信用货币的雏形。可兑换的信用货币是金属货币流通制度下的价值符号，开始是被动发行的，后来，出现了银行，银行便开始主动发行信用货币。银行事先印制好不同面额的银行券，印制、发行的数量由银行所吸存的金银数量决定，银行所储存的金银是发行银行券的信用保证和兑现的准备。于是，银行券就成为银行发行的代替金银货币流通、可以随时兑换金银的信用货币。最初的银行券都实行 100% 的黄金保证，即发行多少银行券就必须储备多少黄金。后来，由于银行券的普遍使用，兑现的频率下降，黄金准备的比率也就降低了，最低的时候甚至只需 10% 的准备就可以满足兑现的需要。银行券通过商业票据贴现发行，因此有黄金和商业信用双重保证。信用货币的使用克服了大宗交易携带贵金属货币的不便，扩大了货币供给的规模，提高了交换效率。

不可兑换信用货币就是不能兑换金银的信用货币。典型的不可兑换信用货币是政府以政权为后盾，强制发行、流通的纸币。纸币是政府以国家信用为基础发行的，它的发行并不需要金银准备作为保证，不受金银准备的束缚，完全割断了货币与贵金属的联系。另外，由银行发行的不兑现的银行券，也是与纸币并行流通的不兑现信用货币的重要形式。不兑现银行券是由可兑现银行券演变而来的，在第一次世界大战前发生经济危机时，一些国家的银行曾停止银行券兑付黄金。在第一次世界大战期间，世界各国的银行券普遍停止兑付黄金，战后有的国家曾短暂恢复兑付，但往往附带有苛刻的条件。直到 1971 年布雷顿森林体系崩溃，美国政府宣布美元停止兑换黄金，各国政府也宣布与美元脱钩，从此世界各国发行的银行券都成为不兑现的信用货币，银行券完全纸币化了。至此，银行券与政府纸币合二为一，由中央银行垄断发行，流通中的货币完全由纸质的不兑现信用货币所取代。

## 补充阅读 1-1

### 世界上最早的纸币

中国是世界上使用货币较早的国家。根据文献记载和大量的出土文物考证,我国对货币的使用至少已有 4 000 多年的历史,从原始贝币到布币、刀币、圜钱、蚁鼻钱以及秦始皇统一中国之后流行的方孔钱,中国货币文化的发展可谓源远流长。到北宋时期,我国出现了纸币——"交子"。交子是中国最早的纸币,也是世界上最早使用的纸币。

最初的交子由商人自由发行。北宋初年,四川成都出现了专为携带巨款的商人经营现钱保管业务的交子铺户。存款人把现金交付给铺户,铺户把存款人存放现金的数额临时填写在用楮纸制作的卷面上,再交还存款人,当存款人提取现金时,每贯付给铺户 30 文钱的利息,即付 3%的保管费。这种临时填写存款金额的楮纸券便是交子。这时的交子,只是一种存款和取款凭据,而非货币。

随着商品经济的发展,交子的使用也越来越广泛,许多商人联合成立专营发行和兑换交子的交子铺,并在各地设交子分铺。由于交子铺户恪守信用、随到随取,所印交子图案讲究、隐做记号、黑红间错、亲笔押字,他人难以伪造,所以交子赢得了很高的信誉。商人之间在进行大额交易时,为了避免铸币搬运的麻烦,直接用随时可变成现钱的交子来支付货款的事例也日渐增多。正是在反复进行的流通过程中,交子逐渐具备了信用货币的品格。后来交子铺户在经营中发现,只动用部分存款,并不会危及交子信誉。于是他们便开始印刷有统一面额和格式的交子,作为一种新的流通手段向市场发行。这种交子已经是铸币的符号,真正成了纸币。但此时的交子尚未取得政府认可,还是民间发行的"私交"。

但并非所有的交子铺户都是守法经营、恪守信用的。有一些唯利是图的铺户,恶意欺诈,在滥发交子之后闭门不出,停止营业;或者挪用存款,经营他项买卖失败而破产,使所发交子无法兑现。这样,当存款者取钱而不能时,便往往激起事端,引发诉讼。于是,景德年间(1004—1007年),益州知州张泳对交子铺户进行整顿,剔除不法之徒,专由十六户富商经营。至此,交子的发行始取得政府认可。

宋仁宗天圣元年(1023 年),政府设益州交子务,由京朝官一二人担任监官,主持交子发行,严格其印制过程。这便是我国最早由政府正式发行的纸币——"官交子"。交子比美国(1692年)、法国(1716年)等西方国家发行纸币要早六七百年,因此也是世界上发行最早的纸币。

"官交子"发行初期,其形制仿照民间"私交",加盖本州州印,只是临时填写的金额文字不同,一般是一贯至十贯,并规定了流通的范围。宋仁宗时,一律改为五贯和十贯两种。到宋神宗时,又改为一贯和五百文两种。发行额也有限制,规定分界发行,每界三年(实足二年),以新换旧。首届交子发行 1 256 340 贯,备本钱 360 000 贯(以四川的铁钱为钞本),准备金相当于发行量的 28%。交子的流通范围也基本上限于四川境内,后来虽在陕西、河东有所流行,但不久就废止了。

交子的出现,便利了商业往来,弥补了现钱的不足,是我国货币史上的一大业绩。此外,交子作为我国乃至世界上发行最早的纸币,在印刷史、版画史上也占有重要的地位,对研究我国古代纸币印刷技术有着重要意义。

资料来源:https://baike.baidu.com/item/%E4%BA%A4%E5%AD%90/564925.

## （四）电子货币

根据巴塞尔银行监管委员会的定义，电子货币（也称 e 货币）是指通过硬件设备或者电脑网络完成支付的储存价值或预先支付机制，也就是依靠电子设备网络实现储存和支付功能的货币。电子货币作为现代经济高度发展和金融业技术创新的结果，是以电子和通信技术飞速发展为基础的，也是货币支付手段职能不断演化的表现，从而在某种意义上代表了货币发展的未来。

电子货币有以下几种形式：借记卡、贷记卡；储值卡（如电话 IC 卡、IP 卡、金龙卡、公交 IC 卡等）；电子现金（如手机电子钱包）；电子支票；等等。

## （五）数字货币

数字货币（Digital Currency）是以数字模式存在并依赖于数字形式记录其价值和完成价值转移的货币，国际清算银行（BIS）将数字货币定义为以数字形式表示的资产。数字货币分为宽口径和窄口径两类。窄口径的数字货币仅仅指加密数字货币，其中，央行法定数字货币因为有主权信用担保，可以称之为货币；而私人数字货币缺乏信用且价值不稳定，难以称作真正的货币。宽口径的数字货币范畴广泛，包括前面介绍的电子货币以及各种网络虚拟货币，如比特币、狗狗币等。

2019 年以来，全球出现了央行数字货币（Central Bank Digital Currency，CBDC）的研发和应用热潮。自从 2020 年巴哈马第一个推行央行数字货币"Sand Dollar"后，全球央行数字货币发行拉开序幕。2021 年 4 月，东加勒比成为第一个发行数字货币的货币联盟。中国早在 2014 年就启动对央行数字货币的研究，2019 年启动首批试点，之后不断扩大试点的范围。全球目前至少有 46 家中央银行正在积极设计或规划数字货币。

CBDC 使用区块链技术创建，与一个国家的法定货币具有相同的价值和功能。中国版 CBDC 称为数字人民币（e-CNY），是由中国人民银行发行，由指定运营机构参与运营并向公众兑换，以广义账户体系为基础，支持银行账户松耦合功能，与纸钞和硬币等价，并具有价值特征和法偿性的可控匿名的支付工具。

国际清算银行（BIS）在 2021 年专题报告中归纳了央行数字货币的三大特点。

其一，央行数字货币与现金不同。央行数字货币是一种账户上的数字形态，不像纸币和硬币那样为实物形态。数字货币将数字技术（区块链）与货币融合起来，本质上是经过加密的一串字符，包含了多种隐藏的关键信息，如发行方、发行金额等。

其二，央行数字货币不同于现有的各种无现金支付工具，如转账、直接贷记、卡支付和电子货币（e-Money）等。央行数字货币表示为持有者对央行的直接债权，而不是像后者那样为私人金融机构的债务。各种电子支付方式，比如网银、微信、支付宝等所使用的是电子货币，不是数字货币。电子货币的本质则是法定货币的电子化。

其三，央行数字货币也不同于私营数字货币或现有的私营加密货币，如比特币（Bitcoin）、泰达币（USDT）等。央行数字货币由中央银行发行，以加密数字串为表现形式，是法定货币或无限法偿货币。私营公司发行的数字货币是私人发行的，不是无限法偿货币，使用范围有限。二者的权利与风险不同。央行数字货币是持有者对央行的无风险债权，是以国家信用为基础的无限法偿数字货币，无信用风险。央行数字货币与现有的私营加密货币（如比特币）、稳定币（如泰达币）及其他私营数字货币最大的区别在于信用风险不同。全球现有私营数字货币 5 000 多种，这些私营数字货币是有信用风险的。

由于全球私营数字货币存在的巨大风险和数字经济的快速发展,央行数字货币的发展成为必然,它代表了未来人类货币和金融发展的一个主要方向。

综上所述,人类货币发展的历史,就是不断地有新的货币技术被发明出来,而新技术的出现又会带来新的货币形式。在新的货币形式下,货币流通方式当然也会不同,所以货币的发展过程也是一个不断创造、不断创新的过程。整个人类货币的发展历史有一个基本的规律,就是成本更低、更加方便、更加快捷。

## 思政专栏1-1

### 数字人民币落地应用遍地开花 应用场景逐渐增加

数字人民币是由中国人民银行发行的数字形式的法定货币,由指定运营机构参与运营并向公众兑换,以广义账户体系为基础,支持银行账户松耦合功能,与纸钞、硬币等价。

党的二十大报告明确指出:"加快发展数字经济,促进数字经济和实体经济深度融合。"自数字人民币作为数字经济的重要内容写入国家"十四五"规划以来,数字人民币的发展已成为国家重点战略之一。作为一种全新的数字货币形式,数字人民币不仅可以提高人民币的国际地位和竞争力,也将有助于促进消费升级、降低支付成本、优化金融体系、推动经济发展。数字人民币的推出,意味着我国迎来新的数字支付时代。

自2019年末以来,中国人民银行在深圳、苏州、成都、雄安新区以及2022年冬奥会场景开展数字人民币测试,后又陆续增加了几批新的试点地区。2023年4月,江苏、广东深圳、浙江义乌等多个试点地区推出具体方案,截至2023年4月8日,数字人民币试点范围已扩大至17个省(市)的26个地区,数字人民币加快融入百姓衣食住行的各个领域。

除了发工资,数字人民币已落地了多个场景的应用,并且正在持续扩容。比如,苏州落地了全国首个灵活就业人员缴存公积金的数字人民币场景;常熟自2022年以来,已经用数字人民币向中小微企业发放贷款近70 000万元;邮储银行也在2022年落地了全行首笔数字人民币汽车消费贷款放款及受托支付业务;等等。从一般的消费场景到财政资金使用,再到金融业发放贷款、跨境支付等业务,以及公共服务缴费、医疗服务、保险理赔等,数字人民币可谓遍地开花。

从数字人民币目前的应用情况看,在以下三个场景的需求更大,效果更好:一是小额、高频的零售场景,数字人民币的实时结算和可追溯特性可以满足大众对便捷零售支付服务的需求;二是跨境支付领域,数字人民币不仅能有效提高跨境支付的速度和效率,还将推动跨境支付业务的升级迭代;三是民生服务场景,包括社保、税收、公积金、物业费等领域,数字人民币都可以为公众提供安全、便捷、个性化的服务。

目前,六大国有行,外加招商、兴业、微众、网商银行在内,共十家银行,均作为运营机构为用户提供数字人民币服务。截至2022年底,流通中的数字人民币存量达到136.1亿元。

【思考】
(1)你使用过数字人民币吗?
(2)数字人民币的出现将为我国经济社会带来哪些变化?

资料来源：https://finance.eastmoney.com/a/202305062714001114.html.

# 第二节 货币的职能

货币的职能是指货币在经济生活中所起的作用，是货币本质的外在表现。货币具有价值尺度、流通手段、储藏手段、支付手段和世界货币五大职能。其中，价值尺度和流通手段是货币最基本的两个职能。

## 一、价值尺度

### （一）价值尺度职能的含义

货币的价值尺度职能是指货币表现和衡量其他一切商品的价值的职能。货币之所以能够充当价值尺度，是因为货币本身也是商品，也具有价值，它与其他所有的商品在质上是相同的，在量上是可以比较的。这样，作为一般等价物的货币就可以去表现、衡量其他商品的价值。

### （二）货币执行价值尺度职能时的特点

#### 1. 执行价值尺度的货币可以是观念上的货币

货币作为价值尺度必须具有价值，用自己的价值（或代表的价值）去衡量商品的价值，但具体执行这一职能时并不需要用现实的货币同商品进行比较，只需要观念上的货币就可以了。比如1辆自行车值500元，在交换中，对自行车的价值进行测定时并不需要放500元货币在自行车的旁边进行衡量，而是在观念上标一个价就可以了。

#### 2. 执行价值尺度的货币必须是足值的货币

这是价值尺度职能存在和正常发挥作用的前提条件。在金属货币流通的条件下，所谓足值就是指货币的名义价值必须和实际价值相等；在信用货币流通的条件下，所谓足值就是指货币的名义价值相对稳定，也就是单位货币所代表的价值要相对稳定。

#### 3. 执行价值尺度的货币必须具有独占性和排他性

充当计价货币、主币的币材只能是一种，即货币形式是唯一的，计价方式是统一的。在金属货币流通的条件下，如果两种不同价值的货币商品同时充当价值尺度，那么所有商品就会有两种不同的价格，这两种价格会随着两种货币商品的市场比价的变化而变化，引起市场价格的混乱，对商品交换是不利的。在信用货币流通的条件下也有这个要求，现在主权国家一般不允许其他国家货币在本国流通，就是这个道理。

#### 4. 执行价值尺度的货币需要通过价格标准这个中间环节来完成

由于货币在执行价值尺度职能时，是用本身的价值量来表现和衡量商品的价值量，所以货币本身必须有计量单位，就像用尺子量其他物品的长度一样，首先尺子本身要有长度单位。价格标准就是货币本身的计量单位,具体地说,价格标准就是人们所规定的货币单位及其等分。制定价格标准的过程,就是首先确定一个基本的货币单位,然后对这个单位进行等分,比如人民币的基本货币单位是"元",然后对元等分十份,每一份是"角";等分一百份,每一份是"分"。

## 二、流通手段

### (一)流通手段职能的含义

例如,小王使用200元现金购买了一件衣服,这里的200元现金执行的就是货币的流通手段职能。通过充当商品交换的媒介,货币克服了物物直接交换的弊端,便利了交易主体之间的商品交换,促进了商品经济的发展。

### (二)货币执行流通手段职能时的特点

**1. 执行流通手段的货币必须是现实的货币**

执行流通手段的货币,不能是观念上的货币,必须是实在的货币。空话无法换走他人的商品。

**2. 执行流通手段的货币可以是不足值的货币**

执行流通手段的货币可以是不足值的货币,也可以用价值符号来代替。货币作为流通手段,只起到交换媒介的作用,人们出售商品取得货币,并不是为了消费货币,而是要用货币购买自己所需要的商品,因此可以用不足值的铸币或用价值符号——纸币来代替足值货币。

**3. 执行流通手段的货币具有一定的货币危机性**

在货币执行流通手段时,商品与商品不再直接交换,而是以货币为媒介来进行交换。在这种条件下,卖与买被分成了两个独立的过程,货币与商品脱节,可能引起两者数量失衡,从而使物价波动不定。

## 三、储藏手段

### (一)储藏手段职能的含义

货币退出流通领域之后,被当作价值的独立形态或社会财富的一般形式保存和收藏起来,成为储蓄的货币,执行价值储藏的职能。

### (二)货币执行储藏手段职能时的特点

**1. 执行储藏手段的货币必须是现实的货币**

储藏的货币,必须是现实的货币,而非观念上的货币。

**2. 执行储藏手段的货币必须是足值的货币**

储藏货币是为了保存价值或者一般社会财富,因此一般要求具有十足价值的现实货币,在金属货币制度下就是金银自身。在信用货币制度下,必须是价值稳定的货币,不断贬值的货币不可能发挥储藏手段的职能。

**3. 执行储藏手段的货币具有质的无限性和量的有限性**

执行贮藏手段的货币可以购买商品的数量是有限的,但是可以与任何商品相交换,所以在质上是无限的。

## 四、支付手段

### (一)支付手段职能的含义

支付手段职能是指货币作为独立的价值形式进行价值单方面转移的功能,即货币运动与商品运动不是在同一时间进行,货币作为价值的独立形态先于或后于商品运动而转移。

货币的支付手段职能有两种类型。一种与商品交换直接相关,如预付、赊销等,这实际上是流通手段的延长。这种支付手段往往与债权债务关系相关。另一种与商品交换的关系不是很大,如财政收支、信贷收支、工资费用收支、捐赠、赔款等。表面上看,它们与商品交换没有直接关系,实际上在代替商品流通时,应该由商品来承担的价值量的转移由货币来承担了。

### (二)货币执行支付手段职能时的特点

**1. 执行支付手段的货币必须是现实的货币**

作为支付手段的货币必须是现实的,但可以由价值符号执行。

**2. 执行支付手段的货币可以是不足值的货币**

执行支付手段的货币可以是不足值的货币,价值符号、纸币都可以发挥支付手段的职能。

**3. 执行支付手段的货币使发生货币危机的可能性进一步增大**

因为货币发挥支付手段职能使商品不卖也能买,从而使买卖进一步脱节,商品经济的矛盾进一步复杂化,商品生产者之间的债务链条越来越长,越来越紧密,当其中某一个链环失常,就会引起连锁反应,甚至引起整个债权债务链条的断裂,而使大批企业破产。

## 五、世界货币

### (一)世界货币职能的含义

世界货币职能是指货币在世界市场上充当一般等价物的职能。它是随着商品经济的发展,商品交换由一国逐步走向国际市场而产生的。这种职能是货币其他四个职能在世界范围内的展现。

世界货币在国与国的经济关系中具有三个作用:第一,作为一般的购买手段,用于购买外国的商品;第二,作为一般的支付手段,用于平衡国际收支差额;第三,作为社会财富的代表,由一国转移到另一国,如国际贷款、转移财产、战争赔款等。

当货币执行世界货币职能时,能充当世界货币的必须是有价值的货币商品——黄金、白银。但随着货币的发展,一些经济实力强大的国家的纸币也具有某种世界货币的职能,如美元、欧元、英镑、日元等。

## （二）信用货币执行世界货币的职能的一般条件

信用货币执行世界货币的职能需要满足三个条件：第一，货币发行国的经济实力比较强大且国际贸易比较发达；第二，这种货币是自由兑换货币，并在国际市场上有比较大的需求量；第三，这种货币币值比较稳定，发行国愿意承担维护和调节该货币币值的义务。

当前，虽然黄金已经不再作为固定的货币形态了，但黄金仍然是国际支付的最后手段。当一国其他的国际购买或支付手段如外汇储备、国际货币基金组织特别提款权及其他储备头寸均已告罄时，黄金就有可能再次承担起国际购买和国际支付的职能。因此，在各国的国家储备中，黄金仍然是重要组成部分。

## 六、五大职能之间的关系

货币的五大职能，即价值尺度、流通手段、储藏手段、支付手段和世界货币，是一个相互依存、相互联系的有机整体，是货币本质的全面体现。其中，货币的价值尺度和流通手段是两个最基本的职能，其他职能是在这两个职能的基础上产生的。

所有商品首先要借助价值尺度表现其价格，然后才通过流通手段实现其价值。正因为货币具有流通手段职能，随时可购买商品，货币作为交换价值独立存在，可用于各种支付，所以人们才贮藏货币，货币才能执行贮藏手段的职能。支付手段职能以贮藏手段职能的存在为前提。世界货币职能则是其他各种职能在国际市场上的延伸和发展。从历史和逻辑上讲，货币的各种职能是按顺序随着商品流通及其内在矛盾的发展而逐渐形成的，从而反映了商品生产和商品流通的历史发展进程。

# 第三节 货币制度

## 一、货币制度的内涵

货币制度，简称"币制"，是指一国、一个区域组织或国际组织以法律形式规定的相应范围内货币流通的结构、体系与组织形式。货币制度的宗旨是加强对货币发行和流通的管理，维护货币的信誉，管理金融秩序，促进经济发展。尤其在现代社会中，建立有序、稳定、能为经济发展提供有利的客观经济环境的货币制度，已成为建立宏观调控体系的重要内容，并成为世界各国所共同追求的目标。

通常，货币制度包括如下内容：货币单位的规定；货币材料的确定；流通中的货币结构；货币法偿能力的规定；货币铸造与货币发行的规定；货币发行准备制度的规定等。历史上，按照货币特性来分类，主要存在两类大的货币制度：金属货币制度和不兑换信用货币制度。

国家货币制度是一国货币主权的一种体现，由本国政府或司法机构独立制定和实施，其有效范围一般仅限于国内。国家货币制度始于国家统一铸造货币。自国家货币制度产生以来，各国政府在不同时期都曾用不同的法律形式对货币制度加以规范。较为完善的货币制度是随着资本主义经济制度的建立而逐步形成的。现存的货币制度可分为国家货币制度、国际货币制度和区域性货币制度三类。

## 二、货币制度的构成要素

### (一)货币单位

货币单位是指货币制度中规定的货币计量单位。货币单位的规定主要有两个方面。一是规定货币单位的名称。在国际习惯上，一国货币单位的名称，往往就是该国货币的名称，如美元、英镑、日元等。二是确定货币单位的"值"。在金属货币条件下，货币的值就是每一货币单位所包含的货币金属重量和成色。在不兑现的信用货币尚未完全脱离金属货币制度时，确定货币单位的值主要是确定货币单位的含金量。当黄金非货币化后，则主要表现为确定或维持本国货币与他国货币或世界主要货币的比价，即汇率。

### (二)货币材料

货币材料简称"币材"，是指用来充当货币的物质。确定不同的货币材料，就构成不同的货币本位。如果确定用黄金充当货币材料，就构成金本位；用白银充当货币材料，就构成银本位。确立以哪一种物质作为币材，是一国建立货币制度的首要步骤。究竟选择哪一种币材，虽然由国家确定，但这种选择受客观经济条件的制约，往往只是对已经形成的客观现实从法律上加以肯定。国家不能随心所欲任意指定某种物品作为货币材料。

### (三)流通中的货币结构

#### 1. 本位币和辅币

进入流通领域的货币(通货)可以区分为本位币和辅币。本位币是按照国家规定的货币单位所铸成的铸币，亦称主币。辅币是主币以下的小额通货，供日常零星交易与找零之用。

主币是一个国家流通中的基本通货，一般作为该国法定的价格标准，具有无限法偿能力。主币的最小规格通常是 1 个货币单位，如 1 美元、1 英镑等。

辅币一般用贱金属(成本较低的金属，如铜、镍等)铸造，其所包含的实际价值低于名义价值。辅币仅具有限法偿性，但可以与主币自由兑换。辅币不能自由铸造，只准国家铸造，其铸币收入是国家财政收入的重要来源。辅币是本位货币单位以下的小面额货币，它是本位币的等分，其面值多为货币单位的 1%、2%、5%、10%、20%、50% 几种，主要解决商品流通中不足 1 个货币单位的小额货币支付问题。

#### 2. 银行券和纸币

银行券和纸币是贵金属储量以及相应的金银货币不能满足商品经济发展的需要而出现的产物。银行券是由银行发行的、以商业信用为基础的信用货币。早期银行券流通的前提和背景是持券人可随时向发行银行兑换金属货币。经历 1929—1933 年世界范围的经济危机之后，西方各国中央银行发行的银行券停止兑现，其流通已不再依靠银行信用，而是依靠国家政权的强制力量，从而使银行券转化为纸币。

> **补充阅读1-2**
>
> **人民币的主币与辅币**
>
> 《中华人民共和国中国人民银行法》第十六条规定:"中华人民共和国的法定货币是人民币。以人民币支付中华人民共和国境内的一切公共的和私人的债务,任何单位和个人不得拒收。"第十七条规定:"人民币的单位为元,人民币辅币单位为角、分。"其中,1元等于10角,1角等于10分。人民币符号为元的拼音首字母大写Y加上两横即"¥"。
>
> 我国自1948年发行人民币以来,根据经济发展以及人民生活的需要,人民币发行逐步完善,水平不断提高。截至2021年,中国人民银行已发行了五套人民币。第一套、第二套和第三套人民币已经退出流通,第四套人民币于2018年5月1日起停止流通(1角、5角纸币和5角、1元硬币除外)。

### (四)货币法定支付偿还能力

货币的法定支付偿还能力,简称法偿性,是指法律赋予货币的一种强制流通的能力。货币的法偿性分为无限法偿和有限法偿。无限法偿指不论用于何种支付,不论支付数额有多大,对方均不得拒绝接受;有限法偿指在一次支付中有法定支付限额的限制,若超过限额,对方可以拒绝接受。有限法偿是针对辅币而言的,仅限于零星小额支付和找零使用。在金属货币制度条件下,主币一般具有无限法偿能力,辅币则是有限法偿;在信用货币制度条件下,国家对各种货币形式支付能力的规定并不总是明确和绝对的。

### (五)货币铸造与货币发行

金属货币存在铸造和发行问题,而不兑现货币主要存在发行问题,硬辅币的铸造则是次要问题。在古代,金属货币的铸造权是一个重大问题。对于本位币的铸造,有些国家完全垄断,有的则可自由铸造。辅币铸造一般由国家垄断。至于信用货币,在近代欧洲首先是由私人银行发行,后来随着私人银行券的不兑换造成的经济动荡不断出现,各国逐步采取经济手段将信用货币的发行权收归中央银行所有。现代各国的信用货币的发行权都集中在中央银行或指定发行机构。

### (六)货币发行准备制度

货币发行的准备制度是指在货币发行时须以某种金属或某几种形式的资产作为其发行货币的准备,从而使货币的发行与某种金属或某些资产建立起联系和制约关系。在金属货币制度下,货币发行以法律规定的贵金属金或银作为准备;在现代信用货币制度下,货币发行的准备制度已与贵金属脱钩,多数国家都主要以外汇资产作为准备,也有的国家以物资作为准备,还有些国家的货币发行采取与某个国家的货币直接挂钩的方式,钉住美元、日元或英镑等。各国在准备比例和准备资产上也有差别。目前,各国货币发行准备的构成一般有两大类:一是现金准备,包括黄金、外汇等具有极强流动性的资产;二是证券准备,包括短期商业票据、短期国库券、政府公债券等在金融市场上可流通的证券。

## 三、货币制度的演变

从历史上看,货币制度可以以币材为依据进行区分。从币材变化的过程可以看出,货币制度主要经历了金属货币本位制和信用货币本位制两个阶段。其中,金属货币制度占主要统治地位,已有几千年漫长的演进史。而不兑换货币制度在20世纪之前除在中国和法国有过短暂的使用历史外,主要是20世纪以来才在各国广泛使用。目前,世界上主要国家都是信用货币本位制。从16世纪至今,国家货币制度的演变经历了从金属货币制度发展为不兑现的信用货币制度的过程,演变的基本形式是:银本位制——金银复本位制——金本位制——不兑现的信用货币制度。图1-3展示了国家货币制度变化的轨迹。

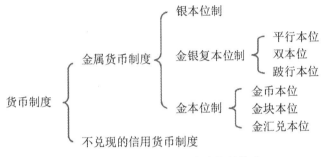

**图1-3 国家货币制度变化的轨迹**

## (一)银本位制

银本位制是较早的金属货币制度。其主要内容包括:白银为本位币币材,享有无限法偿能力,按实际价值流通,自由铸造和熔化,自由输入和输出等。

银本位制有银两本位制和银币本位制两种类型。银两本位制是实行银块流通的货币制度,以白银的重量单位——两作为价格标准;银币本位制是实行银铸币流通的货币制度。

银本位制的盛行始于16世纪,至19世纪末期被大部分国家放弃。我国用白银作为货币的时间很长,唐宋时期白银已普遍流通,金、元、明时期确立了银两制度,白银是法定的主币。

19世纪后期,除中国之外的世界其他国家相继放弃了银本位制。各国放弃银本位制的原因主要有:一是金贵银贱,金银比价差距越来越大,造成实行银本位制国家的货币对外贬值,影响了国际收支的平衡以及国内经济发展和物价稳定;二是世界白银产量猛增,银的价值含量走低,已不能满足越来越频繁的大宗交易的需要,资本主义商品经济迅速发展,要求价值更高的黄金加入流通,由于大宗交易逐渐改用黄金计价、结算,这样,银本位制就逐渐过渡到了金银复本位制。

## (二)金银复本位制

金银复本位制是金、银两种铸币同时作为本位币的货币制度,是一种不稳定的货币制度。在这种货币制度下,金银是货币金属,均可自由铸造和熔化,两种货币自由兑换、无限法偿,并可以自由输出和输入。金银复本位制是资本主义发展初期最典型的货币制度,它于1663年由英国开始实行,随后欧洲各主要国家纷纷采用。这种货币制度又可分为以下三种类型。

**1. 平行本位制**

平行本位制是金、银两种本位币按其所含金属的实际价值流通,国家对两种货币的兑换比率不加规定,而由市场上金银的实际比价自由确定金币和银币比价的货币制度。如生金银的市场比价发生波动,金银币的兑换比率也会随之变动,从而以两种铸币表示的价格也会发生波动,这样会使两种货币都不能很好地发挥价值尺度的作用,容易造成交易的混乱。于是,一些国家就用法律规定了金币和银币的兑换比率,这就形成了双本位制。

2. 双本位制

双本位制是金银币按法定比价同时流通的货币制度。在这种货币制度下,生金银的市场价格大幅波动,会出现生金银市场比价与金银币的兑换比率相背离的情况,进而就会出现"劣币驱逐良币"的现象。在流通中,实际价值高于名义价值的良币会被人们收藏起来退出流通,而实际价值低于名义价值的劣币会充斥市场。这种现象被称为劣币驱逐良币规律,也称格雷欣法则。因此,在双本位制下,虽然法律规定两种铸币可以同时流通,但是实际上,在某一时间内只有一种金属货币流通,这样货币制度又演变为跛行本位制。

### 补充阅读1-3

**劣币驱逐良币规律——格雷欣法则**

400多年前,英国经济学家格雷欣发现了一个有趣现象,两种实际价值不同而名义价值相同的货币同时流通时,实际价值较高的货币即良币,必然退出流通——它们被收藏、熔化或被输出国外;实际价值较低的货币即劣币,则充斥市场。人们称之为格雷欣法则,亦称之为劣币驱逐良币规律。例如,假设金和银的官方兑换比率是1∶15,当银的开采成本降低导致其市场价值降低时(金和银的市场兑换比率变为1∶16),人们就会按1∶15的比率用银兑换金,将其贮藏起来,最后使银充斥于货币流通,排斥了金。如果情形相反,即银的价值上升而金的价值降低,人们就会用金按上述比例兑换银,将银贮藏起来,流通中的货币就只会是金币。

在中国,早在公元前2世纪,西汉的贾谊就曾指出"奸钱日繁,正钱日亡"的事实,这里的"奸钱"指的就是劣币,"正钱"指的是良币。

格雷欣法则是一条经济法则,意为在双本位货币制度的情况下,两种货币同时流通,如果其中之一发生贬值,其实际价值相对低于另一种货币的价值,实际价值高于法定价值的"良币"将被普遍收藏起来,逐步从市场上消失,最终被驱逐出流通领域;实际价值低于法定价值的"劣币"将在市场上泛滥成灾,导致货币流通不稳定。图1-4说明了在双本位制下格雷欣法则的运行机制。

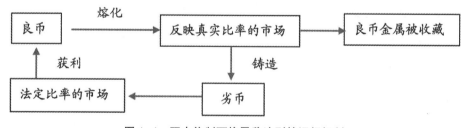

图1-4 双本位制下格雷欣法则的运行机制

【思考】

"劣币驱逐良币"会带来什么危害?

3. 跛行本位制

跛行本位制是指国家虽然规定金银币都是本位币,可以同时流通,但又规定金币可以自由铸造,而银币不能自由铸造,金币和银币按固定的兑换比率流通。限制银币自由铸造,是为了避免劣币驱逐良币的情况发生。在这种货币制度下,银币不能以本身的价值流通,而只能以金币的价值符号流通,银币实际上只起辅币的作用,真正的本位币只有金币。严格地说,这种货币制度已不是复本位制,而是一种由复本位制向金本位制过渡的货币制度。

### (三) 金本位制

金本位制就是以黄金为本位币的货币制度。在金本位制下,每单位的货币价值等同于若干重量的黄金(即货币含金量);当不同国家使用金本位时,国家之间的汇率由它们各自货币的含金量之比——金平价来决定。金本位制于19世纪中期开始盛行。在历史上,曾有过三种形式的金本位制:金币本位制、金块本位制、金汇兑本位制。其中金币本位制是最典型的形式。

#### 1. 金币本位制

金币本位制就是以金币作为本位币流通的货币制度。这是金本位货币制度的最早形式,亦称为古典的或纯粹的金本位制,盛行于1880—1914年。这种货币制度以黄金作为本位币的币材,是一种非常稳定的货币制度,其稳定是由"三大自由"保证的:金币可以自由铸造、无限法偿;辅币和银行券可按其面额自由地兑换黄金;黄金可以自由地输出和输入。正是这"三大自由",保证了金币本位制具有自发调节货币流通、稳定物价和平衡国际收支的能力。

金币本位制是一种比较稳定的货币制度,对资本主义的发展起到了重要的促进作用。金币本位制大约最早于1821年在英国开始实行,后来,德国、法国、比利时、意大利、美国等国相继采用,直到1914年第一次世界大战爆发时中断,前后盛行近100年之久。中断的原因主要是资本主义国家为筹措战争经费和弥补财政赤字而大量发行银行券和纸币,造成通货膨胀,破坏了金币本位制的信用基础。战后各资本主义国家曾试图恢复金币本位制,稳定通货,但是由于资本主义各国黄金存量分布不平衡的矛盾不能得到解决,大部分国家都面临币材不足的困难,所以各国都未能恢复战前那种典型的金币本位制,而采用了金块本位制和金汇兑本位制。

#### 2. 金块本位制

金块本位制又称生金本位制,其主要特点是:①黄金并不参加货币流通,流通的是可以兑换黄金块的纸币,纸币有规定的含金量;②货币当局按固定价格收购黄金,作为储备,金价无下跌的可能性;③货币当局虽然也对人民出售黄金,但规定了某个最低数量。如英国1925年规定,银行券与金块一次兑换数量不少于1 700英镑;法国规定,法郎与金块一次兑换至少须215 000法郎。所以,金块本位制又称"富人的本位制"。这种兑换能力显然不是一般公众所具备的。

第一次世界大战后,各国力图恢复因战争而遭到破坏的金币本位制。但由于全世界黄金存量分布极不平衡,许多缺乏黄金储备的国家退而求其次,建立了金块本位制或金汇兑本位制。另外,战后各国人民对战时通货膨胀心有余悸,如果实行金币本位制,则黄金极有可能被人民大量窖藏。因此,采取金块本位制,既可节省流通费用,又可解决黄金匮乏之虞。

#### 3. 金汇兑本位制

金汇兑本位制又称虚金本位制,有些国家虽欲采取金币或金块本位制,但苦于缺乏足够的黄金,于是这些国家将本国的货币单位与黄金固定联系起来,但不直接兑换黄金,而是可以直接兑换成某种可以兑换黄金的外国货币,然后以该国货币再兑换该国黄金。这种制度就称金汇兑本位制。具体地讲,它具有以下内容:①规定纸币含金量,但不铸造金币,也不直接兑换黄金;②确定本国货币单位与另一国家货币单位的固定比价,该国实行金币或金块本位制,且经济发达。实行金汇兑本位制的国家在所依附国的金融中心存储黄金和外汇,通过无限制买卖外汇,维持本国币值稳定。第一次世界大战后,德、意、奥等三十个国家和地区采取了这种制度。二战结束以后,以美元为中心的布雷顿森林体系则属于国际范围内的金汇兑本位制。

### (四)不兑现货币制度

不兑现货币制度就是不兑换信用货币制度,是指20世纪30年代经济大危机后,随着金本位制的崩溃而建立的现代货币制度。不兑现货币制度具有如下几点特征。

(1)各国主要货币为中央银行发行的纸制的信用货币,是国家强制流通的价值符号,具有无限法偿资格。纸币本身没有价值,它代替金、银币执行货币职能。

(2)纸币不与任何金属保持固定联系。它不能与任何金属币兑换,且其发行不以金、银为保证,也不受金、银数量的限制。它主要由现金和银行存款构成。现金体现着中央银行对持有者的负债,银行存款体现着存款货币银行对存款人的负债,都是信用货币。

(3)货币主要是通过信用程序发行的,即通过金融机构存款的存取、银行贷款的发放等信贷业务投入流通领域,还有一部分是通过中央银行对黄金、外汇、有价证券的买卖进出流通领域。

(4)不兑换信用货币是根据经济发展的客观需要发行的。中央银行通过货币政策工具来扩张和收缩信用,控制货币供应量,保持货币流通的稳定;并且通过对外汇的管理,保持汇率的稳定。国家对信用货币的管理调控成为经济正常发展的必要条件。

不兑现货币制度虽然克服了金属货币本位制度的缺点,但它的建立也带来了一些难以克服的缺点:第一,由于纸币发行不受金、银准备的限制,它的供应弹性便容易造成信用膨胀和通货膨胀,第二次世界大战后,世界各国均曾受到通货膨胀的困扰;第二,汇率由于受到人为调整,难免受各国贸易和投资保护主义的影响,这虽然对一国国际收支有利,但极有可能导致国际贸易与国际金融活动的不安和混乱;第三,在不兑现货币制度下,通货的供给需要高度灵巧的机构加以操作、控制,客观上要求加强中央银行的地位,因此,一国的中央银行能否有效地利用调控工具实施政策,对经济的稳定与发展具有重要影响。

复习思考题

### 一、选择题

1. 价值形式发展的最终结果是(　　)。
   A. 货币形式　　　　　　　　　　B. 纸币
   C. 扩大的价值形式　　　　　　　D. 一般价值形式
2. 货币执行支付手段职能的特点是(　　)。
   A. 货币是商品交换的媒介　　　　B. 货币运动伴随商品运动
   C. 货币是一般等价物　　　　　　D. 货币作为价值的独立形式进行单方面转移
3. 货币在(　　)时执行流通手段的职能。
   A. 商品买卖　　　　　　　　　　B. 缴纳税款
   C. 支付工资　　　　　　　　　　D. 表现商品价值
4. 商品的价格是(　　)。
   A. 商品与货币价值的比率　　　　B. 同商品价值成反比
   C. 同货币价值成正比　　　　　　D. 商品价值的货币表现

5.贝币是我国历史上的( )。
A.信用货币  B.纸币
C.实物货币  D.金属货币

6.货币流通具有自动调节机制的货币制度是( )。
A.信用货币制度  B.金币本位制
C.金块本位制  D.金汇兑本位制

7.信用货币制度不具有的性质是( )。
A.主币集中发行  B.辅币集中发行
C.信用货币在流通中使用  D.流通中主币为金属铸币

## 二、简答题

1.货币的职能有哪些？
2.货币的形态经历了哪几个发展阶段？
3.货币制度的构成要素有哪些？
4.货币制度经历了哪几个发展阶段？
5.为什么说金银复本位制是不稳定的货币制度？
6.不兑现的信用货币制度有哪些特点？

## 案例分析题

### 战俘营中的货币

二战期间，在纳粹的战俘营中流通着一种特殊的商品货币。当时的红十字会设法向战俘营提供了各种人道主义物品，如食物、衣服、香烟等。由于数量有限，这些物品只能根据某种平均主义的原则在战俘之间进行分配，而无法估计到每个战俘的特定偏好。因此这种分配显然是缺乏效率的，战俘们有进行交换的需要。

但是，即便是在战俘营这样一个狭小的范围内，物物交换也显得非常不方便，因为它要求交易双方恰巧都想要对方的东西，也就是所谓的"需求的双重巧合"。为了使交换能够更加顺利地进行，需要有一种充当交易媒介的商品，即货币。那么，在战俘营中，究竟哪一种物品适合做交易媒介呢？

经过选择，战俘们用香烟来进行计价和交易，如1根香肠值10根香烟，1件衬衣值80根香烟，替别人洗1件衣服则可换得两根香烟。有了这样一种记账单位和交易媒介之后，战俘之间的交换就方便多了。

【思考】
试分析香烟为什么会成为战俘营中流行的"货币"？
资料来源：https://wenku.baidu.com/view/2963bd4ac850ad02de8041c7.html。

# 第二章
# 国际货币体系与汇率制度

JINRONGXUE

## 学习目标

了解国际货币体系的演变过程和原因。

掌握外汇的定义、特征与分类。

掌握汇率的概念和种类。

理解汇率的标价方法。

理解汇率的决定理论。

了解汇率制度的演变过程。

理解汇率波动对经济的影响。

## 导入案例

### 关注俄罗斯卢布贬值

卢布是俄罗斯的法定货币,也是国际上重要的储备货币之一。2022年2月24日,俄乌冲突全面爆发,其后俄罗斯卢布的汇率受到了重大打击,开始大幅下跌。在俄乌冲突爆发前的1年内,卢布对美元的平均汇率为74.03∶1;而2014年前,1美元对卢布维持在33左右。在俄乌冲突全面爆发后的半个月内,卢布发生巨幅贬值,对美元汇率极值一度触及150∶1的历史最高点。但随着油价飙升以及俄罗斯在战场上一度占据优势地位,卢布价值反而暴涨,对美元汇率在2022年7月涨至47∶1的7年内最高点,随后卢布又开始持续贬值。2023年8月,卢布对美元汇率一度跌破100关口,俄罗斯央行不得已出手,紧急加息。

卢布的汇率受到多种因素的影响,其中最主要的是国际油价、俄乌冲突和美元走势。

(1)国际油价。俄罗斯是世界上最大的石油和天然气出口国之一,其能源收入占其出口收入和国内生产总值的很大比例。因此,国际油价的波动对卢布汇率有着直接和显著的影响。一般来说,油价上涨时,卢布会升值;油价下跌时,卢布会贬值。近年来,由于新冠疫情导致全球能源需求下降,以及"欧佩克+"(OPEC+)在减产协议方面未能达成一致,国际油价大幅下跌,这给俄罗斯能源出口收入造成了巨大损失,也拖累了卢布汇率。

(2)俄乌冲突。自从2022年俄罗斯与乌克兰的冲突升级开始,一些欧洲国家转而购买来自美国、加拿大和挪威等国的石油和天然气,导致俄罗斯的出口量急剧下降和国内需求上升并引发贸易不景气;此外,外资撤离俄罗斯,导致投资不景气和信心不足,俄罗斯经济增长也面临压力,进一步加剧了卢布贬值的压力。

(3)美元走势。美元是世界上最重要的储备货币和结算货币,其走势对其他货币的汇率有着重要的影响。一般来说,美元升值时,其他货币会贬值;美元贬值时,其他货币会升值。由于美国在新冠疫情暴发后实施了大规模的财政刺激和货币宽松政策,以支撑受疫情打击的经济,这使得美元相对其他货币贬值,也给卢布汇率带来了一定的支撑。然而,由于俄罗斯与西方的关系恶化,以及俄罗斯经济前景不明朗,卢布对美元的汇率并没有随着美元贬值而显著上升,反而出现了持续下跌的趋势。

【思考】

(1)卢布为什么会贬值?

(2)卢布贬值对俄罗斯经济会产生什么样的影响?

(3)什么决定了卢布的汇率呢?

资料来源:https://www.163.com/dy/article/IHAUGO3L055643M3.html。

# 第一节 国际货币体系概述

## 一、国际货币体系及其演变

国际货币体系也称国际货币制度,是指各国之间进行货币交流和结算的一系列规则、制度和机构的总称。国际货币制度的内容主要包括以下三个方面。

(1)确定国际储备资产,即使用何种货币作为国际上的支付货币;哪些资产可作为被国际普遍接受的国际储备资产用于国际收支逆差清算和维持汇率;一国政府应持有何种国际储备资产用以维持和调节国际收支的需要。

(2)确定汇率制度,即采用何种汇率制度,是固定汇率制还是浮动汇率制;是否确定汇率波动的目标区;哪些货币为自由兑换货币。

(3)确定国际收支的调节方式,即出现国际收支不平衡时,各国政府应采取什么方法进行弥补;各国之间的政策措施如何协调。

理想的国际货币制度应该能够促进国际贸易和国际经济活动的发展,这主要体现在:国际货币秩序的稳定;能够提供足够的国际清偿能力并保持对国际储备资产的信心;保证国际收支的失衡能够得到有效而稳定的调节。迄今为止,国际货币制度经历了如下三个阶段的演变过程。

### (一)国际金本位制

国际金本位制是历史上出现最早的国际货币制度,其建立在各国都以金铸币为本位币的基础之上,大约形成于19世纪末,到1914年第一次世界大战爆发时结束。1816年,英国制定了《金本位制度法案》,率先采用金本位制度,并被欧洲各国及美国纷纷效仿。到19世纪80年代,资本主义比较发达的国家如法国、比利时、意大利、瑞士、荷兰、德国及美国先后实行了金本位制,自此,金本位制度发展成为世界性的货币制度。

国际金本位制度的特征主要有以下三点。

(1)黄金充当国际货币,金币自由铸造、自由熔化,黄金能在货币形式和商品形式之间自由转换。

(2)各国货币之间的汇率由它们各自的含金量对比所决定。金本位制度是严格的固定汇率制,各国货币都规定了含金量,各国货币含金量之比即铸币平价,铸币平价决定着两种货币之间汇率的法定平价。黄金输送点和铸币平价之间的差异取决于黄金在各个国家之间的运输费用。而且,由于当时黄金的运输费用相当便宜,金本位制度下的汇率是非常稳定的。

(3)国际收支可以实现自动调节。当一国国际收支出现赤字时,意味着本国黄金的净输出,从而国内黄金储备下降,货币供给减少,物价水平下跌,导致本国商品在国际市场上的竞争能力增强,外国商品在本国市场上的竞争能力减弱,于是出口增加,进口减少,国际收支改善。

## (二)布雷顿森林体系

1944年7月,由44个国家参加的联合国与联盟国家国际货币金融会议在美国新罕布什尔州的布雷顿森林召开,会议通过了以"怀特计划"为基础的《联合国家货币金融会议的最后决议书》以及《国际货币基金组织协定》和《国际复兴开发银行协定》两个附件,总称为"布雷顿森林协定"。

布雷顿森林体系是一个双挂钩的货币体系。第一,美元与黄金挂钩,美元按照"1盎司黄金=35美元"的固定价格兑换黄金。只有布雷顿森林体系成员国的官方能按这个固定价格兑换,私人部门和个人不能兑换。第二,成员国的货币都按固定的汇率和美元挂钩,即成员国的货币汇率与美元固定,波动的幅度不能超过协议所规定的幅度。这就决定了布雷顿森林体系是一个固定汇率体系。

布雷顿森林体系是以美元和黄金为基础的金汇兑本位制。它的正常运转必须具备两个基本前提:一是美国国际收支能保持平衡;二是美国拥有绝对的黄金储备优势。但是,进入20世纪60年代后,随着资本主义体系危机的加深和政治经济发展不平衡的加剧,各国经济实力对比发生了变化,美国经济实力相对减弱。1950年以后,美国除个别年度略有顺差外,其余各年度都是逆差,并且有逐年增加的趋势。随着国际收支逆差的逐步增加,美国的黄金储备也日益减少。1949年,美国的黄金储备为246亿美元,占当时整个资本主义世界黄金储备总额的73.4%,这是战后的最高数字。此后,美国的黄金储备逐年减少,至1971年8月尼克松宣布"新经济政策"时,美国的黄金储备只剩下102亿美元,而短期外债为520亿美元,黄金储备只相当于积欠外债的1/5。美元大量流出美国,导致"美元过剩",1973年底,游荡在各国金融市场上的"欧洲美元"就达1 000多亿。由于布雷顿森林体系的运转前提逐步消失,也就暴露了其致命弱点,即"特里芬难题"。体系本身发生了动摇,美元的国际信用严重下降,各国争相向美国挤兑黄金,而美国的黄金储备已难于应付,这就导致从1960年起,美元危机迭起,国际货币金融领域陷入日益混乱的局面。为此,美国于1971年宣布实行"新经济政策",停止各国政府用美元向美国兑换黄金,这就使得西方货币市场更加混乱。在1973年美元危机中,美国再次宣布美元贬值,导致各国相继以浮动汇率制代替固定汇率制。美元停止兑换黄金和固定汇率制的垮台,标志着战后以美元为中心的货币体系瓦解。

从1974年开始,西方国家之间的货币汇率基本上是浮动汇率,人类迎来了一个全新的、纯粹的货币信用体系,再没有任何货币和黄金挂钩。

## 补充阅读2-1

### 特里芬两难与布雷顿森林体系

1960年,美国经济学家罗伯特·特里芬在其《黄金与美元危机——自由兑换的未来》一书中提出:"由于美元与黄金挂钩,而其他国家的货币与美元挂钩,美元虽然取得了国际核心货币的地位,但是各国为了发展国际贸易,必须用美元作为结算与储备货币,这样就会导致流出美国的货币在海外不断沉淀,对美国来说就会发生长期贸易逆差;而美元作为国际货币核心的前提是必须保持美元币值稳定与坚挺,这又要求美国必须是一个长期贸易顺差国。这两个要求互相矛盾,因此是一个悖论。"这一内在矛盾称为"特里芬两难"(Triffin Dilemma)。

建立在黄金—美元本位基础上的布雷顿森林体系的根本缺陷还在于,美元既是一国货币,又是世界货币。它的发行必须受制于美国的货币政策和黄金储备。由于黄金产量和黄金储备量增长跟不上世界经济发展的需要,在"双挂钩"原则下,美元便出现了一种进退两难的境地:考虑到世界经济增长对国际支付手段和储备货币的增长需要,美元的供应应当不断地增长,但这又会导致美元同黄金的兑换性日益难以维持。正是由于上述问题和缺陷,该货币体系在运转基础方面存在不稳定性,当该货币体系的重要支柱——美元出现危机时,必然导致这一货币体系的危机。

### (三) 牙买加体系

国际货币基金组织(International Monetary Fund, IMF)于1972年7月成立了一个专门委员会,具体研究国际货币制度的改革问题。1974年6月,该专门委员会提出了一份《国际货币体系改革纲要》,对黄金、汇率、储备资产、国际收支的调节等问题提出了一些原则性的建议,为以后的货币制度改革奠定了基础。直至1976年1月,IMF理事会"国际货币制度临时委员会"在牙买加首都金斯敦举行会议,讨论国际货币基金协定的条款,经过激烈的争论,达成并签订了"牙买加协议";同年4月,IMF理事会通过了《IMF协定第二修正案》,从而形成了牙买加体系这一新的国际货币体系。

牙买加协议的主要内容包括以下几个方面。

(1) 实行浮动汇率制度的改革。牙买加协议正式确认了浮动汇率制的合法化,承认固定汇率制与浮动汇率制并存的局面,成员国可自由选择汇率制度。同时,IMF继续对各国货币汇率政策实行严格监督,并协调成员国的经济政策,促进金融稳定,缩小汇率波动范围。

(2) 推行黄金非货币化。协议做出了逐步使黄金退出国际货币的决定,并规定:废除黄金条款,取消黄金官价,成员国中央银行可按市价自由进行黄金交易;取消成员国相互之间以及成员国与IMF之间须用黄金清算债权债务的规定,IMF逐步处理其持有的黄金。

(3) 增强特别提款权的作用。主要是提高特别提款权的国际储备地位,扩大其在IMF一般业务中的使用范围,并适时修订特别提款权的有关条款。

(4) 增加成员国基金份额。成员国的基金份额从原来的292亿特别提款权增加至390亿特别提款权,增幅达33.6%。

(5) 扩大信贷额度,以增加对发展中国家的融资。

和布雷顿森林体系相比,牙买加体系的特征主要体现在以下几个方面:

(1) 浮动汇率制度的广泛实行,使得各国政府有了解决国际收支不平衡的重要手段,即汇率变动手段;

(2) 各国采取不同的汇率浮动形式,当时的欧共体国家实质上是联合浮动,日元是单独浮动,还有众多的国家是钉住浮动,这使国际货币体系变得复杂而难以控制;

(3) 各国央行对汇率实行干预制度;

(4) 特别提款权作为国际储备资产和记账单位的作用大大加强;

(5) 美元仍然是重要的国际储备资产,而黄金作为储备资产的作用大大削减,各国货币价值也基本上与黄金脱钩。

多元化的储备结构为国际经济提供了多种清偿货币,在较大程度上解决了储备货币供不应求的矛盾;多样化的汇率安排与多样化的、不同发展水平的各国经济相适应,为各国维持经济发展与稳定提供了灵活性与独立性,同时有助于保持国内经济政策的连续性与稳定性;多种渠道并行,使国际收支的调节更为有效与及时。

但是,牙买加体系也存在自身的缺陷,主要体现在以下三个方面:

(1)在多元化国际储备格局下,储备货币发行国仍享有"铸币税"等多种好处,同时,国际上缺乏统一、稳定的货币标准,这本身就可能造成国际金融的不稳定;

(2)汇率大起大落、变动不定,汇率体系极不稳定,其消极影响之一是增大了外汇风险,从而在一定程度上抑制了国际贸易与国际投资活动,对发展中国家而言,这种负面影响尤为突出;

(3)国际收支调节机制并不健全,各种现有的渠道都有各自的局限,牙买加体系并没有消除全球性的国际收支失衡问题。

在布雷顿森林体系下,国际金融危机是偶然的、局部的,而在牙买加体系下,国际金融危机就成为经常的、全面的和影响深远的。1973年浮动汇率普遍实行后,西方外汇市场货币汇价的波动、金价的起伏经常发生,小危机不断,大危机时有发生。总之,现有的国际货币体系被人们普遍认为是一种过渡性的不健全的体系,需要进行进一步的改革。

## 二、区域货币制度

国际货币制度与区域货币制度的形成与演进都与世界经济和区域经济发展的进程相伴随。在某种意义上讲,国际货币制度与区域货币制度是各国货币制度的自然延伸。国际货币制度和区域货币制度的发展对一些传统的货币范畴和概念形成了挑战,比如货币主权问题,这是国际货币制度和区域货币制度建设中的根本问题。从这个意义上讲,"国际金本位制——布雷顿森林体系——牙买加体系"的演变进程,特别是布雷顿森林体系不过是美国货币主权的延伸,它的崩溃与货币主权争夺有直接的关系,并不带有经济上的必然性,而是世界政治发展的需要,尽管人们可以从其他角度提出很多理由。相比之下,欧洲货币的形成则是货币制度演进的经济必然,因为欧洲经济一体化必然要求货币一体化,各国在使用欧元的过程中,各国原有的货币主权逐步消失。那么,货币主权的法理意义究竟如何,确实是一个值得深入探讨的问题。

区域性货币制度是指由某个区域内的有关国家(地区)通过协调形成一个货币区,由联合组建的一家中央银行来发行与管理区域内的统一货币的制度。区域性货币制度的发展过程大致经历了两个阶段。

(1)较低阶段。在这个阶段,各成员国仍保持独立的本国货币,但成员国之间的货币采用固定汇率制并可自由兑换,成员国以外由各国自行决定;对国际储备实行部分集中保管,但各国保持独立的国际收支和财政货币政策。

(2)较高阶段。在这个阶段,区域内实行单一的货币;联合设立一个中央银行为成员国发行共同使用的货币和制定统一的货币金融政策,监督各成员国的金融机构及金融市场,为成员国的政府提供融资,办理成员国共同商定并授权的金融事项等;各成员国之间不再保持独立的国际收支,而是实行资本市场的统一和货币政策的统一。

区域性货币制度一般与区域性多国经济的相对一致性和货币联盟体制相对应。20世纪60年代后,一些地域相邻的欠发达国家首先建立了货币联盟,并在联盟内成立了由参加国共同组建的中央银行,由这种跨国的中央银行为成员国发行共同使用的货币和制定统一的货币金融政策。70年代末,西欧开始了货币一体化进程。目前,实行区域性货币制度的国家主要在非洲、东加勒比海地区和欧洲。西非货币联盟制度、东加勒比海货币制度、欧洲货币联盟制度都属于区域性货币制度。

> **补充阅读 2-2**

### 欧元的诞生

欧元诞生的里程碑是马斯特里赫特条约。1991年12月9—10日,欧共体的12个国家在荷兰的一个叫马斯特里赫特的小镇举行会议,签署了著名的《欧洲经济与货币联盟条约》,还签署了《政治联盟条约》。这两个条约统称欧洲联盟条约,也就是著名的马斯特里赫特条约。马斯特里赫特条约标志着欧盟的正式诞生,是欧洲一体化道路上最重要的里程碑。马斯特里赫特条约明确规定,欧盟最迟要在1999年1月18日发行统一货币。马斯特里赫特条约签署之后,欧元的创立加速推进。1993年11月,欧洲联盟条约正式生效。1994年12月15日,欧盟马德里首脑会议决定将欧洲单一货币定名为欧元。1998年,欧洲中央银行(European Central Bank)正式成立,这是国际货币历史上第一个超越主权国家的中央银行。

1999年1月1日,欧元在欧盟成员国范围内正式发行,它是一种具有独立性和法定货币地位的超主权国家的货币。经过三年过渡期之后,2002年1月1日,欧洲区单一货币正式流通,所有成员国的货币全部停止流通,欧元的纸币和硬币正式成为欧元区唯一的法定货币,欧元一诞生就立刻成为全球第二大货币。欧元的诞生是人类货币史上一个划时代的事件。尽管在过去20多年,欧元的运行磕磕绊绊,曾经遇到很多危机,很多人都预测欧元区要崩溃,要解体破产,但是直到今天,欧元依然运行良好。

【思考】
亚洲地区有可能推行亚元作为区域货币吗?试想,如果在全世界范围内创建全球单一货币,会是什么样子?

资料来源:向松祚. 争夺制高点:全球大变局下的金融战略[M]. 北京:中国发展出版社,2013.

## 第二节 外汇与汇率

### 一、外汇的概念与特征

#### (一)外汇的概念

外汇(Foreign Exchange)是国际贸易的产物,是外币或以外币表示的用于国际债权债务结算的各种支付手段。外汇是"外国"的货币,它不仅指外国的钞票和硬币、以外币履行支付义务的票据、银行的外币存款,也包括以外币表示的有价证券,如外国政府的债券、外国公司的债券和股票。我们可以从动态和静态两个角度来理解外汇。

从动态角度来看,外汇是指把一国货币兑换成另一国的货币,并利用国际信用工具汇往另一国,借以清偿两国因经济贸易等往来而形成的债权债务关系的交易过程,其包括"汇"与"兑"两个环节。例如,假设某国的进口商甲和出口商乙与外国的出口商A和进口商B有外贸联系。出口商乙卖给外国进口商B一批货物并要求B开出以该国货币——外汇付款的票据;与此同时,进口商甲从出口商A那儿买进一批货物并商定以该国的货币结账。这时,进口商甲可用本国货币从出口商乙那里买进外汇——B承诺以该国货币履行支付义务的票据,并用这样的票据向外国的出口商A付款;而外国出口商A依据这张票据要求该国进口商B履行付款义务(见图2-1)。外汇的流转是应收应付的债权债务关系产生、转移和结清的过程。

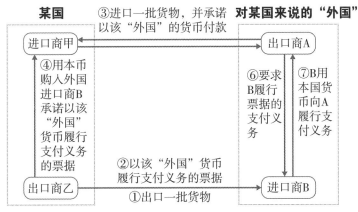

图2-1 外汇流转过程

从静态角度来看,外汇是一种以外币表示的用于国际结算的支付手段。这种支付手段包括以外币表示的信用工具和有价证券,如银行存款、商业汇票、银行汇票、银行支票、外国政府库券及其长短期证券等。

国际货币基金组织对外汇的定义为:"外汇是货币行政当局以银行存款、财政部库券、长短期政府证券等形式所持有的在国际收支逆差时可以使用的债权。"

国务院发布的《中华人民共和国外汇管理条例》对外汇做出了更为明确的规定:"外汇,是指下列以外币表示的可以用作国际清偿的支付手段和资产:(一)外币现钞,包括纸币、铸币;(二)外币支付凭证或者支付工具,包括票据、银行存款凭证、银行卡等;(三)外币有价证券,包括债券、股票等;(四)特别提款权;(五)其他外汇资产。"

表2-1列出了一些主要国家和地区货币单位的名称和代号。

表2-1 常见的货币单位名称和代号

| 国家和地区 | 货币单位名称 | 货币代号 |
| --- | --- | --- |
| 美国 | 美元 | USD |
| 日本 | 日元 | JPY |
| 欧盟 | 欧元 | EUR |
| 英国 | 英镑 | GBP |
| 加拿大 | 加拿大元 | CAD |

续表

| 国家和地区 | 货币单位名称 | 货币代号 |
|---|---|---|
| 澳大利亚 | 澳大利亚元 | AUD |
| 新西兰 | 新西兰元 | NZD |
| 新加坡 | 新加坡元 | SGD |
| 中国香港特别行政区 | 港元 | HKD |

### (二)外汇的特征

外汇在国际交往和国际贸易中行使着流通手段、支付手段和储存价值的职能。但是并不是任何一个国家的货币都可以作为外汇,一国的货币必须同时具备外币性、可兑换性和可偿性三个特征才可以称为外汇。

#### 1. 外币性

外币性即必须是以外币表示的金融资产,而不能是以本币表示的金融资产。

#### 2. 可兑换性

可兑换性即持有人能够不受限制地将它们兑换为其他外币支付手段。一般来说,只有能自由兑换成其他国家的货币,同时能不受限制地存入该国商业银行的普通账户,才能算作外汇。例如,美元可自由兑换成日元、英镑、欧元等其他货币,因而美元对其他国家的人而言是一种外汇;而我国人民币现在还不能自由兑换成其他种类货币,人民币尽管对其他国家的人而言是一种外币,却不能称作外汇。

#### 3. 可偿性

可偿性即外汇可以在各国之间被普遍认可和接受,保证其在国外能得到偿付。例如,空头支票、拒付的汇票等均不能被视为外汇。

### (三)外汇的分类

#### 1. 按照外汇进行兑换时的受限制程度分类

按照外汇进行兑换时的受限制程度,可以将外汇分为以下三类。

(1)自由兑换外汇,就是在国际结算中用得最多,在国际金融市场上可以自由买卖,在国际上可以用于清偿债权债务并可以自由兑换其他国家货币的外汇,例如美元、港币、加拿大元等。

(2)有限自由兑换外汇,则是指未经货币发行国批准,不能自由兑换成其他货币或对第三国进行支付的外汇。国际货币基金组织规定,凡对国际性经常往来的付款和资金转移有一定限制的货币均属于有限自由兑换货币。世界上有一大半的国家货币属于有限自由兑换货币,包括人民币。

(3)记账外汇,又称清算外汇或双边外汇,是指记在双方指定银行账户上的外汇,不能兑换成其他货币,也不能对第三国进行支付。

#### 2. 根据外汇的来源与用途不同分类

根据外汇的来源与用途不同,可以将外汇分为以下三类。

(1) 贸易外汇,也称实物贸易外汇,是指来源于或用于进出口贸易的外汇,即由于国际的商品流通所形成的一种国际支付手段。

(2) 非贸易外汇,是指贸易外汇以外的一切外汇,即一切非来源于或用于进出口贸易的外汇,如劳务外汇、侨汇和捐赠外汇等。

(3) 金融外汇,属于一种金融资产外汇,例如银行同业间买卖的外汇,是为了各种货币头寸的管理。资本在国家之间的转移,也要以货币形态出现,形成在国家之间流动的金融资产。

### 3. 根据外汇汇率的市场走势不同分类

根据外汇汇率的市场走势不同,可以将外汇分为硬外汇和软外汇。硬外汇,又称"硬币",是指币值坚挺、购买能力较强、汇价呈上涨趋势的货币;软外汇,又称"软币",是指汇价呈下跌趋势的货币。由于各国国内外经济、政治情况千变万化,各种货币所处"硬币"和"软币"的状态也是动态变化的。

## 二、汇率

### (一)汇率的概念

汇率(Exchange Rate)又称为"汇价"或"兑换率",是指一个国家的货币用另一个国家的货币所表示的价格,或两国货币折算的比率。汇率是由国际结算中本币与外币折合兑换的需要而产生的,它是国际汇兑得以顺利进行的条件,也是国际经济往来的必要前提。作为本国货币与外国货币之间价值联系的桥梁,汇率的变动对各国的国内经济与国际经济关系都有重大的影响。

当今世界,在银行、空港、车站、码头、旅店、商场等地,几乎到处可以看到汇率牌价表。表2-2列出的是一份2023年5月22日的中国银行的外汇牌价表。

表2-2 外汇牌价表(人民币:100外币)

| 货币名称 | 现汇买入价 | 现钞买入价 | 现汇卖出价 | 现钞卖出价 | 中行折算价 |
| --- | --- | --- | --- | --- | --- |
| 澳大利亚元 | 464.38 | 463.91 | 467.49 | 468.85 | 459.85 |
| 加拿大元 | 530.02 | 529.47 | 533.57 | 535.11 | 525.72 |
| 瑞士法郎 | 815.29 | 814.63 | 821.01 | 823.3 | 807.3 |
| 丹麦克朗 | 103.36 | 103.18 | 104.2 | 104.69 | 102.02 |
| 欧元 | 772.09 | 766.26 | 777.5 | 779.51 | 764.49 |
| 英镑 | 886.89 | 885.98 | 892.84 | 895.42 | 878.12 |
| 港币 | 93.35 | 93.33 | 93.71 | 93.71 | 91.76 |
| 日元 | 4.8656 | 4.8655 | 4.8982 | 4.9002 | 4.8268 |
| 韩国元 | 0.5399 | 0.5362 | 0.5443 | 0.5528 | 0.5388 |
| 澳门元 | 90.67 | 89.87 | 91.03 | 91.97 | 90.8 |
| 新西兰元 | 426.21 | 425.23 | 429.16 | 431.05 | 423.68 |
| 瑞典克朗 | 65.3 | 65.18 | 65.82 | 66.14 | 64.88 |

续表

| 货币名称 | 现汇买入价 | 现钞买入价 | 现汇卖出价 | 现钞卖出价 | 中行折算价 |
| --- | --- | --- | --- | --- | --- |
| 新加坡元 | 532.61 | 532.18 | 536.3 | 537.85 | 526.92 |
| 泰国铢 | 20.15 | 20.11 | 20.31 | 20.63 | 20.04 |
| 美元 | 730.37 | 730.21 | 733.29 | 733.29 | 717.85 |

资料来源：中国银行网站。

### (二)汇率的标价方法

确定两种不同货币之间的比价，先要确定用哪个国家的货币作为标准。由于确定的标准不同，于是便产生了几种不同的外汇汇率标价方法。

**1. 直接标价法**

直接标价法又称应付标价法，是以一定单位的外国货币作为标准折算为本国货币来表示其汇率。一定单位的外币折算的本国货币数量减少，说明外币汇率下跌，即外币贬值或本币升值。我国和国际上大多数国家都采用直接标价法。

**2. 间接标价法**

间接标价法又称应收标价法，是以一定单位的本国货币为标准折算为一定数额的外国货币来表示其汇率。一定单位的本国货币折算的外币数量增多，说明本国货币汇率上涨，即本币升值或外币贬值。英国、美国通常使用间接标价法。

目前，各国各大金融中心多采用美元标价法，即以一定数量的美元为基准，计算应折合成多少其他货币。其他货币间的汇率则可由它们对美元的汇率套算得出。这是因为美元是国际外汇市场上最主要的货币，交易量大，用美元标价法便于进行业务活动。

### (三)汇率的种类

**1. 固定汇率和浮动汇率**

固定汇率是指两种货币间的汇率基本保持不变，波动的幅度局限在一定的范围之内。浮动汇率是指一国政府不规定本币对其他外币的汇率，汇率可自由浮动，由外汇市场的供求变化来决定。浮动汇率中，有的货币汇率完全自由浮动，如美元、欧元、日元、英镑、澳元、加元、瑞士法郎等；另一种是有限制的浮动汇率，即在一定的范围内自由浮动，如港元。可自由浮动汇率的货币，前提是必须进入国际外汇市场挂牌交易，并可自由兑换。

**2. 基本汇率和交叉汇率**

基本汇率是通过某一关键货币来标明的其他货币的汇率。在国际外汇市场上，通常把对美元的汇率作为基本汇率。交叉汇率是根据基本汇率套算得出的两种非美元货币之间的比价，又叫套算汇率。

**3. 即期汇率和远期汇率**

即期汇率，也叫现汇汇率，是指买卖外汇双方成交当天或两天以内进行交割时使用的汇率。远期汇率是在未来一定时期进行交割而事先由买卖双方签订合同、达成协议的汇率。到了交割日期,由协议双方按预先确定的汇率、金额进行交割。远期外汇买卖是一种预约性交易,是由于外汇购买者对外汇资金需求的时间不同以及为了避免外汇风险而采用的。远期汇率与即期汇率相比是有差额的,这种差额叫远期差价,用升水、贴水和平价来表示。升水表示远期汇率比即期汇率贵,贴水则表示远期汇率比即期汇率便宜,平价表示两者相等。

#### 4. 买入汇率和卖出汇率

银行在经营外汇买卖业务时,采取的是"低买高卖"的原则,银行卖出外汇的价格叫卖出价(Offer Rate),银行买进外汇的价格叫买入价(Bid Rate),卖出价高于买入价,两者的差额一般为1‰~5‰。为便于客户分析外汇行情的上下波动,报纸、杂志或经济分析之中的外汇价格常为中间价(Middle Rate),即买入价与卖出价的平均价。

此外,有的银行在对外挂牌公布汇率时,还另外注明外币现钞价(Bank Notes Rate),这主要是针对一些实行外汇管制的国家。一般来讲,银行购买外币现钞的价格要略低于购买外汇票据的价格,而卖出外币现钞的价格一般和外汇卖出价相同。

为什么现钞买入价小于现汇买入价? 这是因为,外币现钞在本国不能流通,需要把它们运至国外才能使用,所以,对于商业银行来说,外汇现钞在使用与调拨上存在一定时滞,要经过一定时间并积累到一定数额,才能送到国外银行,在运输现钞过程中需要花费一定的保险费、运费,在此期间,银行还要承担一定的利息损失和外汇风险。银行通常通过压低现钞买入价来弥补此类风险。

### (四)汇率的决定

汇率的决定,是汇率理论中的核心问题,也是一个极为复杂的问题。不少西方经济学者从各种不同角度加以分析说明,形成多种学说,有以金铸币流通为背景的汇率决定理论、国际借贷说、购买力平价说、汇兑心理说等。这里介绍三种汇率决定理论。

#### 1. 金本位制下的汇率决定理论

金本位制可分为金币本位制、金块本位制和金汇兑本位制。金币本位制最为典型。在金币本位制下,各国都以法律形式规定每一金铸币单位所包含的黄金重量与成色,即法定含金量(Gold Content)。两国货币的价值量之比就直接而简单地表现为它们的含金量之比,称为铸币平价(Mint Parity)或法定平价(Parity of Exchange)。在这里,黄金是价值的化身。铸币平价是决定两国货币之间汇率的价值基础,它可表示为:

$$1\text{ 单位 A 国货币} = A\text{ 国货币含金量}/B\text{ 国货币含金量} = \text{若干单位 B 国货币}$$

例如,1925—1931 年,英国规定 1 英镑金币的重量为 123.2744 格令(Grains),成色为 22k(Carats),即 1 英镑含 113.0016 格令纯金($123.2744 \times 22/24$);美国规定 1 美元金币的重量为 25.8 格令,成色为 0.9000 k,则 1 美元含 23.22 格令纯金($25.8 \times 0.9000$)。根据含金量之比,英镑与美元的铸币平价是 $113.0016/23.22 = 4.8665$,即 1 英镑的含金量是 1 美元含金量的 4.8665 倍,或 1 英镑可兑换 4.8665 美元。按照等价交换的原则,铸币平价是决定两国货币汇率的基础。

铸币平价与外汇市场上的实际汇率是不相同的。铸币平价是法定的,一般不会轻易变动,而实际汇率受外汇市场供求影响,经常地上下波动。当外汇供不应求时,实际汇率就会超过铸币平价;当外汇供过于求时,实际汇率就会低于铸币平价。正像商品的价格围绕价值不断变化一样,实际汇率也围绕铸币平价不断涨落。但在典型的金币本位制下,由于黄金可以不受限制地输入和输出,不论外汇供求的力量多么强大,实际汇率的涨落都是有限度的,即被限制在黄金的输出点和输入点之间。

黄金的输出点和输入点统称黄金输送点,是指在金币本位制下,汇率涨落引起黄金输出和输入国境的界限。它由铸币平价和运送黄金费用(包括包装费、运费、保险费、运送期的利息等)两部分构成。铸币平价是比较稳定的,运送费用是影响黄金输送点的主要因素。以直接标价法表示,黄金输出点等于铸币平价加运送黄金费用,黄金输入点等于铸币平价减运送黄金费用。假定在美国和英国之间运送价值 1 英镑黄金的运费为 0.02 美元,英镑与美元的铸币平价为 4.8665 美元,那么对美国厂商来说,黄金输送点是:

$$黄金输出点 = 4.8665 + 0.02 = 4.8865(美元)$$
$$黄金输入点 = 4.8665 - 0.02 = 4.8465(美元)$$

**2. 购买力平价理论**

在理解购买力平价理论之前,必须先了解"一价定律"。一价定律是指,在无贸易摩擦(比如运输成本和关税为零)和完全竞争(买卖双方无价格操纵)的情况下,若以同一种货币标价,则在不同市场上销售的相同商品拥有相同的销售价格。以美国与荷兰两国之间的钻石贸易为例。假设一颗某等级的钻石在阿姆斯特丹市场上的价格为 2 000 欧元,欧元对美元的汇率为 1.4 美元/欧元。按照一价定律,则同等级钻石在纽约市场上的售价为每颗 2 800 美元(2 000 欧元/颗 × 1.4 美元/欧元)。导致以上结果的机理是:在完全竞争与无贸易摩擦的条件下,套利行为会使两个国家同类商品的价格趋同。如果钻石在纽约更贵,套利者会在荷兰低价买入,再到纽约曼哈顿以高价卖出;如果荷兰的钻石价格更高,则套利者会进行反向操作。这种操作会一直进行下去,直至两个地方同等级钻石的价格相等。

若将一价定律中汇率与单个商品相对价格的联系转换为汇率与一篮子商品相对价格的联系,即为购买力平价理论(Purchasing Power Parity, PPP)。购买力平价理论是采用一国货币的国内购买力来确定各种货币之间的比价问题的汇率决定理论。该理论认为,一种货币同另外一种货币的比价即该国货币对另外一国货币的汇率,它是由两种货币在本国国内所能支配的商品与劳务的数量来决定的,即货币的对外价值取决于其对内价值。这便是各国货币之间汇率确定的基本原理,各种货币汇率均以此为基础确定。虽然现实的市场汇率可能与购买力平价水平不完全一致,但实际汇率围绕购买力平价水平波动,并最终趋向于购买力平价水平。各国经济学家在阐述购买力平价理论时,将之分为两个部分,即绝对购买力平价(Absolute PPP)和相对购买力平价(Relative PPP)。

1) 绝对购买力平价理论

绝对购买力平价理论的基本观点是:在某一时点上两国货币之间的汇率取决于两国一般物价水平之比,即

$$E = P_A / P_B$$

其中:$E$ 为直接标价法表示的 A 国汇率;$P_A$ 为 A 国一般物价水平;$P_B$ 为 B 国一般物价水平。

例如,假定同样的一组商品,在美国卖 100 美元,在中国卖 700 元人民币,根据绝对购买力平价理论,$E = P_A / P_B = 700 / 100 = 7$,用直接标价法就表示为 1 美元/7 元人民币。

2) 相对购买力平价理论

相对购买力平价理论是在绝对购买力平价理论的基础上发展起来的,其说明的是在两个时

点内汇率的变动。由于商品价格水平是不断变化的,因此在一定时期内,汇率变动的主要因素是不同国家之间货币购买力或物价的相对变化程度,用公式表示为:

$$E_1 / E_2 = (P_{a1} / P_{a0}) / (P_{b1} / P_{b0})$$

其中,$E_1$ 和 $E_2$ 分别代表当期和基期的汇率;$P_{a1}$ 和 $P_{a0}$ 分别代表 A 国当期和基期的物价水平;$P_{b1}$ 和 $P_{b0}$ 分别代表 B 国当期和基期的物价水平。此等式意味着,两国货币间汇率的变动幅度等于两国物价水平的变动率之差,即本国通货膨胀率超过外国时,本币贬值;外国通货膨胀率超过本国时,本币升值。如果用 $\pi_a$ 和 $\pi_b$ 分别表示 A 国和 B 国当期的物价变动幅度,则上式可简化为:

$$(E_1 - E_0) / E_0 = \pi_a - \pi_b$$

例如,假设美元对人民币基期的汇率为 1 美元/7 元人民币,中国的通货膨胀率为 10%,美国的通货膨胀率为 6%,根据相对购买力平价理论,有:

$$(E_1 - E_0) / E_0 = 10\% - 6\% = 4\%$$

通过计算,可以得到 $E_1$ 为 1 美元/7.28 元人民币,这表示年末时一单位外币所能兑换的本币数将为年初的 1.04 倍,意味着年末时的人民币相对于美元贬值了。

相对购买力平价理论在物价剧烈波动、通货膨胀严重时具有重要意义。因为它将两国货币各自对一般商品和劳务的购买力比率作为汇率决定的基础,能相对合理地体现两国货币的对外价值。

购买力平价理论虽然在汇率决定理论方面做出过重大贡献,并产生了重要影响,但其本身仍然存在一定的缺陷与矛盾。具体表现在如下几个方面。

(1) 价格指数问题。价格指数的正确选择是购买力平价理论的中心问题。物价水平是确定汇率的基础,但价格指数的选择是购买力平价理论始终未得到很好解决的难点。

(2) 购买方平价理论是在假定不存在贸易壁垒即贸易自由及运输成本为零的条件下提出的,这与现实经济中的管制与干预不相符合,使得货币汇率不能真正地反映购买力平价水平。

(3) 购买力平价理论比较注重国际收支中的经常项目特别是贸易收支状况,对资本项目的变化却很少涉及。事实上,资本项目的变化对一国货币汇率会产生一定的影响,有时影响还特别大,最终导致市场实际汇率与购买力平价所确定的汇率相背离。

(4) 相对购买力平价理论本身也存在一些缺陷与不足,如基期汇率的选择问题。

### 3. 利率平价理论

利率平价理论(Interest Rates Parity Theory)最早是由凯恩斯提出来的。他将远期汇率的决定同利率差异联系起来,使得以后的许多经济学家转向该领域,并在此基础上提出了现代利率平价理论。现代利率平价理论认为,利率平价原理是通过在不同国家市场上的套利活动来实现的,即通过利率与汇率的不断调整而实现的。在每一个市场上,都存在一种均衡的远期汇率,它是同利率平价相对应的汇率。当远期汇率同利率平价相偏离时,最终的结果是远期汇率必将回复到均衡水平。远期汇率的均衡值并非等于即期汇率值,当二者存在差异时,表现为远期汇率的升水或贴水。只有当两国利率变化相一致时,远期汇率才等于即期汇率。例如,如果人民币资产利率为 4%,美元资产利率为 2%,则人民币的预期贬值率为 2%;相应地,美元的预期升值率为 2%。反之,若人民币资产利率低于美元资产利率,则人民币预期升值。人民币资产利率与人民币预期汇率何以出现相反变化?基本原因在于投资者为了规避汇率变动风险而进行的套利活动。由于资金会从回报率低的国家流向回报率高的国家,因此在现汇市场上,回报率较高国家的货币需求增加,该国货币的即期汇率上升。由于套利者会在远期市场上卖出回报率较高国家的货币,因此在远期市场上,回报率较高国家的货币汇率反而会下降。

## 第三节 汇率制度

### 一、汇率制度概述

汇率制度(Exchange Rate System 或 Exchange Rate Regime)是指一国货币当局对本国汇率变动的基本方式所做的一系列安排或规定。汇率制度是各国普遍采用的确定本国货币与其他货币之间汇率的体系,具体规定了汇率确定及变动的规则,对各国汇率的决定有重大影响。自19世纪后期至今,对应于国际货币体系的演变,前后一共出现了三种汇率制度,即金本位体系下的固定汇率制度、布雷顿森林体系下的固定汇率制度和浮动汇率制度。

#### (一)金本位体系下的固定汇率制度

金本位制度是以黄金作为本位货币的制度。金本位制度下的固定汇率制度,是以各国货币的含金量为基础、汇率波动受到黄金输送点限制的固定汇率制度,是典型的固定汇率制度。

在1880—1914年的35年间,主要西方国家实行金本位制,即各国在流通中使用具有一定成色和重量的金币作为货币,金币可以自由铸造、自由兑换及自由输出入。在金本位体系下,两国之间货币的汇率由它们各自的纸币含金量——金平价来决定。当然,这种固定汇率也要受外汇供求、国际收支的影响,但是,黄金输送点和物价的这种机能作用把汇率波动限制在有限的范围内,对汇率起到自动调节的作用,从而保持了汇率的相对稳定。在第一次世界大战前的35年间,美国、英国、法国、德国等国家的货币从未发生过大幅度的升贬值波动。1914年,第一次世界大战爆发,各国停止黄金输出入,金本位体系即告解体。

#### (二)布雷顿森林体系下的固定汇率制度

布雷顿森林体系下的固定汇率制度是指汇率受平价的制约而只能围绕平价在很窄的范围内波动的汇率制度。金本位下的固定汇率制的特点在于:固定汇率制是自发形成的;两国货币之间的中心汇率是按两国本位币含金量决定的金平价之比(即铸币平价)自行确定的;金本位下的"三自"原则(自由兑换、自由熔毁铸造、自由输出入)能自动保证汇率的波动不超过黄金输送点。布雷顿森林体系下的固定汇率制的特点在于:固定汇率制是通过国际协议(布雷顿森林协议)人为建立起来的;各国货币当局通过规定虚设的金平价制定中心汇率;现实汇率的波动则通过外汇干预、外汇管制或国内经济政策等措施被维持在人为规定的狭小范围内;各国货币的金平价可以有条件地调整,当一国国际收支出现根本性不平衡时,金平价经IMF的核准可予以变更。因而,布雷顿森林体系下的固定汇率制又被称为"可调整的钉住汇率制"(Adjustable

Pegging System)。

### (三) 浮动汇率制度

浮动汇率制度是指汇率由外汇市场供求决定,货币当局采取不干预或少干预的汇率政策,一国财政、货币政策的制定和执行都不受汇率变动约束的汇率制度。

#### 1. 按照政府是否进行干预分类

按政府是否进行干预,浮动汇率可分为自由浮动(Free Floating)和管理浮动(Managed Floating)。自由浮动又称为清洁浮动(Clean Floating),是指政府对外汇市场不加任何干预,完全听任汇率由外汇市场的供求状况来决定并自由涨落的汇率制度。管理浮动又称为肮脏浮动(Dirty Floating),是指政府对外汇市场进行或明或暗的程度不同的干预,以使市场汇率朝着有利于本国的方向发展。

#### 2. 按照汇率浮动方式分类

按照汇率浮动方式不同,浮动汇率可分为单独浮动、联合浮动和钉住汇率。

单独浮动(Independent Floating)是指一国货币不与其他国家货币发生固定联系,其汇率根据外汇市场的供求变化而自动调整。

联合浮动(Joint Floating)又称共同浮动、集体浮动,是指参加联合浮动的国家集团内部成员间的货币实行固定比价,并规定波动幅度,各有关成员有义务维持该比价,而对集团外部国家的货币则采取同升共降的浮动汇率。

钉住汇率(Pegged Exchange Rate),即一种货币钉住另一种货币、特别提款权或"一篮子货币",使其他国家货币的汇率随被钉住的货币与其他货币的浮动而浮动。

### (四) 其他汇率制度

#### 1. 爬行钉住制

爬行钉住制是指汇率可以做经常的、小幅度调整的固定汇率制度。其特点是:

(1) 实行国负有维持某种平价的义务,这使得它类似于固定汇率制;

(2) 这一平价可以进行经常、小幅调整(如 2%~3%),这又使得它与一般的可调整的钉住汇率不同,因为后者的平价调整较为少见,且幅度一般较大。

#### 2. 汇率目标区制

汇率目标区制泛指将汇率浮动限制在一定范围内的汇率制度,如中心汇率的上下 10%。其特点主要有:

(1) 货币当局在一定时期内对汇率波幅制定出明确的界限;

(2) 汇率在规定的幅度内波动,货币当局可不予干预;

(3) 货币当局根据情况可采取必要措施(如货币政策等)以维持汇率波动的界限;

(4) 目标区内汇率允许变动的范围一般较大。

#### 3. 货币局制

货币局制是指一国在法律中明确规定本国货币与某一外国货币(通常为主要可自由兑换货币)保持固定的兑换率,并且对本国货币的发行做特殊要求以保证履行这一法定的汇率制度。

### (五)固定汇率制与浮动汇率制的比较

#### 1. 固定汇率制的优缺点

固定汇率制的优点是有利于世界经济的发展。固定汇率制下两国货币比价基本固定或波幅较小,便于经营国际贸易、国际信贷与国际投资的经济主体进行成本和利润的核算,也使这些国际经济主体面临的汇率风险较小,有利于国际经济交易的开展。

固定汇率制的缺点主要有以下三点:第一,汇率基本上不能发挥调节国际收支的经济杠杆作用;第二,固定汇率制有牺牲内部平衡之虞;第三,易引起国际汇率制度的动荡与混乱。

#### 2. 浮动汇率制度的利弊

浮动汇率制度的优点体现在以下三个方面:第一,汇率能发挥其调节国际收支的经济杠杆作用;第二,只要国际收支失衡不是特别严重,就没有必要调整财政政策和货币政策,从而不会以牺牲内部平衡来换取外部平衡的实现;第三,减少了对储备的需要,并使逆差国避免了外汇储备的流失。

浮动汇率制度的主要缺点是汇率频繁与剧烈地波动,使进行国际贸易、国际信贷与国际投资等国际经济交易的经济主体难以核算成本和利润,并使他们面临较大的汇率波动所造成的外汇风险损失,从而对世界经济的发展产生不利影响。浮动汇率制的另一个主要缺点是为外汇投机提供了土壤和条件,助长了外汇投机活动,会加剧国际金融市场的动荡与混乱。

### 思政专栏2-1

#### 中国香港的联系汇率制

联系汇率制度自1983年10月17日起在中国香港实施,透过严谨、稳健和透明的货币发行局制度,港元汇率稳定保持在7.75~7.85港元兑1美元的区间内。在中国香港,没有垄断发钞的"中央银行",钞票由指定的商业银行发行,被指定发钞的银行称为"发钞银行",目前有三家——汇丰银行、渣打银行、中国银行。

中国香港的联系汇率制度属于货币发行局制度,在货币发行局制度下,发钞银行每发行1港币,要按7.8港币等于1美元的比例,向外汇基金存入百分之百的外汇储备。外汇基金由政府设立,收到发钞银行交来的外汇储备,外汇基金给发钞银行开具无息的负债证明书。一般的存款货币银行需要港币,则需用百分之百的美元向发钞银行兑换。香港金融管理局透过自动利率调节机制及履行兑换保证的坚决承诺来维持港元汇率的稳定。若市场对港元的需求大过供应,令市场汇率转强至7.75港元兑1美元的强方兑换保证汇率,金管局随时准备向银行沽出港元、买入美元,使总结余(货币基础的一个组成部分)增加及港元利率下跌,从而令港元汇率从强方兑换保证汇率水平回复至7.75~7.85的兑换范围内。若港元供过于求,令市场汇率转弱至7.85港元兑1美元的弱方兑换保证汇率,金管局随时准备向银行买入港元,使总结余(货币基础的一个组成部分)减少及推高港元利率,港元汇率随之由弱方兑换保证汇率水平回复至兑换范围内。

联系汇率制度经历过多个经济周期仍然行之有效,在过去多次地区和全球金融危机后,更凸显其稳健可靠,它能有效稳定香港作为国际金融中心的地位,有助于香港强化其作为全球离岸人民币业务枢纽和国际风险管理中心的地位,进一步助力人民币国际化。党的二十大报告也强调了中央对巩固提升香港国际金融中心的坚定支持,指出"巩固提升香港、澳门在国际金融、贸易、航运航空、创新科技、文化旅游等领域的地位"。

资料来源:香港金融管理局官网。

## 二、汇率波动对经济的影响

汇率是一项重要的经济杠杆,其变动能反作用于经济,对进出口、物价、资本流动、产出和就业都有一定的影响。

### (一)汇率对进出口的影响

一般地说,本币汇率下降,即本币对外的币值降低,能起到促进出口、抑制进口的作用;若本币汇率上升,即本币对外的币值上升,则有利于进口,不利于出口。此外,汇率变化影响进出口,还要求进出口需求具有一定的价格弹性——进出口需求对汇率和商品价格变动的反应灵敏,进而才会因为价格变化而引起交易数量的较大改变。当然,就出口商品来说,还有一个出口供给弹性的问题,即汇率下降后出口商品量能否增加,还要受商品供给扩大的可能程度的制约。

### (二)汇率对物价的影响

从进口消费品和原材料的角度来看,汇率下降会引起进口商品在国内的价格上涨。至于它对物价总指数影响的程度,则取决于进口商品和原材料在国民生产总值中所占的比重。反之,本币升值,在其他条件不变的情况下,进口品的价格有可能降低,从而可以起到抑制物价总水平的作用。从出口商品的角度看,汇率下降有利于扩大出口。但在出口商品供给弹性小的情况下,出口扩大会引发国内市场抢购出口商品,从而抬高出口商品的国内收购价格,甚至有可能波及国内物价总水平。

### (三)汇率对资本流动的影响

长期资本的流动主要以利润和风险为转移,因而受汇率变动的影响较小,但短期资本流动则常常受到汇率的较大影响。当存在本币对外币贬值的趋势时,本国投资者和外国投资者就不愿持有以本币计值的各种金融资产,并会将其转兑成外汇,发生资本外流现象。同时,由于投资者纷纷转兑外汇,加剧外汇供求紧张,会促使本币汇率进一步下跌。反之,则可能引发资本的内流,促使本币汇率进一步上升。如果金融体制不健全,短期内汇率的剧烈变动有可能会引起金融危机。

### (四)汇率对产出和就业的影响

汇率的变动能够影响进出口、物价和资本流出入,进而影响产出和就业。当汇率有利于刺激出口和抑制进口时,出口品和进口替代品生产的增长会带动总生产规模扩大和就业水平提高。同时,生产出口品和进口替代品行业的利润增长,会引起一国生产结构的改变。不利的汇率则会使出口缩减,给国内生产和就业带来极大的困难;同时促使进口增长,严重时则会冲击本国的生产从而增大失业队伍。有利于资本流入的汇率,对缺少资本的国家是好事;有利于资本流出的汇率,则是资本过剩的国家所期望的。

## 思政专栏2-2

### 有序推进人民币国际化

党的二十大报告提出："有序推进人民币国际化。"人民币国际化是国际货币体系改革的产物,是我国应对世纪变局、把握发展主动权、彰显大国担当的战略选择。当前,人民币国际化取得了标志性成果。2022年5月,国际货币基金组织(IMF)在新一轮特别提款权(SDR)定值审查中将人民币权重由10.92%上调至12.28%。随着中国贸易和金融的全球影响力提升,人民币国际化的基础更加牢固。

有序推进人民币国际化,需要坚持稳中求进工作总基调。要遵循货币国际化发展规律,充分发挥我国世界最大贸易国、最全工业体系、超大规模市场优势,抓住高质量共建"一带一路"、RCEP生效实施等战略机遇,明确重点市场、重点国家、重点区域,科学规划人民币国际化路径。要加大创新力度,进一步提高贸易投资便利性,发展贸易新渠道、新业态、新模式,增加跨境电子支付的新渠道、新平台;适应数字经济、数字贸易发展新趋势,推动金融数字化,为人民币国际化赋能。

有序推进人民币国际化,需要坚持统筹发展与安全。要坚持本币优先原则,增强人民币计价结算话语权,拓宽金融渠道,优化配置国内外两个市场、两种资源,有效管理和分散市场风险。要时刻保持头脑清醒和冷静,精准研判国际环境和形势变化,统筹发展与安全,加强顶层设计的前瞻性和系统性,努力拓展人民币国际化新空间。要牢牢守住不发生系统性风险的底线,增强国际社会信心,进一步提高人民币的避风港、货币锚功能。

有序推进人民币国际化,需要坚持高水平开放。要奉行互利共赢的开放战略,推动高水平开放的大门越开越大。要扩大规则、规制、管理、标准等制度型开放,积极参与贸易规则制定和数字贸易治理,增强对外开放的稳定性和系统性。要实施自由贸易试验区提升战略,进一步缩减外资准入负面清单,建设一流的市场化、法治化、国际化营商环境,以"一带一路"建设、人民币国际化为世界提供更多的公共产品。

资料来源:http://cacs.mofcom.gov.cn/article/gnwjmdt/gn/202301/175609.html.

### 复习思考题

#### 一、选择题

1. 金银铸币按照法定比价流通是( )。
   A. 金汇兑本位制　　　　　　　　B. 金块本位制
   C. 双本位制　　　　　　　　　　D. 平行本位制
2. 美元与黄金挂钩,其他国家货币与美元挂钩是( )的特点。
   A. 国际金本位制　　　　　　　　B. 牙买加体系
   C. 布雷顿森林体系　　　　　　　D. 国际金块本位制
3. 牙买加体系的特点之一是( )。
   A. 保持固定汇率　　　　　　　　B. 国际收支可自动调节
   C. 国际储备货币多元化　　　　　D. 实行浮动汇率

4.中间汇率是指( )。
A.开盘汇率和收盘汇率的算术平均数
B.即期汇率和远期汇率的算术平均数
C.官方汇率和市场汇率的算术平均数
D.买入汇率和卖出汇率的算术平均数

5.铸币平价是( )条件下汇率决定的基础。
A.信用货币制度
B.金币本位制
C.金块本位制
D.金汇兑本位制

6.汇率自动稳定机制存在于( )条件下。
A.信用货币制度
B.金币本位制
C.金块本位制
D.金汇兑本位制

7.对浮动汇率制下现实汇率超调现象在理论上进行了全面概括的汇率理论是( )。
A.相对购买力平价理论
B.绝对购买力平价理论
C.弹性价格货币分析法
D.黏性价格货币分析法

8.目前人民币汇率实行的是( )。
A.以市场供求为基础的、单一的、有管理的固定汇率制
B.以市场供求为基础的、单一的、有管理的浮动汇率制
C.以市场供求为基础的、单一的固定汇率制
D.以市场供求为基础的、单一的浮动汇率制

## 二、简答题

1.外汇的直接标价法和间接标价法有什么不同？
2.简述浮动汇率的种类。
3.比较固定汇率制和浮动汇率制的优劣。
4.简述购买力平价理论。

# 案例分析题

**解读2022年人民币贬值**

2022年的最后一个交易日,中国外汇交易中心的数据显示,2022年12月30日,人民币对美元中间价报6.9646,调升147个基点。2022年全年,人民币对美元中间价累计贬值5 889基点,贬值幅度超过9.23%。这是人民币对美元中间价近年来录得的最大贬值幅度。

随着"8·11"汇改的推出,人民币对美元中间价在2015年全年贬值6.12%,2016年再度贬值近6.83%。上述颓势在2017年一扫而空,人民币对美元汇率升值5.8%。2018年人民币对美元中间价贬值了5.04%,2019年小幅贬值1.6%,2020年大幅升值达到6.47%,2021年同样实现年度升值,升幅超过2.28%。

2022年全年,人民币对美元中间价的振幅超15%,并在9月下旬跌破"7"关口,随后又在12月初强势收复这一重要关口。2022年,以人民币对美元中间价计,换汇最划算的日子是一季度,全年人民币对美元中间价的最高点出现在3月1日(报6.3014),而11月4日是全年换汇最不划算的日子,当日人民币对美元中间价报7.2555。

人民币对美元汇率走低的背后,是美联储连续六次加息、地缘冲突下避险情绪升温等因素的叠加影响,美元进入升值周期,美元指数刷新20年来新高。

【思考】

(1)人民币贬值对中国经济会带来什么影响?

(2)影响人民币和美元之间汇率的因素有哪些?

资料来源:https://www.163.com/dy/article/HPR4N00K0514R9P4.html.

# 第三章
# 信用

JINRONGXUE

### 学习目标

了解信用产生和发展的过程。
认识信用的本质。
熟悉现代经济中信用的主要形式。

### 导入案例

**打造数字普惠金融"新模式" 破解"三农""小微"融资难题**

针对农村客户获取金融服务方面存在的融资难题，广东省农村信用社联合社因地制宜打造惠农利民的金融产品与服务，全方位满足"三农"生产生活需求。

第一，创新专属产品，推出"特色化"产品体系。针对"清远鸡"数字农贷市场潜在的风险与机遇，创新打造"清远鸡"数字农贷新产品。"清远鸡"数字农贷产品依托云计算平台及大数据风控平台的风险管理整合能力，构建了"清远鸡"数字农贷评分模型，推动贷款风控从过去的"传统经验型"向现代"数字量化型"转变，创新业务经营理念，全面把控信贷风险。同时，通过"线上化＋移动化＋无纸化"解决了除线下尽职调查外的全业务流程操作，改变了传统的调查模式和签约放款流程，最快可实现30分钟放款，极大提升了农户的使用体验。

第二，加大农业大数据创新应用，将数字化技术融入本地特色农业场景。通过与农业龙头企业温氏集团合作，共同研发推出"养殖e贷"专属产品，结合养殖专家经验，构建起科学的反欺诈、授信风控、贷后管理等风控模型，有效解决了供应链条中养殖户融资难、融资慢的问题。养殖户通过手机银行即可实现线上申请、审批、放贷、还款等全流程闭环操作，有效降低了养殖户用贷门槛，实现贷款需求的精准触达和投放，助力农业供应链提质增效。

第三，创新研发"三农易""小微易"，持续提升普惠金融服务效能。"三农易""小微易"是针对"三农""小微"客户推出的移动办贷新方式，具备信用免抵押、获贷门槛低、授信额度灵活三大优点，有效满足了普惠小微群体50万元以下信用或保证贷款"随借随还"的需求。

【思考】
(1) 广东省农村信用社联合社是如何推动当地农业发展的？
(2) 这种农业信贷业务属于哪一种信用形式？

资料来源：https://c.m.163.com/news/a/IDDAQ0A705520IZ3.html。

## 第一节 信用概述

人们在日常生活中使用"信用"一词，一般用来评价一个人的道德标准，指的是"遵守诺言"这样一种基本的道德准则，这是从社会学的角度解释信用。人们常说的"诚信""讲信用""一诺千金""言行一致""君子一言，驷马难追"反映的就是这个层面的意思。英文"Credit"一词最早源于拉丁文"Credo"，名词的意思是信用、声望、信誉、威望，动词的意思是相信、信任，也是从社会学角度解释信用。在经济学中,信用是指借贷行为,是从属于商品生产关系的经济范畴,是以偿还和付息为基本特征的价值运动的特殊形式,体现的是一种债权债务关系。如果从法律的层面理解信用,则有两层含义:第一层含义是指契约当事人之间的一种关系,只要契约当事人之间的权利和义务不是即期交割,而是存在时滞,就存在信用关系;第二层含义是指双方当事人按照契约规定所享有的权利和应承担的义务。

## 一、信用的本质

对信用的本质,我们可以从以下三个方面加以认识。

### (一)信用是一种以还本付息为条件的借贷行为

信用是一种有条件的借贷行为,是借贷双方调剂资金余缺的一种形式。在借贷活动中,贷方将其拥有的货币或商品的使用权暂时转让给借方,借贷双方约定期限,到期由借方归还本金,并以利息的形式对贷方转让货币或商品的使用权给予价值补偿。信用不同于无偿的财政分配、无偿的捐赠或援助,而是以偿还和付息为条件的。在信用关系中,借出的可以是物资、商品、劳务或货币,而将来偿还时,可以采取同一种形式,也可以折算成其他形式。这就能解释为什么在现实生活中,有时会有无息借贷,因为无息借贷通常是出于某种政治目的或经济目的而采取的优惠措施,"利息"会以政治支持或者其他形式来体现。

### (二)信用关系是受法律保护的债权债务契约关系

在借贷活动中,有价物的所有者由于让渡了有价物的使用权而取得了债权人的地位,债权人拥有借贷期满收回有价物价值和利息的权利,同时承担在借贷期间内让渡有价物使用权的义务;有价物的借入者则成为债务人,需要承担将来偿还有价物价值和支付利息的义务,同时享受在一定时间内使用有价物的权利。在债权债务契约中所确定的借贷双方的权利的实现,是受到法律的保护和监督的。

### (三)信用是一种价值单方面转移的特殊运动形式

一般价值运动即商品的买卖,在商品直接买卖活动中,买卖双方一手交钱,一手交货,商品和货币的所有权和使用权均发生双向移动,货币运动和商品运动在时间和空间上是一致的。信用关系发生时,信用标的只是进行价值单方面转移,借贷期满,还本付息,价值回流。因此,在信用活动中,商品或货币让渡与价值回流在时间和空间上是不一致的。在信用活动中,货币发挥支付手段职能;而在商品直接买卖活动中,货币发挥流通手段职能。

## 二、信用的构成要素

信用是由四大要素构成的。

### (一)信用主体

信用是一种借贷行为,信用的行为主体就是借贷双方及信用中介人。借者是资金的需求者,是接受资产转移的一方,称为受信者;贷者是资金的供给者,是转移资产的一方,称为授信者。信用中介人是为借贷双方的借贷活动提供中介服务的金融机构或经纪人,是社会资金融通的中介和桥梁,如商业银行。

## (二)信用客体

在信用行为中,被交易的对象就是信用客体,即授信方的资产。它可以是有形的(如以商品或货币形式存在),也可以是无形的(如以服务形式存在)。信用活动中交易的对象是授信方所拥有的资产的使用权而不是所有权。

## (三)信用工具

借贷双方在信用交易中所形成的债权债务关系的书面证明就是信用工具,它规定了借贷双方的权利和义务,具有法律效力。信用工具是实现资金融通的载体。

## (四)信用条件

信用条件是指借贷的期限和利率,期限是信用关系开始到终结之间的确定期限,利息则是债权人在让渡实物和货币使用权时所得到的报酬。其他信用条件还包括利息的计算方式、支付的次数、本金的偿还方式、是否需要抵押品等。

# 三、信用的产生与发展

## (一)信用产生和发展的前提条件

信用是商品货币关系发展到一定阶段的产物。

**1. 社会分工和私有制出现**

在原始社会初期,社会生产力水平低下,人们的劳动只能维持最低限度的生活,没有剩余产品可供交换,自然也没有信用的存在。到了原始社会末期,随着社会生产力的发展,原始社会出现了两次社会大分工,第一次大分工是畜牧业和农业的分工,第二次大分工是手工业和农业的分离。这两次大分工促进了生产的发展,提高了劳动生产率,使剩余产品日益增多,也产生了直接以交换为目的的商品生产,并加速了原始公有制的瓦解和私有制的产生。私有制的出现,造成贫富分化,借贷关系产生的现实基础出现了。

**2. 商品交换的发展**

信用并不是随着商品交换的产生而同时产生的,而是商品交换发展到一定阶段的产物。因为最初的商品交换规模小,人们为满足生活的需求而交换,只需要物物交换和现金交易就可以满足;后来随着社会分工和生产资料的私有化,产生了以生产为目的的商品交换,商品交换的规模变大了。由于不同产品生产周期长短不一、商品购销地点远近不同,商品买卖脱节,一部分商品交换必须借助信用的方式实现,才能保证社会再生产的连续进行。

**3. 货币支付手段职能的产生**

马克思是在论述货币的支付手段职能时谈及信用关系的,说明信用的产生与发展与货币的支付手段职能的发挥有着密切的关系。信用产生于货币与商品的交换,或者更进一步说,信用和"信用货币的自然根源是货币作为支付手段的职能"。当发生商品的赊销和货币的借贷时,商品的运动与货币的运动在时间上分离开来,货币是作为独立的价值形态进行价值单方面的转移,发挥着支付手段的职能。因此,货币职能的衍生和扩张,不断地克服自身的束缚,不仅促进了商品交换的发展,也促进了信用关系的产生和发展。反过来,信用的发展又扩大了货币的支付手段职能发挥作用的范围。

### (二)信用方式不断从低级向高级演进

信用的最初方式是实物借贷,与货币无关,主要是贫者为了生存的需要而借贷。后来随着商品流通的发展,出现了商品赊销这种信用方式,赊销是借实物还货币,货币运动真正与商品运动分离了。商品赊销是现代意义上的信用活动,这种信用活动与商品流通和生产活动紧密联系在一起。随着商品货币关系的发展,货币支付手段发挥作用的范围超出了商品流通的范围,信用关系也超出了商品流通的范围,直接表现为货币借贷。货币借贷是以获取利息为目的的借贷活动,它的出现使商品的流通与货币的流通进一步分离。这种以获取利息为目的而贷放出去的货币叫生息资本,生息资本的出现使信用关系得到了更广泛的发展。

### (三)信用是一个历史的经济范畴

信用产生之后,伴随着商品经济的发展而不断发展,随着社会生产方式(或生产经营方式)的改变而改变,依次经历了高利贷信用、借贷资本信用和现代信用等多种形态。

#### 1. 高利贷信用

随着商品生产和商品交换的发展,出现了货币,也就出现了货币借贷。由于社会分工的发展、交换的日益频繁和私有制的出现,原始社会内部出现了贫富分化,当经济地位不稳定的贫者生活陷入窘迫境地时,为维持生计,只能开始采用还本付息的方式借贷。此外,奴隶主和封建主为了弥补因为穷奢糜烂的生活或战争等开支而发生的赤字,也只能求助于高利贷。由于当时剩余产品有限,可贷资产极少,而借贷的需求量相比又很大,供求不平衡决定了借入者只有付出高额利息才能得到急需的商品和货币,于是,高利贷在奴隶社会和封建社会获得了广泛的发展。

高利贷信用具有以下几个特征。

(1)利率水平非常高。高利贷的年利率一般为30%~40%,有的甚至高达200%~300%。高利贷的利率之所以特别高,一是因为小生产者的借贷多用于生活救急之需,奴隶主、封建主举债,多用于满足穷奢极欲的生活。他们取得贷款是为了获得购买手段和支付手段,而不是作为资本,这种非生产性消费的借贷性质决定了高利贷利率上限不受利润率的客观限制。二是因为在小生产占统治地位的自然经济条件下,高利贷资本的供应小于需求,从而为高利贷者索取高息提供了条件。

(2)高利贷具有非生产性。从高利贷资本来源看,它是商人、奴隶主、封建主、僧侣、修道院和教堂等通过各种途径积聚起来的货币资本,不是社会再生产中暂时闲置的资本。从高利贷资本的用途看,它一般只用于生活消费和支付债务,而不能用于发展生产。因为在高额利息的盘剥下,不仅借款人所创造的全部剩余劳动价值被侵吞,甚至连一部分必要劳动所创造的价值也被夺走,所以,如果用高利贷进行生产,连简单再生产也无法维持。

(3) 高利贷具有保守性。在高利贷的压榨下,小生产者和债台高筑的奴隶主、封建主会破产而沦为奴隶、农奴,而不能成为自由人。高利贷不能改变旧的生产方式和创造新的生产方式,而是像寄生虫一样紧紧吸附在旧的生产方式身上,使其每况愈下、苟延残喘。因此,高利贷起着维护落后生产方式的作用,阻碍着新生产方式的产生。当然,由于高利贷信用促使劳动者与生产资料分离,促进了货币财富的集中,所以也为资本主义生产方式的产生准备了前提条件。

### 2. 借贷资本信用

西欧封建社会末期,高利贷者手中积累了相当数量的货币资本,可以随时投入资本主义生产、创办资本主义企业。但由于高利贷资本数量有限,无法满足资本家的需要,又因为它过高的利息吞没了资本家的全部利润,不适应资本主义发展对信贷的迫切需要,于是新兴的资产阶级展开了反对高利贷的斗争,斗争的焦点是降低利率。斗争方式基本上有两种。一种是通过法律限定高利贷利率。例如,英国1545年的法律规定最高年利率为10%,1624年降低到8%,1651年降为6%,1774年降为5%。第二种方式是发展资本主义自身的信用事业。随着资本主义经济的发展,资本家将产业循环中暂时闲置的货币资本出借,并在此基础上形成了专门从事货币借贷的借贷资本家这样一个独特的资本家集团与高利贷者相抗衡,使借贷利息迅速降低,高利贷信用逐渐失去它的活力,借贷资本信用开始形成。

借贷资本是货币资本家为获得利息而贷放给职能资本家使用的一种货币资本,是在产业资本循环周转的运动中产生和发展起来并为产业资本服务的生息资本。产业资本的循环和周转是借贷资本形成的基础。在产业资本的循环周转过程中,暂时游离出的一部分货币资本需要寻求发挥其职能的场所,以实现价值的增值;同时,职能资本家为保持生产过程的连续性或为扩大生产经营规模,又会对货币资本产生临时性的需求。于是,职能资本家与货币资本家为追逐更多的剩余价值,就采取有偿的方式来调剂货币资本的余缺,从而产生了借贷资本的运动。借贷资本反映了资本主义生产关系:一方面,它体现了借贷资本与职能资本之间的信用关系;另一方面,它体现了借贷资本与职能资本共同剥削雇佣工人、瓜分剩余价值的生产关系。

### 3. 现代信用

当今的社会经济活动已为商品货币关系所覆盖,任何经济行为主体(即企业、个人、政府)的经济活动都伴随着货币的收支。在频繁的货币收支过程中,任何货币的盈余或赤字,都同时意味着相应金额的债权债务关系的存在。当经济生活中广泛存在着盈余和赤字的经济行为主体时,通过信用即借贷关系进行调剂已成为必然。现代信用就是这样一种在社会化大生产基础上建立起来的适用于高度发达的市场经济的信用形式。

现代信用已成为现代经济的核心,不仅在发达的工业化国家,就是在发展中国家,经济活动中都普遍存在着债权债务关系。现代信用本质上仍然是借贷资本运动,所不同的是,现代信用的借贷资本运动越来越影响着国民经济的变动,信用的范围更加扩大,形成了跨地区、跨国界的全球一体化信用。随着电子化货币时代的到来,现代信用的形式也将随着货币形式的演变而不断变化,随着现代货币的逐渐抽象而越来越抽象,甚至脱离任何载体而独立存在,并将继续成为促进现代社会发展的重要力量。

## 四、信用在现代经济中的作用

### (一)信用的积极作用

#### 1. 现代信用扩大了投资规模

现代经济的增长,有赖于不断扩大再生产,投资就是扩大再生产的起点,而扩大投资的前提又是增加储蓄。因此,在储蓄转化为投资的过程中,信用就成为推动资金积累的有力杠杆。

现代化大生产要求的有效投入,往往需要一定的规模,如铁路、发电站、工业园等的新建,都需要巨大的投资。这时仅靠企业的自身储蓄很难满足有效投资的要求。同时,企业和家庭在生产和消费的过程中会因种种原因,出现暂时闲置的资金,这些资金闲置的数量不等,时间有长有短,其所有者自己往往难以运用。于是,通过信用调剂,就可以动员闲置资金,扩大社会储蓄规模,再将资金投向投资收益较高的项目,优化社会资源配置,扩大社会投资规模,增加社会就业机会,增加社会产出,促进经济增长。此外,信用还可以创造和扩大消费,通过消费的增长刺激生产扩大和产出增加,也能起到促进经济增长的作用。例如,政府可以通过发行国债的方式筹集资金,投入大型基础设施建设;工商企业可以通过金融机构获得贷款来扩大投资规模;个人和家庭也可以通过分期付款方式购买住房或者汽车,扩大消费需求,进而带动生产和投资。

#### 2. 现代信用提高了消费总效用

每个家庭都必须根据收入的多少来合理安排消费。但是收入与消费在时间上并不总是一致的。例如,某些家庭可能现在有支付医药费或者儿童教育费的迫切需要,本期的收入却不能满足这种要求,但预计将来的收入比本期更多,而消费的需求更小。其他家庭的情况可能正好相反,他们现在的需求较小,但预期将来供子女上大学或赡养退休父母的需求较大,而现在的收入相对较多。显然,这两类家庭对现时的消费与未来的消费有不同的估价。前者高估现时的消费,甚至愿意付出利息的代价以取得超过本期收入的消费;后者高估未来的消费,需要积蓄,未雨绸缪。借助信用关系,把现时的消费与未来的消费相交换,双方的利益都能得到满足。信用可以使每个家庭把他们的消费按时间先后做最适当的安排,从而提高消费的总效用。

#### 3. 现代信用节省了流通费用和流通时间

现代信用制度的存在,使债权债务的清算采用转账结算方式成为可能。这种不动用现金的转账结算方式,既可以使债权、债务相互抵消,使结算更加迅速、方便,又可以大大节省现金制作、保管、点数、运输等流通费用。信用还加快了商品周转速度,加速实现商品价值,因而减少了商品储存以及与此有关的各种管理费用,也缩短了资本的流通时间。资本的流通时间愈短,资本周转速度愈快,实现的剩余价值也就愈多。尤其是在当前IT技术高速发展的情况下,无现金支付方式和数字货币的使用,进一步节省了流通费用和流通时间,保障了电子商务业务的有效开展。国家统计局发布的数据显示,2022年中国经济发展新动能指数为766.8,比上年增长28.4%,以新产业、新业态、新商业模式为主要内容的新动能持续集聚成长,经济活力不断释放,创新驱动深入推进,网络经济发展保持活跃,转型升级扎实有效,成为推动经济高质量发展的重要力量。网络经济快速发展的带动作用明显。2022年,中国电子商务市场规模再创新高,全国电子商务平台交易额43.8万亿元,按可比口径计算,比上年增长3.5%;全国网上零售额13.8万亿元,按可比口径计算,比上年增长 4.0%。其中,实物商品网上零售额增长 6.2%,占社会消费品零售总额的比重为 27.2%,比上年提高 2.7 个百分点;全国网购替代率(线上消费对线下消费的替代比例)为 80.7%。

**4. 现代信用促进了社会资金利润率的平均化**

马克思曾经说信用制度"对利润率的平均化或这个平均化运动起中介作用,整个资本主义生产就是建立在这个运动的基础上的"。信用通过积累、集中和再分配社会资金,调剂社会资金的余缺分配,按照经济利益诱导规律,将资金从使用效益差、利润率低的项目、企业、行业和地区调往使用效益好、利润率高的项目、企业、行业和地区,从而使前者的资金利润率提高,后者的资金利润率降低,进而促使社会资金利润率平均化的形成。在这个过程中,资金的流动在现代市场经济体制下绝大多数都要经过银行这个环节,因此,银行在调节资金的流向中具有核心作用。

### 思政专栏 3-1

**加快社会信用体系建设 助力中国式现代化**

社会信用体系是社会主义市场经济体制和社会治理体制的重要组成部分,建设中国特色社会信用体系,对建设现代化经济体系、推进国家治理体系和治理能力现代化、促进社会文明进步具有重大意义。

党的二十大报告首次将社会信用与产权保护、市场准入、公平竞争并列作为市场经济的基础制度,凸显了社会信用在推进中国式现代化过程中的重要功能和作用。

"十四五"时期是我国社会信用体系建设再谋划、再出发的关键时点,数字经济时代为加快社会信用体系建设、实现高质量发展提供了增权赋能的技术路径和重要契机,要从打基础、建框架、促应用向夯实理论根基、健全统一制度、深化应用创新转变。

加快社会信用体系建设,实现高质量发展,重点应做好以下几个方面的工作:一是科学界定中国社会信用体系建设的丰富内涵;二是准确把握中国社会信用体系建设的鲜明特色;三是系统构建中国特色社会主义社会信用理论体系;四是加快健全中国特色社会信用建设法治体系;五是全面推动信用实践深度应用、均衡发展和创新进步。

资料来源:http://www.sxcredit.com/homes/ArticleShow.asp?ArticleID=2809.

### (二)信用的消极作用

**1. 现代信用助长了投机的产生和发展**

马克思曾说:"人们奋斗所争取的一切,都同他们的利益相关。"恩格斯也进一步说:"革命的开始和进行将是为了利益,而不是为了原则,只有利益能够发展成为原则。"市场的逐利性直接导致了这一切的发生,马克思曾经引证过一段形象的说法:"资本害怕没有利润或利润太少,就像自然界害怕真空一样。一旦有适当的利润,资本就胆大起来。如果有 10% 的利润,它就保证到处被使用;有 20% 的利润,它就活跃起来;有 50% 的利润,它就铤而走险;为了 100% 的利润,它就敢践踏一切人间法律;有 300% 的利润,它就敢犯任何罪行,甚至冒绞首的危险。如果动乱和纷争能带来利润,它就会鼓励动乱和纷争。走私和贩卖奴隶就是证明。"于是,由于信用的扩张效应,在利益的驱动下,经济领域中的冒险家们将信用看作能够带来收益的"万能灵药",甚至不惜采取违法手段"圈钱",最终导致资源配置的低效。所以,尤其是在当前世界市场竞争相当激烈的大背景之下,不论是出于主观还是客观原因,过度投机甚至赌博欺诈等行为都比过去更为常见,这已经是不争的事实。

#### 2. 现代信用潜藏着经济危机发生的危险性

在经济发展中,信用的作用突破了需求的制约,拉动了需求的增加,造成了对商品的虚假需求,表现出来的就是虚假信用。在现代经济社会中,虚假信用所带来的泡沫似乎无可避免,虚拟资本过度增长与相关交易持续膨胀,日益脱离实物资本的增长和实业部门的成长,金融证券价格剧烈波动、地产价格飞涨、投机交易等都成为极为活跃的经济现象。信用体制的不健全极易引起经济发展中泡沫破裂,一旦错综复杂的债权债务链条上有一个环节断裂,就会引发连锁反应,对整个社会的信用体系造成巨大危害,甚至会导致社会震荡、经济崩溃。2007年席卷美国的次贷危机的爆发,就是由作为债务链终端的一些信用度较低的债务人无法偿还借贷资金而引起的。现代市场经济的本质就是信用经济,信用是市场经济正常运转的基石,在信用制度高度发达的情况下,任何一个信用环节的失误都可能会引起整个信用链条的断裂,可以说是"牵一发而动全身"。

由此可见,信用在现代经济中的作用具有双重性,尤其是在当前经济全球化的背景之下,世界经济体制已日趋稳定和成熟,不再是过去闭门造车的年代。1997年亚洲金融危机及2008年全球金融海啸一再提醒我们,深刻地认识到信用在现代经济中所发挥作用的双重性,是极其重要的。而要克服或减少信用带来的种种弊端,则有赖于社会及经济管理制度的进步和完善。

### 补充阅读 3-1

#### 美国次贷危机

美国的次贷危机(Subprime Crisis)又称次级房贷危机,也译为次债危机。它是指一场发生在美国,因次级抵押贷款机构破产、投资基金被迫关闭、股市剧烈震荡引起的金融风暴。它致使全球主要金融市场出现流动性不足的危机。美国次贷危机是从2006年春季开始逐步显现的,2007年8月开始席卷美国、欧盟和日本等世界主要国家和地区的金融市场。

次贷即"次级按揭贷款"(Subprime Mortgage Loan),指一些贷款机构向信用程度较差和收入不高的借款人提供的贷款。与传统意义上的标准抵押贷款的区别在于,次级抵押贷款对贷款者信用记录和还款能力的要求不高,贷款利率相应地比一般抵押贷款高很多。那些因信用记录不好或偿还能力较弱而被银行拒绝提供优质抵押贷款的人,会申请次级抵押贷款购买住房。

在2006年之前的5年里,由于美国住房市场持续繁荣,加上前几年美国利率水平较低,美国的次级抵押贷款市场迅速发展。随着美国住房市场的降温尤其是短期利率的提高,次贷还款利率也大幅上升,购房者的还贷负担大为加重。同时,住房市场的持续降温也使购房者出售住房或者通过抵押住房再融资变得困难。这种局面直接导致大批次贷的借款人不能按期偿还贷款,银行收回房屋,却卖不到高价,出现大面积亏损,引发了次贷危机。相关标志性事件可列举如下。

2007年2月13日,美国新世纪金融公司(New Century Financial Corp)发出2006年第四季度盈利预警。

2007年3月,汇丰控股宣布业绩,并额外增加在美国次级房屋信贷的准备金额达70亿美元,合计105.73亿美元,升幅达33.6%;消息一出,令当日股市大跌,其中恒生指数下跌777点,跌幅为4%。

2007年4月2日,美国第二大次级抵押贷款公司——新世纪金融在面对来自华尔街174亿美元逼债的情况下,宣布申请破产保护,裁减54%的员工。

2007年8月2日,德国工业银行宣布盈利预警,后来更是估计出现了82亿欧元的亏损,因为旗下的一个规模为127亿欧元的"莱茵兰基金"(Rhineland Funding)以及银行本身少量地参与了美国房地产次级抵押贷款市场业务而遭到巨大损失。德国央行召集全国银行同业商讨拯救德国工业银行的一揽子计划。

2007年8月6日,美国第十大抵押贷款机构——美国住房抵押贷款投资公司正式向法院申请破产保护,成为继新世纪金融公司之后美国又一家申请破产的大型抵押贷款机构。

2007年8月8日,美国第五大投行贝尔斯登宣布旗下两只基金倒闭,原因同样是受到次贷风暴的冲击。

2007年8月9日,法国第一大银行巴黎银行宣布冻结旗下三只基金,同样是因为投资了美国次贷债券而蒙受巨大损失。此举导致欧洲股市重挫。

2007年8月13日,日本第二大银行瑞穗银行的母公司瑞穗集团宣布与美国次贷相关的损失为6亿日元。日本、韩国的银行已因美国次级房贷风暴产生损失。据瑞银证券日本公司的估计,日本九大银行持有美国次级房贷的担保证券已超过一万亿日元。此外,包括Woori在内的五家韩国银行总计投资了5.65亿美元的担保债权凭证(CDO)。投资者担心美国次贷问题会对全球金融市场带来强烈冲击。不过日本分析师深信日本各银行投资的担保债权凭证绝大多数为最高信用评级,次贷危机的影响有限。其后花旗集团也宣布,2007年7月份由次贷引起的损失达7亿美元,花旗集团股价已由2007年高位时的23美元跌到了2008年的3美元多一点,市值缩水90%,且其财务状况也不乐观。

美国次级债的风波带给我们最大的启示是:在信用经济下,信用风险无处不在,扩张和膨胀的信用势必导致泡沫的产生,而一旦外部环境发生变化,泡沫随之破灭,它对实体经济的打击将让整个社会付出惨重的代价。

资料来源:https://baike.so.com/doc/482237-510676.html.

# 第二节 现代信用形式

## 一、商业信用

商业信用(Commercial Credit),是指企业之间互相提供的与商品交易直接相联系的信用。商业信用的具体形式包括企业间的商品赊销、分期付款、预付货款、委托代销等,其中,最典型的形式是商品赊销。

## (一)商业信用的特点

商业信用的特点主要体现在如下几个方面。

(1)商业信用的主体是厂商。商业信用是厂商之间相互提供的信用,债权人和债务人都是厂商。

(2)商业信用的客体是商品资本。商业信用提供的不是暂时闲置的货币资本,而是处于再生产过程中的商品资本。

(3)商业信用与产业资本的动态一致。在繁荣阶段,商业信用会随着生产和流通的发展、产业资本的扩大而扩张;在衰退阶段,商业信用又会随着生产和流通的削减、产业资本的收缩而萎缩。

## (二)商业信用的优点及其局限性

### 1. 商业信用的优点

商业信用的优点主要体现在如下几个方面。

(1)商业信用筹资方便、迅速。通常,商业信用发生在既存在供求关系又有相互信用基础的企业之间,所以,不需要像银行贷款筹资那样办理复杂的申请和审核手续,更不需要提供抵押品或者第三方担保,只要买卖双方同意,即可完成借贷。

(2)商业信用具有较大的灵活性。借贷双方能够根据需要,自由选择借贷的金额大小和期限长短,不会受到标准化合同的限制。甚至万一出现逾期付款或逾期交货的情况时,还可以通过友好协商,请求延长借贷或交货的期限。这样,企业的生产经营能力不易受到损失,有利于企业摆脱困境。

(3)商业信用的筹资成本较低。由于商业信用是直接信用,不需要支付中介服务费用,因此,大大降低了融资费用。如果授信企业不要求支付利息,则相当于受信企业获得了一项无息贷款。

### 2. 商业信用的局限性

商业信用的局限性主要体现在如下几个方面。

(1)商业信用的规模和数量是有限制的。由于商业信用是企业之间相互以商品为对象提供的信用,所以商业信用的最大规模不会超过授信企业所拥有的商品资本总额,这还要以授信企业能同时从其他渠道获得资金补充为前提,否则再生产无法进行;在不能从其他渠道取得信用支持的情况下,授信企业所能提供的商业信用规模最大不能超过其所拥有的后备资本总额,否则其再生产无法进行。

(2)商业信用受到商品流转方向的限制。由于商业信用的客体是商品资本,因此,只能按商品流转方向,由卖方向买方提供信用。

(3)商业信用受信用能力的限制。商业信用关系成立的重要条件是授信企业比较了解受信企业的支付能力。商业信用只会发生在相互熟悉、相互信任的企业之间,涵盖的范围是有限的。

(4)商业信用受到期限的限制。由于商业信用的对象是处于再生产过程中的商品资本,如果不能很快地转化为货币资本,则会影响产业资本的循环和周转,所以商业信用只能是短期信用。

(5)商业信用的风险性较大。首先,商业信用不要求任何质押、抵押,全凭交易双方各自的诚信,以双赢为目的。然而,在一般情况下,对方是否诚信很难把握,经济活动中的许多不确定因素也难以保证双方在交易中都成为赢家,一旦一方遇到不测,极易诱发其不守信心理因素的急剧膨胀,从而导致失信。其次,由于社会分工,商业信用会通过生产上的供求关系把许许多多的企业联系在一起,形成一条长长的债务链条。一旦债务链条的某一环出现问题,就会对其他相关的债权企业产生连锁影响;当债务链条断裂时,甚至会使链条上的许许多多企业陷入债务危机。

## 二、银行信用

银行信用(Banking Credit),是指商业银行及其他金融机构以货币形态向企业或个人提供的信用。它属于间接信用,是在商业信用广泛发展的基础上,产生与发展起来的一种更高层次的信用形式,主要包括吸收存款和发放贷款两大类业务活动。

### (一)银行信用的特点

**1. 银行信用的主体具有双重身份**

银行信用的借贷双方是专门从事货币经营的银行等金融机构和企业、个人。在银行信用活动中,银行等金融机构具有接受信用和授予信用的双重身份。

**2. 银行信用的客体是单一形态的货币资金**

银行信用的客体是从产业资本循环周转中暂时游离出来的货币资本和社会各阶层用作储蓄的货币收入。这一特点使银行信用在授信方向上不受限制。由于银行信用是以货币形态提供的信用,而货币可以购买任何商品,所以可将它提供给任何主体使用,授信方向不受商品流转方向的限制。

**3. 银行信用与产业资本循环的动态不一致**

银行信用的资金来源主要取决于从生产过程中游离出来的闲置货币资本的多少,其规模与产业资本循环的动态是不完全一致的。例如,当经济萧条时,产业资本萎缩,在投资需求下降的同时,银行信用的需求相应减少,但是有大量资本闲置起来游离于再生产过程之外,使借贷资本的来源过剩;当经济繁荣时,产业资本规模扩大,对银行信用的需求也扩大,但闲置的资本相对减少,使借贷资本处于供不应求的状况。

**4. 银行信用是一种间接信用**

银行并不是主要依靠自己所拥有的资本向社会提供信用,而是以信用中介的身份,通过吸收存款,再以发放贷款的形式向社会提供信用,所以是一种间接信用。

**5. 银行信用具有信用创造的功能**

银行不仅可以根据其吸收的原始存款向社会提供信用,而且可以通过自己的资金运用创造出新的资金来源,向社会提供超过原始存款的信用。

### (二)银行信用的优点

**1. 在数量上,银行信用不受工商企业资本量的限制**

银行借贷资本的来源广泛,包括工商企业资本循环中暂时闲置的货币资本、财政性存款、社会各阶层的货币收入和储蓄等。银行信用的规模巨大,这就在规模和数量上克服了商业信用的局限性。

**2. 在使用方向上,银行信用不受商品使用价值的局限**

银行信用以货币形态提供,而货币具有一般的购买力,因此,任何部门、企业和个人暂时闲置的货币或资本都可被信用机构动员起来,促进消费和投资,不受任何方向上的限制。

**3. 在期限上不受限制**

银行信用可根据客户的要求,开展短、中、长期的货币资金借贷活动。

20世纪以来,银行信用发生了巨大变化,得到迅速发展,表现为:越来越多的借贷资本集中到少数大银行手中;银行规模越来越大;贷款数额不断增大,贷款期限不断延长;银行资本与产业资本的结合日益紧密;银行信用提供的范围不断扩大。表3-1对商业信用与银行信用进行了比较。

表3-1　商业信用与银行信用的比较

| | 形式 | 特点 | 优势/局限 |
|---|---|---|---|
| 商业信用 | 赊购赊销<br>预付货款 | 主体:企业<br>客体:商品资本/买卖+借贷<br>变动:与产业资本一致 | 数量和规模限制<br>范围和方向限制<br>期限限制 |
| 银行信用 | 吸收存款<br>发放贷款 | 主体:银行、企业、个人<br>客体:暂时闲置的资金<br>变动:与产业资本的动态不一致 | 突破商业信用限制<br>积少成多<br>变储蓄为消费和投资<br>低成本创造信用 |

## (三)银行信用与商业信用的关系

**1. 商业信用是银行信用的基础**

首先,商业信用先于银行信用产生,商业信用关系的确立表明信用关系双方有一定的资本,为银行信用提供了基础条件;其次,商业信用的普及化,要求信用关系制度化,进一步为银行信用的建立和发展创造了条件;最后,商业票据的产生和流通,也成为银行票据产生和流通的基础。

**2. 银行信用是商业信用的延伸和发展**

第一,银行信用有效地弥补了商业信用的局限性,其规模和范围远超商业信用,使信用关系得以充分发展;第二,有了银行信用的支撑,企业持续运转所需资金能从银行渠道得到解决,商业信用的授信方就不必担心赊购赊销造成企业资金链条断裂,企业间的商业信用才可以维持;第三,银行信用产生后,商业票据的持有者可通过向银行办理承兑和贴现,促使商业信用得到进一步发展。

**3. 商业信用与银行信用形成有效互补**

银行信用凭借其在规模、范围、期限上的优势,成为现代经济中占主导地位的信用形式,但银行信用的发展并未完全取代商业信用。商业信用直接与商品的生产和流通紧密相连,使用便利、成本低廉。而对资金需求数量较大、需求期限较长的企业,则可通过银行融通资金。此外,商业信用票据化以后,其业务风险比单纯的信用贷款要小得多,有利于银行进行风险管理。因此,商业信用与银行信用相互补充、相互促进,成为现代经济生活中服务于社会经济的两种最基本的信用形式。

> **思政专栏 3-2**
>
> **金融助力"战疫情" 中国银行发挥国有大行"稳定器"作用**
>
> 2020年初,新冠疫情发生以来,金融机构深入贯彻落实党中央、国务院决策部署,按照金融管理部门要求,持续加大对全国疫情防控重点保障企业的资金支持力度,畅通货币信贷政策传导,发挥国有大行"稳定器"作用,有力地支持了疫情防控和复工复产。
>
> 一、落实好央行专项再贷款政策,支持重点企业复工复产
>
> 中国人民银行关于发放专项再贷款支持防控新冠疫情的政策出台后,中国银行立即制定细化方案,将专项再贷款支持政策传导至各分支机构和子公司,要求各机构全力做好对重点抗疫企业的资金支持;通过建立总行、省行、市行、支行四级联动机制,对有融资需求、满足再贷款政策支持标准和符合授信条件的企业实行"一户一策",提供多元化融资方案。
>
> 在获悉上海联影医疗科技有限公司的资金需求后,中国银行上海市分行第一时间启动"绿色通道",仅用一天时间,就敲定了具体的融资方案,批复该企业授信2亿元。在贷款支持下,联影医疗陆续以低于市场的价格向武汉、上海、北京、浙江、内蒙古等地发出了近200台CT和DR设备,为包括火神山医院在内的几十家医院提供了近50台急需的高端医疗设备。
>
> 另外,中国银行积极落实好政策要求,在保障对全国性疫情防控重点保障企业应贷尽贷、应贷快贷的基础上,加强对优惠贷款的资金监控和贷后管理,重点关注大额放款,做到全流程管理,确保资金专款专用。
>
> 二、特事特办,全力支援湖北等重点地区防疫
>
> 针对疫情较为严重的湖北等重点地区,中国银行总行及时扩大湖北省分行贷款授权,调整抗疫时期利率审批和转授权方式,进一步降低在鄂企业融资成本。湖北省分行启动线上利率审批流程,全流程无纸化、零接触和零暴露,最大限度提高效率和保障安全。
>
> 在跟踪回访过程中,当获悉国药集团湖北公司仍存在一定的经营困难后,中国银行总行特事特办,批准扩大湖北省分行临时性贷款利率授权,进一步降低国药集团湖北公司的贷款利率,最终为客户实现了2.2%的优惠利率投放。
>
> 2020年2月17日,中国银行十堰茅箭支行了解到,作为新冠疫情收治医院的太和医院门诊收款已达上限,押运公司因交通管控无法提供服务,支行工作人员上门提供大额现金清收服务,历经12小时,将887笔共计170余万元现金清点完毕,及时缓解了院方现金保管的安全风险压力。

资料来源:http://www.pbc.gov.cn/redianzhuanti/118742/3985876/3986043/3980640/index.html.

## 三、国家信用

国家信用(Fiscal Credit),也称政府信用,是以国家为主体的借贷行为,它包括国家以债务人身份举债和以债权人身份提供信用两个方面。在一般意义上,国家信用仅指国家以债务人身份举债。

## （一）国家信用的特点

### 1. 国家信用的主体是政府

政府作为债务人举债，最初是为了弥补财政赤字、解决财政困难，所以，国家信用具有财政和信用的双重属性，是一种由信用分配转化为财政分配的特殊信用形式。

### 2. 安全性高、流动性强、收益稳定、风险较小

政府发行的债券，由于以政府的财政税收为基础，信用风险低、安全性高、流动性强、收益稳定，所以，在西方国家被称为"金边债券"。

## （二）国家信用的作用

### 1. 调节财政收支的短期不平衡

国家财政收支出现短期不平衡是经常的。由于财政收支有先支后收的特点，经常会出现年度内暂时不平衡，国家往往需要发行国库券来保持收支在短期内的平衡。

### 2. 弥补财政赤字

国家可以通过发行国债等方式借入资金，以此来填补财政预算缺口。这种方式不易造成通货膨胀，且由于国债付息、免税等特点，不太容易引起社会公众不满。

### 3. 为国家筹集生产建设资金

向国内的社会公众举债，可以变货币为资金，变消费基金为积累基金；向国外举债则可以增加国内资金总量。通过国家信用可集中各方财力，由国家集中统一安排，进行资源重组，增加重点建设投资，改善产业结构，为经济发展创造良好的社会条件。

### 4. 促进社会总供求平衡

在经济中出现通货膨胀时，发行国债可以产生"挤出效应"，抑制过热的投资需求和消费需求，缓解通货膨胀的压力；出现通货紧缩时，发行国债可以将闲置的资金集中在国家手中，进行重点工程和基础设施建设，从而扩大内需，促进社会总供求实现平衡。

### 5. 为金融宏观调节创造条件

公开市场业务是中央银行调节货币供给量的主要手段。中央银行在公开市场上通过吞吐国家债券，扩大或收缩货币供给量，实现宏观经济调控目标。

目前，世界各国普遍重视国家信用的使用。以美国为例，其联邦政府、州政府与地方政府每年都要通过向外举债，才能应付各项庞大的开支。近年来，美国国债规模不断膨胀，2023年9月，美国财政部公布，美国国债规模达到33.04万亿美元。然而，国债的发行是有界限的，在国际上常用国债负担率（年末国债余额占当年GDP的比例）来衡量一个国家国债发行规模是否合理。目前公认的国债负担率的警戒线是60%。国债的发行一旦超出这个界限，不仅会使国家财政背上沉重的付息包袱，情况严重时还会导致政府的偿付危机。而根据美国国会预算办公室（CBO）的统计，截至2022年底，美国国家债务占GDP的比例高达97%左右。

> 补充阅读 3-2

### 国家信用是无限的吗？——欧债危机

欧债危机，全称为欧洲主权债务危机，是指自 2009 年以来在欧洲部分国家爆发的主权债务危机。欧债危机是美国次贷危机的延续和深化，其本质是政府的债务负担超过了自身的承受范围而引起的违约风险。

2007 年爆发的美国次贷危机，逐步演变成为一场自 1933 年美国大萧条以来最严重的全球性经济金融危机。2008 年 10 月，冰岛破产，前三大银行被国有化，股票市场跌幅近 80%，货币汇率大幅贬值，国家资不抵债。世界经济陷入衰退，激化了社会与经济矛盾，世界各国纷纷采取积极的财政政策或货币政策来刺激经济，以防止经济发生大规模滑坡。但刺激政策和欧洲国家传统的高社会福利制度导致国家债务激增，部分国家出现无法偿付到期债务的风险。危机很快就波及了欧洲，银行破产甚至国家破产的风险开始在欧洲蔓延。

2009 年 12 月 8 日，国际三大评级公司下调希腊主权信用评级，希腊债务危机成为欧洲债务危机的导火线。随后，债务危机开始蔓延至爱尔兰和葡萄牙等其他边缘国家。2010 年 11 月 21 日，爱尔兰正式请求欧盟和 IMF 提供援助，成为在欧债危机中倒下的第二个欧元区成员国。2011 年 5 月 5 日，欧元区财政部门同意和 IMF 一起向葡萄牙提供 780 亿欧元的援助贷款，葡萄牙成为在欧债危机中倒下的第三个欧元区成员国。接下来，债务危机向核心国家蔓延，意大利、西班牙甚至法国的债务状况开始为市场所担心。意大利和西班牙的自身财政状况不佳，国债收益率不断攀升，均一度突破 7% 的警戒线，两国 5 年定期存单（Certificates of Deposit, CDS）利率也大幅攀升。同时，欧债危机向金融机构蔓延。部分大型金融机构因持有主权债务导致其资产质量受到怀疑。欧债危机使欧洲国家主权债务的估值出现了较大幅度下跌。部分欧洲大型金融机构因为持有较多欧洲国家主权债务，其资产质量及资本充足率等问题开始遭受市场的质疑。部分欧洲金融机构股价出现大幅下跌。

在欧债危机过程中，经济危机转化为政治危机，并相互影响、相互转化。2012 年，美国、法国、希腊等 58 个国家和地区都在进行换届选举，从而给政策制定带来不确定性。持续蔓延的经济金融危机激化了社会矛盾，世界多国出现政治动荡。希腊、意大利相继发生领导人非正常更替现象。

西方国家出现的主权债务危机，是"以债养债"模式的必然，对中国来说也是重要警示。

【思考】

结合欧债危机，谈谈你对国家信用的认识。

资料来源：https://baike.so.com/doc/3338290-3515546.html。

## 四、消费信用

消费信用（Consumer Credit）是工商企业、银行或其他金融机构，以商品、货币或劳务的形式向消费者个人提供的信用。其目的是解决消费者支付能力不足的困难，主要用于高值耐用消费品如家具、汽车、家用电器、房屋、教育消费等的购买。

## (一)消费信用的形式

### 1. 分期付款

分期付款是企业向消费者提供的一种长期消费信用,其具体做法是,消费者与企业签订分期付款合同,消费者先付一部分货款,剩下的部分按合同规定分期加息偿还,在货款付清之前,商品所有权属于企业。这种形式一般用于高档耐用消费品。

### 2. 消费贷款

消费贷款是银行和其他金融机构以信用放款和抵押放款的方式对消费者发放的贷款。消费贷款多为住宅抵押贷款,贷款额往往占抵押品价值的70%左右,期限以中长期为主。

### 3. 信用卡

信用卡是由发卡机构和零售商联合起来为消费者提供的一种延期付款的消费信用,它规定有一定的使用限额和期限,持卡人可凭卡购买商品或支付劳务服务费用等。

## (二)消费信用的特点

### 1. 非生产性

商业信用与再生产过程直接相联系,其生产性显而易见,银行信用提供的贷款绝大多数也是用于生产和流通的;而消费信用提供的贷款是用于生活消费的。

### 2. 期限较长

商业信用和银行信用所提供的信用主要是短期资金的融通,期限相对较短;而消费信用多数通过分期付款支付,所需时间较长。

### 3. 风险较大

商业信用和银行信用的生产性决定了这二者具有一定程度的还款保障;而消费信用是完全用于生活消费的,必须以借款人的收入作为保证,借贷人如果到期不能还款,贷款者就会蒙受损失。

## (三)消费信用的作用

### 1. 消费信用的积极作用

消费信用的积极作用主要体现在:第一,消费信用的发展可以提高人们的消费水平;第二,消费信用可以通过刺激消费来刺激生产,通过及时向企业提供消费信息,来引导企业生产的发展;第三,消费信用可以引导消费,使消费结构与生产结构相适应;第四,消费信用可以调节社会供求关系;第五,消费信用能促进新技术的应用、新产品的推广以及产品更新换代。

### 2. 消费信用的消极作用

消费信用如果过度发展,也会带来消极作用,主要体现在:第一,消费信用的过度发展,会造成消费品市场的虚假繁荣,向市场提供虚假信息,掩盖生产和消费的矛盾,不利于产业结构的调整和企业管理水平的提高;第二,消费信用的过度发展,会造成宏观经济总量失衡,加剧市场供求矛盾;第三,消费信用的过度发展,隐藏着巨大的信用风险。

### 补充阅读 3-3

#### 年轻人到底该不该"借钱"消费？

在传统的金钱观中，中国人通常坚信安贫乐道，强调节俭和积累。这主要归结于中国人的安全感，对于可能出现的任何突发状况，金钱是最好的保障。即便是在经济条件较好的情况下，中国人也常常保持未雨绸缪的储蓄观念。

我国老一辈的老百姓都喜欢存钱，但进入21世纪，年轻人的金钱观发生了改变。他们抵御不了超前消费的诱惑，超前消费已经开始危害年轻人的心理及生理健康。尤其是近年来，随着互联网的快速发展，网贷平台如雨后春笋般崛起，为年轻人提供了一种全新的借贷方式。与银行贷款相比，网络贷款有授信额度低、手续简单、贷款速度快、期限短的特点，为年轻人提供了一种便捷的借贷渠道，同时也带来了一些潜在的风险和影响。

客观而言，贷款作为一种金融手段，在现实生活中发挥着重要作用。诸如房贷等刚性需求，无论是在支撑个体的日常生活方面，还是在稳定金融领域系统性风险等层面，都有重要意义。但值得警惕的是，除了还房贷外，大量的年轻人还将消费贷用于提高生活品质和增加休闲活动，而这主要涉及懒人经济、宠物经济、养生热潮、颜值经济和娱乐产业等五个方面。

因此，近年来，围绕"年轻人与消费信贷"之间的讨论不断。社会上有观点认为，在年轻人支出和收入暂不匹配的阶段，善用消费信贷能够获得更多发展机会；而另一方面，也有不少观点认为，超前消费造成年轻人过度负债，陷入"精致穷"的陷阱中。

【思考】

你认为支持年轻人借钱消费的理由是什么？反对借钱消费的理由又是什么？你会借钱消费吗？为什么呢？

资料来源：https://business.sohu.com/a/712216413_114988.

## 五、民间信用

民间信用（Folk Credit），又称民间借贷，在西方国家指国家信用之外的一切信用形式，包括商业信用和银行信用。在我国，民间信用是指企业或个人为解决生产经营费用或生活费用不足而自发采取的相互让渡资金使用权的信用形式，包括现金借贷和实物借贷。

民间信用在我国已有几千年的历史。以前的民间信用主要用来解决个人生活困难，其形式有私人间直接或间接的货币借贷，成立联合会由参加者之间轮番提供信贷和典当等。随着城乡经济体制改革和经济发展，资金供求矛盾加剧，我国的民间信用日趋活跃。

### （一）民间信用的特点

民间信用的特点主要有：

(1) 通常发生在居民家庭或民营企业中，参与者主体是个人、个体商品生产经营者或中小微企业；

(2) 借贷期限较短、规模较小、范围有限；

(3) 资金运用具有盲目性和分散性；

(4) 借贷利率具有较大的浮动性，有的地方甚至存在非法高利贷；

(5)借贷方式灵活、简便,缺乏规范性约束,风险性较高。

## (二)民间信用的作用

### 1. 民间信用的积极作用

民间信用的积极作用主要有:

(1)通过民间资金的调剂,进一步发挥分散在个人手中资金的作用,加速资金运转,促进国民经济进一步繁荣;

(2)民间信用一般是在银行信用涉足不到和力不能及的领域发展起来的,特别是在个体商业、手工业、旅游和运输等行业,可起到拾遗补阙的作用。

### 2. 民间信用的消极作用

民间信用的消极作用主要有:

(1)风险大,具有为追求高盈利而冒险、投机的盲目性;

(2)利率高,有干扰银行和信用社正常信用活动、扰乱资金市场的可能性;

(3)借贷手续不严,容易发生违约,造成经济纠纷,影响社会安定。

由于民间信用游离于国家的信贷规模之外,国家监督部门难以监管,其规模没法统计,给国家的货币政策落实增加了不可控性。因此,国家监管机构不断加强对民间借贷的监管,规范民间借贷行为,严厉打击高利贷。例如,2018年5月4日,中国银行保险监督管理委员会、公安部、国家市场监督管理总局、中国人民银行四部门就联合发布了《关于规范民间借贷行为 维护经济金融秩序有关事项的通知》,该通知的发布主要就是为了规范民间借贷行为,维护经济金融秩序,防范金融风险,切实保障人民群众合法权益,打击金融违法犯罪活动。

> **补充阅读3-4**
>
> **2023年9月温州民间融资运行情况**

温州地区近400个监测点的最新监测数据显示:2023年9月份,温州地区民间融资综合利率指数为15.21%(相当于月息1分27厘),同比下降0.38%,环比上升0.19%。温州地区民间融资运行的主要特点如下。

一、从融资金额看,融资金额和交易笔数同比均下降

9月份融资金额为275 701.89万元,交易笔数2 740笔。从融资金额结构看,小额融资(100万元以下)金额占比为16.82%,中额融资(大于或等于100万元且小于500万元)金额占比为18.65%,大额融资(大于或等于500万元)金额占比为64.53%。

二、从融资主体看,各市场主体利率同比"三降二升一平"

从不同融资主体利率水平来看,9月份农村资金互助会、社会直接借贷和小额贷款公司利率分别为11.20%、11.42%和18.54%;借贷服务中心和其他市场主体利率分别为15.23%和14.40%;民间资本管理公司利率为12.26%。

三、从融资期限看,民间借贷利率期限结构呈"U形"曲线

一月期利率最高为15.86%;随着期限增加,利率逐渐降低,一年期利率最低为11.98%,一年期以上期限利率又出现反转,上升为13.38%。从不同期限的交易笔数来看,温州民间借贷主

要以一年期为主,占比为55.07%。

### 四、从融资担保方式看,以信用为主

保证(含担保)、信用和抵(质)押融资的比重分别为15.48%、77.28%和7.24%,信用融资和抵(质)押融资比重同比分别上升6.42%和1.18%,保证(含担保)比重同比下降7.60%。

### 五、从融资用途看,以生产经营为主

9月份融资用于投资、生产经营、资金周转的比重分别为1.82%、69.13%和29.05%。

资料来源:https://www.wzpfi.gov.cn/Analysis.aspx?id=326.

## 六、国际信用

### (一)国际信用的概念

国际信用(International Credit)也称国际借贷,是指各国银行、企业、政府之间相互提供的信用及国际金融机构向成员国政府、银行、企业提供的信用,它反映的是国际借贷关系。国际信用实质上是国内信用关系在国际市场上的延伸和扩展。

### (二)国际信用的主要形式

#### 1. 出口信贷

出口信贷是出口国政府为支持和扩大本国产品的出口,提高产品的国际竞争能力,通过提供利息补贴和信贷担保的方式,鼓励本国银行向本国出口商或外国进口商提供的中长期信贷。出口信贷的特点是:第一,附有采购限制,只能用于购买贷款国的产品,而且都同具体的出口项目相联系;第二,贷款利率低于国际资本市场利率,利差由贷款国政府补贴;第三,属于中长期信贷,期限一般为5~8年,最长不超过10年。

出口信贷包括卖方信贷和买方信贷两种具体方式。卖方信贷是指出口方银行向出口商提供的贷款,贷款金额通常为合同金额的15%。买方信贷是出口方银行向外国进口商或进口方银行提供的贷款。

#### 2. 国际商业银行贷款

国际商业银行贷款,是指一些大商业银行向外国政府及其所属部门、私营工商企业或银行提供的中长期贷款。这种贷款利率较高,一般在伦敦同业拆借利率的基础上,另加一定的附加利率,期限大多为3~5年。这种贷款通常没有采购限制,也不限定用途。国际商业银行贷款的主要方式有独家银行贷款和银团贷款。

#### 3. 政府贷款

政府贷款是一国政府利用国库资金向另一国政府提供的贷款,通常带有援助性质。其特点是:

(1)利率通常比国际商业银行贷款利率低得多,平均为2.5%~3%,最高为4%左右,有时为无息贷款;

(2)期限长,平均偿还期为30年,最长可达50年;

(3)一般都附有采购限制或指定用途,即受贷国必须将贷款的一部分或全部用于购买贷款

国的设备和物资。

**4. 国际金融机构贷款**

国际金融机构贷款,即国际金融机构对成员国政府提供的贷款。这些机构主要包括国际货币基金组织、世界银行及其附属机构——国际金融公司和国际开发协会、地区性金融组织,比如为各洲服务的亚洲开发银行、美洲开发银行、非洲开发银行等。这些机构的贷款大多条件优惠,主要目的是促进成员国的经济发展和改善其国际收支状况,一般期限较长,最长可达50年,利率较低,但其审查较严格,一般用于受信国的经济开发和基础设施建设等。例如,我国得到了来自世界银行的很多贷款支持,像黄河小浪底工程、秦皇岛煤炭码头工程等。

**5. 国际资本市场融资**

国际资本市场融资主要是指在国际资本市场上的融资活动,包括在国际资本市场上购买债券、股票或发行债券、股票。例如,我国的中石油公司、建设银行、阿里巴巴等大企业都开展了境外筹资以及股票上市活动。2007年,中国国家投资公司成立,其主要投资方向就是国际资本市场。

**6. 国外直接投资**

国外直接投资是指一国居民直接对另一个国家的企业进行生产性投资,并由此获得对被投资企业的管理控制权。主要采用以下方式:

(1)在国外开办独资企业,包括设立分支机构、子公司等;
(2)收购或合并国外企业,包括建立附属机构;
(3)在东道国与当地企业合资开办企业;
(4)对国外企业进行一定比例的股权投资;
(5)利用直接投资的利润在当地进行再投资。

国际信用是适应商品经济发展和国际贸易扩大而产生并发展起来的一种借贷关系。我国实行对外开放政策以来,国际信用得到了广泛运用,获得了较大发展,对我国充分利用外国的先进技术、设备和资金,提升对外经济关系起到了积极作用。过去我国主要致力于引进外资发展经济,现在我国不仅继续引进外资,也积极开展境外投资。

**复习思考题**

**一、选择题**

1. 信用是( )。
   A. 买卖行为　　　　　　　　　B. 赠予行为
   C. 救济行为　　　　　　　　　D. 各种借贷关系的总和
2. 信用的基本特征是( )。
   A. 平等的价值交换　　　　　　B. 无条件的价值单方面让渡
   C. 以偿还为条件的价值单方面转移　　D. 无偿的赠予或援助
3. 高利贷是一种以( )为条件的借贷活动。
   A. 价值转移　　　　　　　　　B. 高利借债和偿还
   C. 价值特殊运动　　　　　　　D. 支付利息

4. 商业信用是企业在购销活动中经常采用的一种融资方式。商业信用的特点有( )。

　A. 主要用于解决企业的大额融资需求

　B. 融资期限一般较短

　C. 周期较长，在银行信用出现后，企业就较少使用这种融资方式

　D. 融资规模无局限性

5. 政府信用的主要形式是( )。

　A. 发行政府债券　　　　　　　　B. 向商业银行短期借款

　C. 向商业银行长期借款　　　　　D. 自愿捐助

6. 商业信用是以商品形式提供的信用，提供信用的一方通常是( )。

　A. 买方　　　　　　　　　　　　B. 卖方

　C. 工商企业　　　　　　　　　　D. 消费者

7. 在经济生活中，商业信用的动态与产业资本的动态是( )。

　A. 一致的　　　　　　　　　　　B. 相反的

　C. 毫无联系　　　　　　　　　　D. 无法确定

8. 在过去，我国企业与企业之间普遍存在"三角债"现象，从本质上讲，与之相关的是( )。

　A. 商业信用　　　　　　　　　　B. 银行信用

　C. 政府信用　　　　　　　　　　D. 消费信用

9. 在现代经济中，银行信用仍然是最重要的融资形式。以下对银行信用的描述不正确的是( )。

　A. 银行信用在商业信用的基础上产生

　B. 银行信用不可以由商业信用转化而来

　C. 银行信用是以货币形式提供的信用

　D. 银行在银行信用活动中充当信用中介的角色

10. 消费信用是企业或银行向( )提供的信用。

　A. 本国政府　　　　　　　　　　B. 社会团体

　C. 消费者　　　　　　　　　　　D. 工商企业

11. 以下属于信用活动的是( )。

　A. 财政拨款　　　　　　　　　　B. 商品买卖

　C. 救济　　　　　　　　　　　　D. 赊销

12. 出口方银行向外国进口商或进口方银行提供的贷款是( )。

　A. 卖方信贷　　　　　　　　　　B. 买方信贷

　C. 国际金融机构贷款　　　　　　D. 政府贷款

二、简答题

1. 信用在现代经济中的作用是什么？

2. 商业信用与银行信用有什么异同？

3. 国家信用的作用是什么？

4. 简述消费信用的形式。

5. 民间信用的作用是什么?
6. 你认为一个不讲信用的社会将会导致什么样的结果?
7. 为什么说在现代经济生活中,信用联系几乎无所不在,以至可以称之为"信用经济"? 谈谈你本人的体验。

## 案例分析题

### 2009年迪拜金融危机

迪拜是阿拉伯联合酋长国的第二大酋长国,面积3 900平方千米,约占阿联酋总面积的5%。迪拜的经济实力在阿联酋也排在第二位,阿联酋70%左右的非石油贸易集中在迪拜,所以习惯上迪拜被称为阿联酋的"贸易之都",它也是整个中东地区的转口贸易中心。迪拜拥有世界上第一家七星级酒店、全球最大的购物中心、世界最大的室内滑雪场,源源不断的石油和重要的贸易港口地位,为迪拜带来了巨大的财富,迪拜一度成了奢华的代名词。

然而,2009年,在全球金融危机退潮之际,迪拜的主权投资实体"迪拜世界"宣布将暂停偿还近600亿美元债务的消息,令投资者严重质疑迪拜的主权信用,进而在全球金融市场引发巨大震动。2009年11月26日,欧洲三大股市跌幅均超过3%。在迪拜这座依靠占比达90%的外籍人口方能保持运转和消费平衡的沙漠城市,很多外籍人士居住的区域早已人去楼空,沦为"鬼城";一度吸引各国游客蜂拥而至的度假胜地,变得游客稀少。

客观而言,这场爆发于中东的债务危机,也许是国际金融危机的滞后反应,是这场大海啸在迪拜这个薄弱环节的第二轮发作。在繁荣时期,迪拜这种潜伏的危机被人为忽略;当金融海啸袭来时,由于政府投资的拉动效应,虚假繁荣得以勉强维持;而当世界经济开始缓慢复苏之际,迪拜却再也"绷不住"而"掉链子"了。

【思考】
(1)"水能载舟,亦能覆舟",请结合以上案例说明信用在经济中的作用。
(2)试分析迪拜信用危机产生的原因,并提出防范此类危机的方法。
资料来源:https://baike.so.com/doc/5707821-5920542.html.

# 第四章
# 利息与利率

JINRONGXUE

### 学习目标

明确利率的分类。
掌握各种利率、现值与到期收益率的计算方法。
掌握利率的决定理论,能够分析影响均衡利率的关键因素。
明确利率在宏观与微观经济运行中的作用。

### 导入案例

#### 复利的威力

在印度有一个古老的传说:舍罕王打算奖赏国际象棋的发明人——大臣西萨·班·达依尔。国王问他想要什么,他对国王说:"陛下,请您在这张棋盘的第 1 个小格里,赏给我 1 粒麦粒,在第 2 个小格里给 2 粒,第 3 小格给 4 粒,以后每一小格都比前一小格加一倍。请您把这样摆满棋盘上所有的 64 格的麦粒,都赏给您的仆人吧!"

国王觉得这要求太容易满足了,就命令给他这些麦粒。当人们把一袋一袋的麦子搬来开始计数时,国王才发现,就是把全印度甚至全世界的麦粒全拿来,也满足不了那位大臣的要求。那么,大臣要求得到的麦粒到底有多少呢?

大臣索要的麦粒数目实际上是一个天文数字,总数为 18 446 744 073 709 600 000 粒,折算成重量,达 2 000 多亿吨。即使在现代,全球小麦的年产量也不过是数亿吨。

【思考】
(1)什么是复利?
(2)为什么说复利具有惊人的力量?

## 第一节　利息与利率概述

### 一、利息的定义

利息从属于信用活动的范畴,是伴随着借贷行为而产生的。在信用活动中,资金的所有者在不改变资金所有权的前提下,将资金的使用权在一定时期内让渡给资金需求者,从而在借贷期满时从资金需求者那里得到一个超出借贷本金的增加额,这个增加额就是利息。还本付息是信用活动的基本特征。对贷出资金者而言,利息是让渡资金使用权而应当获得的报酬;对借入资金者而言,利息是取得资金使用权而付出的代价。因此,利息就是借贷过程中债务人支付给债权人的超过本金的部分,是本金之外的增加额。

## 二、利息的本质

### （一）西方经济学家的利息本质观

关于利息的本质，西方经济学家在主观效用理论基础上提出了很多有代表性的观点，具体包括如下几个方面。

#### 1. 配第的"报酬论"

英国古典政治经济学之父威廉·配第认为，利息是因为所有者暂时放弃货币使用权而给贷出者带来不方便的报酬。利息报酬论描述了借贷的现象，但是没有真正理解剩余价值的本质。

#### 2. 庞巴维克的"时差价值"

奥地利经济学家欧根·冯·庞巴维克认为，利息是由于现在的商品（满足现在欲望的商品）与未来的商品（满足未来欲望的商品）之间在价值上的差别所产生的。由于人们具有时间上的偏好，一般对现在商品的评价优于对未来商品的评价，这样就产生了"时差价值"，也就是利息。

#### 3. 西尼尔的"节欲论"

英国经济学家纳索·威廉·西尼尔是节欲论的代表人物。所谓节欲，就是指对于目前可以自由使用的资金，资本家不将其用于非生产性用途而用于生产性用途。节欲意味着牺牲现时消费，会使其现有的欲望无法得到满足，从而产生痛苦，需要对这种痛苦进行补偿，也就是利息。

#### 4. 萨伊的"资本生产力论"

法国经济学家让·巴蒂斯特·萨伊认为，资本、劳动、土地是生产的三要素，资本具有生产力，利息是资本生产力的产物。

#### 5. 凯恩斯的"流动性偏好说"

英国经济学家约翰·梅纳德·凯恩斯认为，货币是唯一具有完全流动性的资产，人们出于交易动机、预防动机和投机动机，对货币产生流动性偏好。当人们贷出货币资金或购买生息证券时，利息就是对人们在一定时期内放弃流动性偏好的报酬。

### （二）马克思对利息本质的科学论述

#### 1. 利息直接来源于利润

借贷资本家把货币作为资本贷放给职能资本家使用，职能资本家要么将它作为产业资本从事生产，要么将它作为商业资本从事流通。两种运动方式的结果，都能产出利润。生产或流通结束后，职能资本家归还所借资本，并把利润的一部分支付给借贷资本家，作为使用借贷资本的报酬。

#### 2. 利息与利润一样，都是剩余价值的转化形态

货币本身并不能创造利息，不会自行增值，只有当职能资本家用货币购买到生产资料和劳动力，才能在生产过程中通过雇佣工人的劳动，创造出剩余价值。而货币资本家凭借对资本的所有权，与职能资本家共同瓜分剩余价值。因此，资本所有权与资本使用权的分离是利息产生的内在前提。而资金盈余者和资金短缺者的共同存在，是利息产生的外在条件。当货币被资本

家占有,用来充当剥削雇佣工人的剩余价值的手段时,它就成为资本。货币执行资本的职能,获得一种追加的使用价值,即生产平均利润的能力。所有资本家追求剩余价值的动机,又驱使利润转化为平均利润。平均利润分割成利息和企业主收入,分别归不同的资本家所占有。因此,利息在本质上与利润一样,是剩余价值的转化形式,反映了借贷资本家和职能资本家共同剥削工人的关系。

3. 利息只是利润的一部分而不是全部

职能资本家使用借贷资本,一般只能获得平均利润,所以利息率只能低于平均利润率,如果利息等于或高于平均利润,职能资本家借款经营就无利可图或得不偿失,也就不会借入资本。但利息的最低限不能等于零,否则就没有人借出货币资本。在最高限和最低限之间,其高低由借贷资本家和职能资本家之间的竞争来决定。因此,利息只能是平均利润的一部分。

## 三、利息与收益的关系

利息是资金所有者由于借出资金而取得的报酬,它来自生产者使用该笔资金发挥生产职能而形成的利润。但在现实生活中,利息被人们看作收益的一般形态:无论贷出资金与否,利息都被看作资金所有者理所当然的收入——可能取得或将会取得的收入。与此相对应,无论借入资金与否,生产经营者也总是把自己的利润分成利息与企业收入两部分,似乎只有扣除利息后所余下的利润才是经营所得。于是,利息就成为一个尺度:如果投资额与所获利润之比低于利息率,则根本不应该投资;如果扣除利息,所余利润与投资的比例甚低,则说明经营的效益不高。

## 四、收益的资本化

收益的资本化,是指各种有收益的事物,不论它是否为一笔贷放出去的货币金额,甚至也不论它是否为一笔资本,都可以通过收益与利率的对比而倒过来算出它相当于多大的资本金额。

在一般的放贷中,本金、利息收益和利率的关系可用公式表示为:

$$收益 = 本金 \times 利率$$
$$本金 = 收益 \div 利率$$

通过收益与利率相比得出资本金,可以习惯称之为资本化,如土地价格是地租的资本化,股票价格是股息的资本化,人力资本是工资的资本化等。

正是按照这样的带有规律性的关系,有些本身并不存在一种内在规律可以决定其相当于多大资本的事物,也可以取得一定的资本价格。例如土地本身不是劳动产品,无价格,从而不具备决定其价格的内在根据,但土地可以有收益,于是就可以取得地价。比如,一块土地每亩的年平均收益为 1 万元,假定年利率为 5%,则这块土地就会以每亩 20 万元(1 万元 ÷ 0.05)的价格成交。在利率不变的情况下,土地的预期收益 $B$ 越大,其价格 $P$ 会越高;在预期收益 $B$ 不变的情况下,市场利率 $r$ 越高,土地的价格 $P$ 越低。这就是市场竞争过程中土地价格形成的规律。

同理,有些本来不是资本的东西也因收益的资本化而可以被视为资本。以工资为例,若一个人的年工资为 10 万元,当市场年利率为 5% 时,他的资本额可达 200 万元,这便是在西方经济学里被称为"人力资本"的范畴。

资本化是商品经济中的规律,只要利息成为收益的一般形态,这个规律就起作用。随着商品经济的进一步发展,资本化规律起作用的范围进一步扩大,这也将是一个不可避免的过程。

## 五、利率的定义及其种类

### (一)利率的定义

借贷期内所形成的利息额与所贷资金额之比就是利息率(利率),它是计量借贷资本增值程度的数量指标。简单地说,利率就是一定时期内利息与本金的比率,其计算公式如下:

$$利率 = 利息额 \div 借贷资本金 \times 100\%$$

利率的表示方法有三种,即年利率、月利率和日利率,亦称年息、月息和日息。年利率通常以百分数(%)表示,月利率以千分数(‰)表示,日利率以万分数(0.1‰)表示。三者换算公式为:

$$年利率 \div 12 = 月利率$$
$$月利率 \div 30 = 日利率$$
$$年利率 \div 360 = 日利率$$

在民间,一般口头上把利率称为分、厘、毫。习惯上,我国不论是年息、月息、日息,都用"厘"作为单位。虽然都叫作"厘",但差别很大。如年息7厘是指年利率为7%,月息7厘是指月利率为7‰,日息7厘是指日利率为0.7‰。

### (二)利率的种类

#### 1. 短期利率与长期利率

根据信用合约期限长短的不同,利率可分为短期利率与长期利率。短期利率一般指融资时间在一年以内的利率。长期利率一般指融资时间在一年以上的利率。短期利率一般低于长期利率。

#### 2. 市场利率、官定利率与公定利率

根据利率是否按市场规律自由变动,可分为市场利率、官定利率、公定利率。

市场利率是在借贷货币市场上由借贷双方通过自由竞争形成的利率。市场利率是借贷资金供求状况变化的指示器。

官定利率是指由政府金融管理部门或者中央银行确定的利率。例如,中央银行对商业银行和其他金融机构的再贴现率和再贷款利率。官定利率在整个利率体系中处于主导地位。

公定利率是指由金融机构或银行业协会按照协商办法确定的利率,这种利率标准只适合于参加该协会的金融机构,对其他机构不具有约束力,利率标准也通常介于官定利率和市场利率之间。

各国几乎都形成了官定利率、公定利率和市场利率并存的局面。市场利率是制定官定、公定利率的重要依据,而官定、公定利率反映出政策意图,对市场利率有很强的导向作用。

## 思政专栏 4-1

### 我国的利率市场化进程

**一、利率市场化的概念**

利率市场化就是将利率的定价权交给市场,根据资金供求方自身的情况和对金融市场动向的判断自主调节利率水平,最终形成以中央银行基准利率为基础、以市场利率为中介、以市场供求关系决定利率水平的利率体系。

党中央、国务院的一系列重要决定为利率市场化改革指明了方向。利率市场化改革的目标是建立由市场供求决定的利率形成机制,中央银行通过运用货币政策工具有效引导和调控市场利率走势,充分发挥利率优化金融资源配置的作用。利率市场化改革的总体思路是先放开货币市场利率和债券市场利率,再逐步推进存、贷款利率市场化。存、贷款利率市场化按照"先外币、后本币;先贷款、后存款;先长期、大额,后短期、小额"的顺序推进。

**二、我国利率市场化改革历程**

(一)针对货币市场利率和外币利率(1996—2003 年)

针对货币市场利率和外币利率的改革主要包括如下几个方面。

(1)以国债利率招标为起点,实现债券利率市场化。以银行间市场债券利率的市场化,全面开设调节利率以外的资金搭配机制,使得利率市场化规模不断扩大,银行间市场利率的建立和健全创造了基准利率的收益率曲线,可以提高商业银行的自主定价水平。

(2)放开银行间同业拆借市场,推动完成资金批发利率市场化。我国不再全权管理银行间同业拆借市场利率,由拆借双方依据资金供求关系自行计算拆借利率。

(3)外币利率市场化。首先实行 300 万美元以上大额外币存款利率协商确定机制,逐渐过渡到放开一部分小额外币存款利率管制,另一部分外币存款利率实行上限管理;在此基础上逐步放开外币贷款利率。

(二)金融机构贷款利率(2004—2013 年)

针对金融机构贷款利率,中国人民银行遵循"先贷款、后存款"的原则,从 2004 年开始,贷款上浮取消封顶,下浮以基准利率的 0.9 倍为底,允许银行存款利率下浮不设底;2006 年 8 月,放开贷款利率下浮至基准利率的 0.85 倍;2008 年 10 月,进一步提升个人住房按揭抵押贷款自主定价权;2012 年 6 月,将一般人民币贷款利率下浮调整至基准利率的 0.8 倍;2013 年 7 月,全面放开金融机构贷款利率管制,由金融机构根据自己的情况自主确定贷款利率水平,并取消票据贴现利率管制,改为以在再贴现利率基础上加减点的方式确定。

(三)金融机构存款利率(2014—2015 年)

在 2013 年之后,利率市场化改革开始进入全面放开阶段,进程显著加快,存款利率浮动上限全面放开,实现存款利率市场化。

(四)实现利率并轨(2016 年至今)

从 2016 年开始到现在,这一阶段是利率市场化改革的最终深化阶段,是实现利率并轨这一终极目标、完成利率市场化"最后一公里"的关键阶段。

2019 年 8 月,中国人民银行提出改革和完善贷款市场报价利率(Loan Prime Rate, LPR)

报价形成机制。改革后的LPR由报价行根据对最优质客户实际执行的贷款利率,综合考虑资金成本、市场供求、风险溢价等因素,在中期借贷便利(Medium-term Lending Facility, MLF)利率的基础上形成市场化报价。目前,LPR已经成为银行贷款利率的定价基准,金融机构绝大部分贷款已参考LPR定价。LPR由银行报价形成,可更为充分地反映市场供求变化,市场化程度更高,在市场利率整体下行的背景下,有利于降低实际贷款利率。

三、利率市场化改革的效能持续释放

党的二十大报告提出:"深化金融体制改革,建设现代中央银行制度,加强和完善现代金融监管,强化金融稳定保障体系,依法将各类金融活动全部纳入监管,守住不发生系统性风险底线。健全资本市场功能,提高直接融资比重。"2022年10月,国务院办公厅印发第十次全国深化"放管服"改革电视电话会议重点任务分工方案。其中提到,继续深化利率市场化改革,发挥存款利率市场化调整机制作用,释放贷款市场报价利率(LPR)形成机制改革效能,促进降低企业融资和个人消费信贷成本。

利率市场化改革是金融领域最重要的改革之一。党的十九大以来,按照党中央决策部署,中国人民银行持续深化利率市场化改革,重点推进贷款市场报价利率改革,建立存款利率市场化调整机制,以改革的办法推动实际贷款利率明显下行。LPR改革以来,企业贷款利率从2019年7月的5.32%降至2022年8月的4.05%,创有统计以来最低水平。

近10年来,利率市场化改革硕果累累,利率管制基本放开,金融资源配置效率大大提升。目前,利率市场化已经驶入深水区。对于下一步的改革,中国人民银行表示,将继续深入推进利率市场化改革,持续释放LPR改革效能,加强存款利率监管,充分发挥存款利率市场化调整机制重要作用,推动提升利率市场化程度,健全市场化利率形成和传导机制,优化央行政策利率体系,发挥好利率杠杆的调节作用,促进金融资源优化配置,为经济高质量发展营造良好环境。

资料来源:http://czt.hebei.gov.cn/xwdt/zhxw/202211/t20221101_1703616.html.

**3. 存款利率与贷款利率**

根据银行业务要求不同,可将利率分为存款利率和贷款利率。

存款利率是指在金融机构存款所获得的利息与本金的比率。存款利率的高低一般依照存款期限而定,存款期限越长,利率越高,反之则越低(如表4-1所示)。通常,在经济发达的国家,资本积累程度高,资金供给充足,存款利率较低;在经济落后的国家,资金缺乏,存款利率普遍较高。

表4-1 中国工商银行人民币存款利率表

日期:2023年9月1日

| 项目 | 年利率(%) |
| --- | --- |
| 一、城乡居民及单位存款 | |
| (一)活期 | 0.2 |
| (二)定期 | |
| 1.整存整取 | |

续表

| 项目 | 年利率（%） |
| --- | --- |
| 三个月 | 1.25 |
| 半年 | 1.45 |
| 一年 | 1.55 |
| 二年 | 1.85 |
| 三年 | 2.2 |
| 五年 | 2.25 |
| 2.零存整取、整存零取、存本取息 | |
| 一年 | 1.25 |
| 三年 | 1.45 |
| 五年 | 1.45 |
| 3.定活两便 | 按一年以内定期整存整取同档次利率打6折 |
| 二、协定存款 | 0.9 |
| 三、通知存款 | |
| 一天 | 0.45 |
| 七天 | 1 |

贷款利率是指从金融机构贷款所支付的利息与本金的比率，其高低直接决定着利润在企业和银行之间的分配比例，因而影响着借贷双方的经济利益。

### 4. 固定利率与浮动利率

按照借贷期内利率是否调整，可以将利率分为固定利率和浮动利率。

固定利率是在借贷期内不做调整的利率。固定利率比较适用于短期借贷，对借贷双方准确计算资金成本与资本收益都很方便。

浮动利率是在借贷期内随市场利率变动而调整的利率。使用浮动利率可以规避利率风险，它适用于长期借贷或市场利率多变时的借贷关系，利率的调整期通常为半年。

### 5. 基准利率与非基准利率

按在整个利率体系中所起作用的不同，可以将利率分为基准利率和非基准利率。

基准利率是金融市场上具有普遍参照作用的利率，其他利率水平或金融资产价格均可根据这一基准利率水平来确定。基准利率是利率市场化机制形成的核心。

由于金融体制的差异及金融市场发达程度的不同，各国基准利率也不一样。通常，基准利率为再贴现率、同业拆借利率、一年期国债利率、一年期银行存款利率或一年期银行贷款利率等。

#### 6. 名义利率与实际利率

名义利率是借贷契约和有价证券上载明的利率。实际利率是名义利率剔除了通货膨胀因素以后的真实利率。用公式表示为：

$$实际利率 = 名义利率 - 通货膨胀率$$

判断利率水平的高低不能只看名义利率，而必须以实际利率为主要依据，因为借贷资本的真实收益是实际利率，所以真正影响经济主体行为的不是名义利率而是实际利率。

> **补充阅读 4-1**
>
> **费雪效应**
>
> 费雪效应（Fisher Effect）是一个宏观经济学概念，它由美国著名经济学家欧文·费雪提出，揭示了名义利率、通货膨胀和实际利率的关系。其核心观点是，实际利率等于名义利率减去通货膨胀率。简单地说，就是名义利率随着通货膨胀率的变化而变化。它表明，在某种经济环境下，实际利率往往是不变的，因为它代表货币资金的真实稀缺程度。于是，物价水平上升时，名义利率一般有上升的倾向；而物价水平下降时，名义利率一般有下降的倾向。
>
> 【思考】
>
> 2022年，我国商业银行一年期定期存款利率为1.65%，而我国全年CPI同比上涨2%。通货膨胀跑赢了具有基准意义的一年期定期存款利率。看起来，居民财富增值困境陡然转换成保值压力。那么，我国为什么会出现居民储蓄负利率现象？负利率的出现会对我们造成什么影响？我们应该如何看待和应对负利率？

## 六、利率体系

利率体系是指在一定时期内各类利率按一定规则所构成的一个复杂的系统，在这个系统中，各类利率之间存在着传导机制。在一个经济体内存在着多种利率，它们之间的相互作用对一般利率水平的决定影响很大。为准确掌握利率的内涵，有必要对利率体系做一简要介绍。一般而言，利率体系包括以下内容。

第一，一个国家在一定时期内各类利率按一定的规则所构成的系统。利率体系的划分方式有两种：一是按所依附的经济关系划分为存款利率和贷款利率；二是按借贷主体划分为银行利率（中央银行利率和商业银行利率）和非银行金融机构利率、有价证券利率和市场利率。各种不同的利率均可按期限划分为不同的档次。利率体系的简单与复杂，主要取决于经济金融发展的需要。就我国而言，利率体系结构主要有中央银行利率、商业银行利率和市场利率。

在中央银行利率中，主要有中央银行对商业银行和其他金融机构的再贴现、再贷款利率，商业银行和其他金融机构在中央银行存款的利率等；在商业银行利率中，主要有商业银行和其他金融机构吸收各种存款的利率、发放各项贷款的利率、发行金融债券的利率，商业银行之间互相拆借资金的同业拆借利率；在市场利率中，主要有商业信用利率、民间借贷利率，以及政府部门、企业发行各种债券的利率等。图4-1具体展示了我国的利率体系。

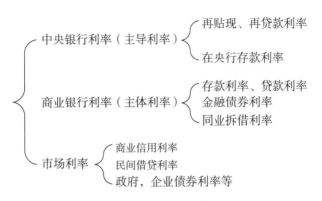

图 4-1　我国的利率体系

在各种利率中,中央银行利率对商业银行利率和市场利率具有调节作用,甚至中央银行调整利率的意图都会对其产生直接影响,因此,人们把中央银行的再贴现利率称为基准利率。商业银行利率和市场利率灵敏地反映着货币资金供求状况,因而是中央银行调整利率的指示器。

第二,各种利率之间的传导机制(如图4-2所示)。中央银行对商业银行存贷款利率和市场利率从两个方面施加影响:一方面,中央银行调整对商业银行的再贴现利率,调节商业银行的可贷资金量,影响商业银行的存贷款利率,进而调节金融市场上货币资金的供求状况,使市场朝着中央银行的调节目标变动;另一方面,中央银行直接在金融市场上买卖有价证券,通过调节市场货币资金供求状况,影响商业银行存贷款利率和市场利率。而市场利率又是中央银行货币政策的中间目标,中央银行以此检测货币政策的执行情况,并根据市场利率变动情况采取相应的政策调节措施,其中包括调整中央银行利率和实施公开市场操作等,并实现货币政策的最终目标。

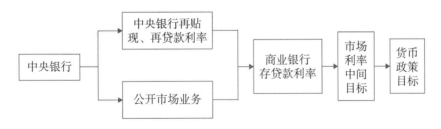

图 4-2　利率之间的传导机制

## 第二节　利率的度量

### 一、单利与复利

利息有两种基本的计算方法,即单利法和复利法。为方便说明,首先明确几个相关的字母所代表的意思,详情如下:

$P$:本金,又可以称为期初金额或现值;
$I$:利息;
$r$:利率,通常指每年利息与本金之比;
$S$:本利和,即本金与利息之和,又称终值;
$n$:借贷年限(一般以年为单位)。

### (一)单利法

单利法是指只对本金计息的一种计息方法,其计算公式为:

$$I = P \cdot r \cdot n$$
$$S = P \cdot (1 + r \cdot n)$$

单利法的优点是手续简单,计算方便,借入者利息负担较轻,适用于短期贷款。

### (二)复利法

复利是指不仅对本金计息,而且对已经产生的利息也要计息的一种计息方法。复利的计算是在每一期期末结息一次,随即将利息并入本金作为下一期计算利息的基础,也称为"利滚利"。其计算公式为:

$$S = P \cdot (1 + r)^n$$
$$I = S - P$$

使用复利法计算利息的优点是考虑了资金的时间价值,有效保障了贷出者的利益,适用于长期贷款。

例如,A银行向B企业贷放一笔为期5年、年利率为10%的100万元贷款,到期日企业应付利息额与本利和分别为:

按单利计算:

$$I = 100 \times 10\% \times 5 = 50(万元)$$
$$S = 100 \times (1 + 10\% \times 5) = 150(万元)$$

按复利计算:

$$I = 100 \times [(1 + 10\%)^5 - 1] = 61.051(万元)$$
$$S = 100 \times (1 + 10\%)^5 = 161.051(万元)$$

## 二、现值与终值

### (一)现值与终值的概念

现值与终值的概念来源于货币的时间价值。货币的时间价值就是指当前所持有的一定量货币比未来持有的等量的货币具有更高的价值。例如,现在的1元钱就比一年以后的1元钱价值更高,一年以后的1元钱又比两年以后的1元钱价值更高,依此类推。也就是说,货币的价值会随着时间的推移而降低。由于货币存在时间价值,对于不同时点上的货币额直接进行比较是不妥当的。然而,在企业或银行的财务管理实践中,确实存在许多需要对不同时点上的货币额进行比较的情况。于是,人们把发生在过去和未来不同时点上的货币额折算成当前的价值额,或换算成将来某一特定时点上的价值,在此基础上再对它们进行比较。换言之,通过创造和运用现值和终值的概念来对不同时点上的货币额进行调整,从而解决了跨时间的货币可比性问题。现值与终值是相对而言的,而且二者可以相互换算,换算是通过复利方法来完成的。

### 1. 终值

终值(Future Value,FV),是指某一时点上的一定量现金折合到未来的价值。

### 2. 现值

现值(Present Value,PV),指资金折算至基准年的数值,也称折现值、在用价值,是指对未来现金流量以恰当的折现率进行折现后的价值。

通常用复利计息法来表示现值与终值之间的关系,复利现值的计算公式为:

$$P = F / (1+i)$$

其中,$P$ 表示现值,$F$ 表示终值,$i$ 表示贴现率,$r$ 表示期限。

例如,某人 5 年后期望得到一笔 10 000 元的现金,假设年利率为 6%,则现在应准备的本金是:

$$P = 10\ 000 / (1+6\%)^5 = 7\ 472.58(元)$$

上式计算出来的 7 472.58 元就是 10 000 元按 6% 的年利率贴现得到的现值。所谓贴现,就是把未来某一时点的资金值按一定的利率水平折算成现在时点的资金值的过程。

## (二)现值公式的运用

现值的观念有很久远的历史。现代商业银行开展收买票据的业务,其收买的价格就是根据票据金额和利率倒算出来的现值。这项业务称为贴现,因此现值也称为贴现值。现值的计算方法还有更广泛的领域,如在进行投资选择时,现值(包括终值)就是非常有用的工具。现值公式还可以用于对各类资产以及投资项目的评估。

下面介绍如何用现值方法比较同一投资项目的两种投资方案。

假设有一投资项目需要 10 年时间建成,甲、乙两种方案分别需投资 9 500 万元和 1 亿元,市场利率为 10%。两种方案各年度投资以及投资的现值分布见表 4-2。

表 4-2 两种方案各年度投资以及投资的现值分布(单位:万元)

| 甲方案 | | | 乙方案 | | |
| --- | --- | --- | --- | --- | --- |
| 年份 | 每年年初投资额 | 现值 | 年份 | 每年年初投资额 | 现值 |
| 1 | 5 000 | 5 000.00 | 1 | 1 000 | 1 000.00 |
| 2 | 500 | 454.55 | 2 | 1 000 | 909.09 |
| 3 | 500 | 413.22 | 3 | 1 000 | 826.45 |
| 4 | 500 | 375.66 | 4 | 1 000 | 751.31 |
| 5 | 500 | 341.51 | 5 | 1 000 | 683.01 |

续表

| | 甲方案 | | | 乙方案 | |
|---|---|---|---|---|---|
| 年份 | 每年年初投资额 | 现值 | 年份 | 每年年初投资额 | 现值 |
| 6 | 500 | 310.46 | 6 | 1 000 | 620.92 |
| 7 | 500 | 282.24 | 7 | 1 000 | 564.47 |
| 8 | 500 | 256.58 | 8 | 1 000 | 513.36 |
| 9 | 500 | 233.25 | 9 | 1 000 | 466.51 |
| 10 | 500 | 212.04 | 10 | 1 000 | 424.10 |
| 合计 | 9 500 | 7 879.51 | 合计 | 10 000 | 6 759.22 |

从表 4-2 可以看出,将两种方案投资额的现值总额作为投资成本进行对比,乙方案的投资成本比甲方案节约 1 120.29 万元(7 879.51 - 6 759.22),显然乙方案更可行。

## 第三节 利率的决定

影响利率的因素极为复杂,人们在研究各种因素对利率水平的影响时,形成了多种利率决定理论。

### 一、马克思的利率决定理论

马克思认为,利息是贷出资本的资本家从借入资本的资本家那里分割出来的一部分剩余价值,而利润是剩余价值的转化形式。利息量的多少取决于利润总额,利息率取决于平均利润率。马克思指出,利息只是利润的一部分,平均利润率构成了利率的最高界限。而利息率的最低界限一般会大于零,否则借贷资本家就不会把资本贷出。因此,利率的变化范围一般总是在零与平均利润率之间。

马克思明确指出,在利率的变化范围内,有两个因素决定着利率的高低:一是利润率;二是总利润在贷款人与借款人之间分配的比例。利润率决定利率,从而使利率具有以下特点:

(1)随着技术发展和资本有机构成的提高,平均利润率、平均利率有下降趋势;

(2)平均利润率虽有下降趋势,但变化非常缓慢,换句话说,平均利率具有相对稳定性;

(3)由于利率高低取决于两类资本家对利润分割的结果,因而利率的决定具有很大偶然性。

### 二、西方经济学中的利率决定理论

西方经济学中关于利率决定的理论主要着眼于利率变动取决于怎样的供求对比。总的来说,其理论的演进路径是对决定因素的观察不断细化,观察角度则各不相同。300多年来,西方利率决定理论经历了古典学派、凯恩斯学派和新古典学派三个时期。

## (一)古典利率决定理论

在凯恩斯主义出现以前,西方经济学中占主导地位的利率决定理论被称作古典利率理论。该理论的主要倡导者为奥地利经济学家庞巴维克、英国经济学家马歇尔和美国经济学家费雪。

古典利率决定理论强调非货币的实物因素在利率决定中的作用,实物因素主要是储蓄和投资,因此该理论又称为投资储蓄理论。投资量会随着利率的提高而减少,储蓄量则随着利率的提高而增加。故投资是利率的递减函数,储蓄是利率的递增函数,利率的变化则取决于投资与储蓄的均衡点。图4-3说明了这种关系。

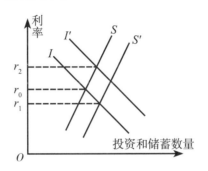

图4-3 实际利率论

在图4-3中,$I$为投资曲线,$I$线向下倾斜表示投资与利率之间存在负相关关系;$S$为储蓄曲线,$S$线向上倾斜表示储蓄与利率之间存在正相关关系。$I$、$S$两条曲线的交点所决定的利率$r_0$为均衡利率。当投资不变而边际储蓄倾向提高使$S$线右移至$S'$时,均衡点决定的利率就会从$r_0$下降至$r_1$;当储蓄不变而边际投资倾向提高使$I$线右移至$I'$时,均衡点决定的利率就会从$r_0$上升至$r_2$。

古典利率决定理论认为,只要利率是灵活变动的,它就和商品价格一样,具有自动调节功能,使储蓄量和投资量趋于一致。因为当投资大于储蓄时,利率会上升,使储蓄量增加而投资量下降,两者最终趋于一致;反之亦然。因此,经济中不会出现长期的供求失衡,而是将自动趋于充分就业水平。

## (二)凯恩斯的流动性偏好理论

20世纪30年代资本主义经济大危机后,英国经济学家凯恩斯针对古典经济理论的缺陷,提出了一整套宏观经济理论。和传统的利率理论相反,凯恩斯认为,利率不是取决于储蓄和投资的相互作用,而是取决于货币的供求数量。

在凯恩斯看来,货币供给是外生变量,由中央银行直接控制;货币需求是一个内生变量,基本取决于人们的流动性偏好。如果人们对流动性的偏好强,愿意持有的货币量就增加,当货币的需求量大于供给量时,利率上升;相反,当货币的需求量小于供给量时,利率下降。因此,利率是由流动性偏好曲线和货币供给曲线共同决定的。

凯恩斯认为,人们流动性偏好的动机有三个:交易动机、预防动机和投机动机。

交易动机是指人们为了应付日常交易的需要而持有一部分货币的动机。在任何收入水平上,无论是家庭还是厂商都需要作为交易媒介的货币。因为就个人或家庭而言,一般是定期取得收入,但经常需要支出,例如家庭需要用货币购买食品、服装,支付电费和燃料费用等,所以为了购买日常需要的生活资料,他们经常要在手边保留一定数量的货币。就厂商而言,它们取得收入(货款)也是一次性的,但是为了应付日常零星的开支,如购买原材料,支付工人工资,它们也需要经常保持一定量的货币。

预防动机是人们为了预防意外的支付而持有一部分货币的动机,即人们需要货币是为了应付不测之需,如为了支付医疗费用、应付失业和各种意外事件等。虽然个人对意外事件的看法不同,从而对满足预防动机需要的货币数量有所不同,但从整个社会来说,货币的预防需求与收入密切相关。因而由预防动机引发的货币需求量也被认为是收入的函数,与收入同方向变动。

人们之所以宁愿持有不能生息的货币,还因为持有货币可以供投机性债券买卖之用。投机动机是人们为了抓住有利的购买生息资产(如债券等有价证券)的机会而持有一部分货币的动机。我们知道,一般而言,债券价格与利息率之间存在着一种反方向变动的关系,即:债券价格 = 债券固定利息收益 / 市场利息率。显然,市场利率上升,债券价格下降;市场利率下降,债券价格上升。

凯恩斯认为,在这三个动机中,交易动机和预防动机与收入成正比,而与利率无直接关系。如果用 $L_1(y)$ 表示因交易动机与预防动机而持有的货币量,$L_1(y)$ 是收入 $y$ 的增函数。投机动机与利率成反比,这是因为当市场利率较高时,债券价格相对便宜,人们愿意更多地购买债券、更少地持有货币,以降低作为投机动机而持有货币的持有成本。如果用 $L_2(i)$ 表示因投机动机而持有的货币量,$L_2(i)$ 为利率 $i$ 的减函数。货币的总需求量为 $L = L_1 + L_2$。图 4-4 展示了凯恩斯的货币供求理论。

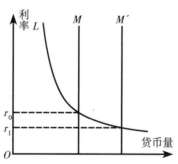

**图 4-4 货币供求理论**

在图 4-4 中,货币供应曲线 $M$ 因由货币当局决定,故为一条垂直直线;$L$ 是由流动性偏好决定的货币需求曲线,两线的相交点决定利率。但 $L$ 越向右,就越与横轴趋于平行,表明当 $M$ 线与 $L$ 线相交于平行部分时,利率将降低到不能再低,人们就会产生利率上升而债券价格下降的预期,无论增加多少货币,都会被人们储存起来,即货币需求趋于无限大,再宽松的货币政策也无法改变市场利率,使得货币政策失效,这就是凯恩斯利率理论中著名的"流动性陷阱"。一国经济陷入流动性陷阱时,通常有以下三个特点:

(1)宏观经济陷入严重萧条,总需求严重不足;

(2)利率已达最低水平,名义利率水平大幅度下降,甚至为零或为负;

(3) 货币需求利率弹性趋向无限大。

> **补充阅读 4-2**

### 日本的流动性陷阱

20世纪90年代,日本经济就深陷流动性陷阱而无法自拔,出现了长达10年的经济低迷与通缩,被称为"失去的10年"。20世纪80年代,日本经济发展迎来巅峰时期,市场对未来经济预期过度乐观,大量资金涌入房地产和股市,导致资产价格飙升,投机需求大增。但很快,房地产和股市泡沫破灭。2000年时,日本土地价格从1991年的高位下降了约三分之一,商用土地价格跌幅超过一半。股市则在1992年中期较1989年底暴跌60%,此后资产价格的长期不振抑制了市场投资意愿。同时,泡沫破灭后企业此前的过度投资在相当长的时间内很难被消化,导致企业投资意愿及贷款需求萎缩。

此外,从20世纪80年代末开始,日本人口老龄化造成单位资本所对应的劳动力下滑,预期资本回报率下降,抑制了投资意愿。资产泡沫破灭导致投资意愿下降,信贷需求骤跌,政府不断提供流动性并未使经济高速运转起来,银行等金融机构的信贷供给能力与意愿也在下降。由于经济不景气,日本银行业对贷款发放十分谨慎,日本企业尤其是中小企业难以获得贷款,这又导致中小企业破产数飙升。统计显示,从1992年开始,日本企业倒闭数量逐年攀升,到2001年达到2万家的峰值。企业倒闭又引发失业率的增长,1998年日本的失业率达4.3%,随后几年仍在持续上升。

在陷入流动性陷阱长达近20年后,通缩风险与经济缺乏活力仍是日本面临的顽疾。

【思考】

为什么日本会陷入流动性陷阱?流动性陷阱出现后,政府应该如何应对?

资料来源:https://m.yicai.com/news/5067728.html。

## (三)可贷资金理论

英国的琼·罗宾逊和瑞典的柏蒂尔·俄林等经济学家提出了利率决定的可贷资金理论。他们一方面反对传统经济学对货币因素的忽视而将利率的决定仅限于实物因素;另一方面又批评凯恩斯只强调货币供求而否定实物因素在利率决定中的作用。

按照可贷资金理论,借贷资金的需求与供给均包括两个方面:借贷资金需求来自某期间的投资流量和该期间人们希望保有的货币余额;借贷资金供给则来自同一期间的储蓄流量和该期间货币供给量的变动。用公式表示,有:

$$D_L = I + \Delta M^D$$
$$S_L = S + \Delta M^S$$

式中:$D_L$ 为借贷资金的需求;$S_L$ 为借贷资金的供给;$\Delta M^D$ 为该时期内货币需求的改变量;$\Delta M^S$ 为该时期内货币供应的改变量。

显然,作为借贷资金供给一项内容的货币供给与利率呈正相关关系,而作为借贷资金需求一项内容的货币需求与利率则呈负相关关系。就总体来说,均衡条件为:

$$I + \Delta M^D = S + \Delta M^S$$

这样,利率的决定便建立在可贷资金供求均衡的基础之上。如果投资与储蓄这一对实际因素的力量对比不变,按照这一理论,则货币供需力量对比的变化就足以改变利率,因此,利率在一定程度上是货币现象,如图4-5所示。图中的$M_0$是尚未增加$\Delta M^S$的货币供给量,$M_1$是增加了$\Delta M^S$之后的货币供给量。

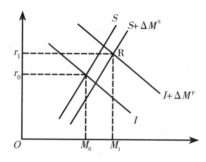

图4-5 可贷资金理论

可贷资金理论从流量的角度研究借贷资金的供求和利率的决定,可以直接用于金融市场的利率分析。特别是资金流量分析方法及资金流量统计建立之后,用可贷资金理论对利率决定做实证研究和预测分析,有其实用价值。

### (四)IS-LM模型与决定利率的因素分析

前面介绍的三种利率决定理论均存在缺陷:古典利率决定理论只考虑实物市场的均衡;凯恩斯的流动性偏好理论只考虑货币市场的均衡;可贷资金理论虽然兼顾了实物市场和货币市场,但可贷资金市场的均衡并不能保证实物市场和货币市场各自达到均衡。

为弥补可贷资金理论忽视实物市场、货币市场各自均衡的缺陷,英国经济学家希克斯和美国经济学家汉森对其进行了改造,提出了著名的IS-LM模型。希克斯和汉森认为,影响利率的因素有生产率、节约、灵活偏好、收入水平和货币供给量。因而必须从整个经济体系的视角来研究利率的决定,只有当商品市场和货币市场同时达到均衡,即同时满足储蓄等于投资、货币供应量等于货币需求量时,均衡收入和均衡利率才能确定。

一般均衡分析法中有两个市场:实物市场和货币市场。在实物市场上,投资与利率负相关,而储蓄与收入正相关。根据投资与储蓄的恒等关系,可得出一条向下倾斜的IS曲线,曲线上任意一点代表实物市场上投资与储蓄相等条件下的局部均衡点。在货币市场上,货币需求与利率负相关,而与收入水平正相关,在货币供给量由央行决定时,可导出一条向上倾斜的LM曲线。LM曲线上任一点意味着货币市场上货币供需相等情况下的局部均衡。如图4-6所示。

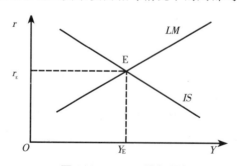

图4-6 IS-LM利率理论

IS曲线和LM曲线的交点E所决定的收入和利率就是使整个经济处于一般均衡状态的唯

一的收入水平和利率水平。E 点以外的其他任何收入—利率组合都是不稳定的,都会通过商品市场和货币市场的调整达到均衡。

## 三、影响利率波动的主要因素

### (一)平均利润率

利润是借贷资本家和职能资本家可分割的总额,当资本量一定时,平均利润率的高低决定着利润总量,平均利润率越高,则利润总量越大。而利息实质上是利润的一部分,所以利率要受到平均利润率的约束,平均利润率越高,则利率越高。

### (二)借贷成本

借贷成本主要包括两类成本:一是借入资金的成本;二是业务费用。银行在发放贷款时必然会通过收益来补偿其耗费的成本,并获得利差,所以它在确定贷款利率水平时,就必然要求贷款利率高于存款利率和业务费用之和,否则银行就无利可图甚至出现亏损。当然,银行还可以靠中间业务的手续费等其他收入去弥补成本。

### (三)通货膨胀预期

在金融市场上,由于本息均由名义量表示,借贷双方在决定接受某一水平的名义利率时,都考虑到了对未来物价预期变动的补偿,以防止自己因货币实际价值变动而发生亏损。所以,预期通货膨胀率上升时,利率水平趋于上升。

### (四)中央银行货币政策

中央银行通过运用货币政策工具改变货币供给量,从而影响可贷资金的数量。当中央银行想要刺激经济时,会增加货币投入量,使可贷资金的供给增加,这时可贷资金供给曲线向右移动,利率下降,同时会刺激对利率的敏感项目,如房地产、企业厂房和设备的支出。

### (五)经济周期

在经济危机阶段,工商企业由于商品销售困难而不能按期偿债,造成支付关系紧张并引起货币信用危机,资本家不愿赊销,而要求以现金支付,由于对现金的需求急剧增加,借贷资本的供给不能满足需要,将使利率提高。当经济进入萧条阶段,物价跌到最低点,社会生产处于停滞状态,借贷资本的需求减少,市场上游资充斥,利率不断降低。在经济复苏阶段,投资增长,物价回升,市场容量逐渐扩大,借贷需求增加,但借贷资本供给充足,职能资本家可用低利率取得货币资本。当经济进入繁荣阶段,生产迅速发展,物价稳定上升,利润急剧增长,新企业不断建立,对借贷资本需求很大,但由于资本回流迅速,信用周转灵活,利率并不是很高,随着生产继续扩张,借贷资本需求日益扩大,特别是在危机前夕,利率又会不断上升。

### (六)借款期限和风险

由于借款期限不同,流动性风险、通胀风险和信用风险也不同,所以利率随借贷期限的长短不同而不同,通常来说,利率随借贷期限延长而提高。为弥补这些风险现实发生后无法收回贷款本息所造成的损失,贷款人在确定贷款利率时必须考虑风险因素,风险越大,利率越高。

### (七)借贷资金供求状况

在资本主义制度下,平均利润率等因素对利率起着决定和约束作用,但市场利率的变化在很大程度上是由资金供求状况决定的。市场上借贷资金供不应求时,利率就会上升。

### (八)政府预算赤字

如果其他因素不变,政府预算赤字与利率水平将会同方向运动,即政府预算赤字增加,利率将会上升;政府预算赤字减少,利率则会下降。

### (九)国际贸易和国际资本流动状况

国际贸易状况的变化通过产品市场与货币市场两方面影响利率的变化。在产品市场上,当净出口增加时,会促使利率上升。国际资本流动状况对利率的影响与国际贸易状况的变动在货币市场上对利率变动的影响相类似。当外国资本(无论是直接投资还是短期的证券投资)流入本国时,将引起中央银行增加货币供应量,导致利率下降。

### (十)国际利率水平

国际利率水平及其趋势对一国国内的利率水平的确定有很大的影响,二者体现出一致的趋势,具体表现在两方面:一是其他国家的利率对一国国内利率的影响;二是国际金融市场上的利率对一国国内利率的影响。而欧洲货币规模的增大和范围的扩大,国际金融市场上竞争的加剧,也会降低国内利率水平或抑制国内利率上升的程度。

## 第四节 利率的作用

### 一、利率对宏观经济的调节作用

#### (一)聚集社会闲散资金

积聚和积累资金是利率最主要的功能。正是因为利率的存在及其作用的发挥,才使得分散在各个阶层的货币收入和再生产过程中暂时闲置的货币资金通过有偿的手段得以集中起来,转化为信贷资金,通过信贷资金的分配满足生产发展的资金需求,促使经济快速发展。

## (二)优化产业结构

利率作为资金的价格,会自发地引导资金流向利润率高的部门,实现社会资源的优化配置。同时,国家还可以自觉地运用差别化的利率政策,对国家急需发展的农业、能源、交通运输等行业以及有关的企业和产品适当降低贷款利率,大力支持其发展;对需要限制的行业,可以适当提高利率,限制其发展,从而调整产业结构,实现经济结构合理化。

## (三)协调积累与消费的比例

要实现经济持续发展的目标,还要保证社会总需求和总供给在不断运动中达到一种动态平衡状态,呈螺旋式上升。在给定资源和技术的条件下要做到这一点,就要切实安排好消费和积累的比例,合理的消费和积累比例是至关重要的。利率可以通过调整将部分消费转化为积累,或将部分积累转化为消费,从而达到两者之间的平衡。

## (四)调节信贷规模

利率对银行信贷规模有很重要的调节作用。贷款利率的高低与企业的收益呈反方向变动,提高贷款利率必然使企业留利减少,降低企业投资的意愿,贷款数量和投资规模随之收缩。当贷款利率提高到一定的程度时,生产企业不仅会减少新借款,而且会收缩现有的生产规模;反之,降低贷款利率,减少借款者的借款成本,增加其投资收益,企业就会增加贷款,扩大生产规模。因此,贷款利率水平的高低与信贷资金总量呈反方向变化。

### 补充阅读 4-3

**银行利率调整对于商业银行信贷业务的影响**

为规避国际金融危机的影响并防范经济衰退,2008 年 11 月 27 日,中国人民银行实施了"五率齐降",包括一年期存贷款利率大降 108 个基点,个人住房公积金贷款利率、金融机构存款准备金利率、中央银行再贷款利率和再贴现利率分别下调 54 个基点、27 个基点、108 个基点和 135 个基点。

2008 年 12 月,金融机构人民币贷款就增加了 7 718 亿元,同比多增 7 233 亿元;2009 年 1 月,人民币贷款增长更加迅速,达到 1.62 万亿元,同比多增 8 141 亿元。相关资料显示,这一数字创出我国月度新增贷款的历史新高;到 2009 年 1 月,人民币各项贷款余额为 31.99 万亿元,同比增长 21.33%,增幅比 2008 年末高 2.6 个百分点。

中央银行基准利率下调引起商业银行借贷策略由"惜贷"转为迅速增长,变化方向符合央行意图,商业银行反应时滞较短。可见,我国利率体系的基本传导方向与路径是有一定效率的。

资料来源:http://money.sohu.com/20081127/n260883748.shtml.

## (五)稳定货币流通

存款利率的高低直接影响银行的存款规模,对实现社会购买力与商品可供量的平衡具有调节作用。贷款利率的高低直接影响银行的贷款规模与货币供应量,对币值稳定有重要作用。贷款的差别利率对贷款结构和产业结构有重要影响,而产业结构的合理化直接关系到货币正常流通的基础。利率的高低直接影响企业生产和经营,从而影响社会商品供给总量和结构,对货币正常流通有重要作用。

### (六)平衡国际收支

当国际收支不平衡时,可通过利率来调节。如当国际收支逆差严重时,可将本国利率调到高于其他国家的程度,这样一方面可减少本国资金流出,另一方面还可吸引外资流入。

## 二、利率对微观经济的调节作用

### (一)对企业的调节作用

利率能够促使企业加强经济核算,提高经济效益。通常情况下,产品成本和税金是稳定的。如果企业的销售收入不变,企业的利润就取决于应付利息的多少,而利息的多少又与企业占用的信贷资金的多少相关。如果利率变动,企业利润大小就随着变动。企业作为最大利润的追求者就会加强经营管理,加快资金周转,努力节约资金,提高资金的使用效率。

### (二)对个人的调节作用

一方面,利率能够引导人们的储蓄行为,合理的利率能够增强人们的储蓄愿望和热情,不合理的利率会削弱人们的储蓄愿望,因此,利率变动在某种程度上可以调节个人的消费倾向和储蓄倾向。另一方面,利率可以引导人们选择金融资产。人们在将收入转化为金融资产时,通常会考虑资产的安全性、流动性和收益性。在金融商品多样化的今天,在保证一定安全性和流动性的前提下,主要由利率决定的收益率的高低往往是人们选择金融资产时所考虑的主要因素。因此,金融商品利率差别成为引导人们选择金融资产的有效依据。

> 补充阅读 4-4

**2023 年 8 月央行降息解读**

2023 年 8 月 15 日,央行将一年期中期借贷便利(MLF)和七天期逆回购操作利率分别下调 15 个基点和 10 个基点,降至 2.5%、1.80%,符合市场预期。此次降息体现出以下五点作用。

一是货币政策"以我为主"原则的充分体现。2023 年第二季度以来,我国国内需求不足的矛盾较为突出,同时汇率面临一定的贬值压力。此次降息显示出央行在兼顾"内部均衡和外部均衡"目标时,以我为主,将内部均衡置于优先位置,以实现稳增长、扩内需的目标。

二是有利于缓解实体经济需求不足的矛盾。2023 年 7 月,多项经济金融数据显示,国内实体经济需求不足的矛盾突出,亟待政策提振需求。如社融数据显示,居民和企业信贷需求低迷,7 月份流向实体部门的信贷(社融口径)不足近五年同期均值的 5%;经济景气方面,4、5、6、7 月份制造业采购经理人指数(PMI)已连续四个月低于 50% 的临界值,表明企业生产、投资信心依旧偏弱;价格指标方面,年内消费者物价指数(CPI)总体走低,7 月增速进一步降至 −0.3%,低通胀是需求不足和信心不足在价格上的反映;房地产高频数据显示,7 月份 30 个大中城市商品房成交面积在去年同期低基数的情况下同比仍减少27%,房地产需求端尚未见底,对经济恢复的拖累不容忽视。

三是缓解银行净息差压力,增强扩信贷意愿与能力。2023年第二季度,商业银行净息差(2023年第一季度为1.74%)已降至自律监管标准1.8%的下方,未来随着存量个人住房贷款利率下调、新增企业综合融资成本和居民信贷利率继续稳中有降,预计商业银行面临的利率、流动性等约束将进一步增强,制约其扩信贷意愿与能力。本次降息,有利于降低银行负债端成本,缓解其净息差和利率约束,增强其信贷供给意愿与能力。

四是降低实体经济部门成本负担。当前国内实际利率处于高位,居民、企业"降成本"诉求偏强。受物价低迷影响,真实利率不断被动上升,且已处于偏高水平,不利于需求恢复。根据BIS数据,私营非金融部门偿债率[当年应支付债务额(本金和利率)/总收入]增至20.6%,已高于美国2008年金融危机期间的水平,不利于消费潜能的释放;企业部门规模以上制造业企业每百元营业收入中的成本创下近九年新高,也对其投资需求形成掣肘。此次降息,预计每年将降低实体部门利息支出3 600~5 400亿元。

五是预计LPR利率会同步下调,以推动房地产市场的企稳发展。

2023年,我国经济面临的问题主要是有效需求和信贷需求不足,此次降息,一方面将起到刺激需求端、提振企业和居民信贷需求的功效;另一方面也有利于缓解银行面临的利率约束,增强信贷供给意愿和能力。两者双管齐下,以提振实体经济部门的信心与需求。

资料来源:https://finance.jrj.com.cn/2023/08/15195637762191.shtml.

复习思考题

一、选择题

1.利息是(　　)的价格。
A.货币资本　　　　　　　　B.借贷资本
C.外来资本　　　　　　　　D.银行资本

2.利率是一定时期利息额与(　　)之比。
A.汇款额　　　　　　　　　B.借款额
C.承兑额　　　　　　　　　D.资本额

3.收益资本化有着广泛的应用,对于土地的价格,以下说法正确的是(　　)。
A.在利率不变的情况下,土地的预期收益越低,其价格越高
B.在预期收益不变的情况下,市场平均利率越高,土地的价格越高
C.在利率不变的情况下,土地的预期收益越高,其价格越高
D.在预期收益不变的情况下,市场平均利率越低,土地的价格越低

4.我国在习惯上将年息、月息、日息都以"厘"作为单位,实际含义却不同。若年息6厘,月息4厘,日息2厘,则分别是指(　　)。
A.年利率6%,月利率4‱,日利率2‰
B.年利率6‰,月利率4%,日利率2‱
C.年利率6%,月利率4‰,日利率2‱
D.年利率6‱,月利率4‰,日利率2%

5. 在多种利率并存的条件下起决定作用的利率是(　　)。
   A. 基准利率　　　　　　　　　　B. 差别利率
   C. 实际利率　　　　　　　　　　D. 公定利率
6. 由政府或政府金融机构确定并强令执行的利率是(　　)。
   A. 公定利率　　　　　　　　　　B. 一般利率
   C. 官定利率　　　　　　　　　　D. 固定利率
7. 市场利率的高低取决于(　　)。
   A. 统一利率　　　　　　　　　　B. 浮动利率
   C. 借贷资金的供求关系　　　　　D. 一国政府
8. 下列利率决定理论中,(　　)强调投资与储蓄对利率的决定作用。
   A. 马克思的利率论　　　　　　　B. 流动偏好论
   C. 可贷资金论　　　　　　　　　D. 实际利率论

## 二、简答题

1. 如何理解利息的本质?
2. 名义利率与实际利率的区别是什么?
3. 充当一国的基准利率需要满足哪些条件?
4. 影响利率的因素有哪些?
5. 比较并评价利率决定理论的各个流派。
6. 在现实经济生活中,利率具有怎样的作用?

## 案例分析题

假定现有一个投资项目,投资期为10年,总投资额为1 000万元,市场利率为10%且长期不变。企业策划部门提供了两个投资方案,方案甲是第一年集中投资550万元,以后九年每年只需投资50万元;方案乙是每年平均投资100万元。试问哪种方案更好?

# 第五章
# 金融中介机构

**JINRONGXUE**

## 学习目标

了解金融中介机构的产生与发展,掌握金融中介机构的概念和分类。
了解金融机构存在和发展的必要性。
理解金融中介机构的基本结构和内容,掌握西方国家和我国的金融中介机构体系。
了解国际金融机构体系的构成及变迁。

## 导入案例

### 青岛市首笔"碳减排挂钩"贷款落地兴业银行

2023年6月29日,兴业银行青岛分行为威海源光太阳能发电有限公司发放"碳减排挂钩"项目贷款1 000万元,专项用于企业分布式光伏发电项目建设,这也是青岛市落地的首笔"碳减排挂钩"贷款。

在"双碳"战略引领下,大力开发太阳能资源,发展光伏发电,不但可节约宝贵的一次能源,还可以避免火力发电造成的环境污染,是实现能源、经济、社会可持续发展的重要途径。在此背景下,该项目利用企业厂房的闲置屋顶及部分空地,建设了"全额上网"分布式光伏发电站。

为助推项目建设,兴业银行青岛分行创造性地将企业贷款利率与项目发电量挂钩,引导企业通过采用先进技术和高效运营设备的方式确保发电量,让企业在享受碳减排带来的优惠利率的同时,还能激励企业强化减碳。

2023年上半年,兴业银行青岛分行积极布局能源金融新赛道,围绕光伏发电、氢能源等领域持续加大金融支持力度,其能源金融融资余额已超200亿元,在助力整县光伏、"东方氢岛"等建设中发挥了积极作用。兴业银行青岛分行坚定围绕地区战略,锚定绿色金融差异化发展之路,持续丰富绿色金融产品和服务体系,打造一站式碳金融创新服务,树牢、擦亮"绿色银行"金色名片。

【思考】
(1)案例中的兴业银行属于金融中介机构吗?为什么?
(2)金融与碳市场是如何发生"碰撞"的?
(3)除了碳金融市场,还有别的新兴金融市场可以引入金融中介机构吗?

资料来源:https://finance.sina.com.cn/esg/2023-07-07/doc-imyzvnhz5283534.shtml.

# 第一节 金融中介机构概述

## 一、金融中介机构的定义

金融中介机构是专门从事各种金融活动,以及为金融活动提供相关金融商品和金融服务的企业组织。相关金融活动包括间接融资活动和直接融资活动。从事间接融资活动的金融中介机构主要通过各种负债业务筹集资金,然后再通过各种资产业务分配这些资金,即通过自己的资产负债业务来实现资金供求者之间的资金融通,如存款类金融机构、契约类金融机构等;而从事直接融资活动的金融中介机构则主要是作为中间人,通过提供各种金融服务,如策划、咨询、承销、经纪服务等,为资金供给者与资金需求者牵线搭桥,促成资金需求者与资金供给者直接进行对手交易,如投资银行、证券公司及证券交易所等。这两类金融中介机构在社会资金的融通中都是充当中介的角色,只是充当中介的方式不同,所以把它们都称为金融中介机构,如图5-1所示。

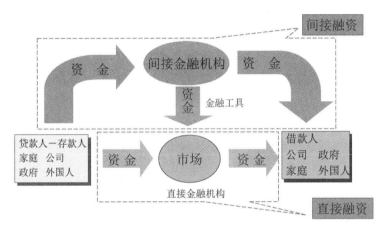

图5-1 直接金融机构和间接金融机构

## 二、金融中介机构的功能和分类

### (一)金融中介机构的功能

#### 1.降低交易成本

交易成本即从事金融交易所花费的时间和金钱。在资金融通中,金融中介机构能够大大降低交易成本。金融中介机构通过规模化经营,可以合理控制利率、费用、时间等成本,使投融资活动能够最终以适应社会经济发展需要的交易成本来进行,从而满足迅速增长的投融资需求。此外,低交易成本使得金融中介机构可以向客户提供流动性服务,从而使得客户能够更容易地进行交易。

#### 2.改善信息不对称

信息不对称泛指买卖双方对交易对象质量掌握的情况是不对等的,卖者比买者知道得更多。对于信用交易而言,债务人对自己的财务现状和未来状况比债权人知道得更多。信息不对称以两种方式出现,即逆向选择和道德风险。在融资市场上,逆向选择出现在金融交易发生以前。金融市场上那些最可能造成不利结果(信用风险)的借款人往往最为积极地寻求贷款。例如,在融资业务过程中,所有的借款人都会尽力展现他们自己有高绩效和低风险。由于缺乏对各种潜在借款人信息的准确掌握,贷款人容易按平均风险的利率甚至较高的利率发放贷款。在这种情况下,好的借款人感觉受到损失,不好的借款人则感觉从中获利。因此,好的借款人会离开融资市场,融资市场上仅留下质量不高的借款人,最终导致融资市场萎缩。道德风险发生在金融交易发生以后。这种情况的出现是由于借款人在借款后可能转向投资于其他风险更高、潜在收益更高的业务而造成的。一部分借款人之所以倾向于从事更具风险的投资和业务，是因为贷款人和作为业主的借款人在项目成功后分享的权益不一致。无论项目获得多大的成功，贷款人只能获取契约规定的本金和利息，而项目的成功程度给作为借款人的业主带来的利润却可能有巨大的差异；在发生损失时，无论损失结果差异如何，业主只失去相同的部分，即股权投资。

信息不对称阻碍了金融市场的正常运行，而间接融资机制的相对优势可解决信息不对称的问题。

(1) 信息揭示优势。无论哪类企业，都在银行开有账户，银行可以掌握借款人的收入、财富、支出以及投资策略，从而使银行可以比金融市场更有效地确定借款人的信用风险。

(2) 信息监督优势。银行对借款人同时提供存款账户和贷款账户，每一笔交易和资金转账都会被记录下来。因此，在持续观察和监督借款人的行为上，银行比个人和金融市场处在更有利地位。

### 3. 为客户提供支付结算服务

金融中介机构为社会提供有效的支付结算服务，有助于商品交易的顺利实现，并节约社会交易成本。目前，支付结算服务一般是由可吸收存款的金融中介机构提供。其中，商业银行是最主要的提供支付结算服务的金融单位。随着互联网与信息技术的快速发展，依托于互联网和商业银行的第三方支付模式随之诞生，应用范围和用户群体不断扩大，第三方支付平台也实现了快速发展。在第三方支付平台中，支付宝、微信支付和银联商务是近年来市场份额最大的三家，在行业中遥遥领先。

### 补充阅读 5-1

#### 中国第三方支付行业发展现状

第三方支付是指具备一定实力和信誉保障的独立机构，通过与银联或网联对接而促成交易双方进行交易的网络支付模式。第三方支付具有显著的快捷、便利等特点，使网上交易变得更加简单。近年来在互联网、大数据等新技术的推进下，金融科技迅速发展，金融服务水平不断提升，第三方支付作为一种新型的支付方式迅速发展，改变着人们的生活习惯和消费方式，推动金融行业变革。

根据2010年中国人民银行制定的《非金融机构支付服务管理办法》，第三方支付业务大致可分为以下三类：网络支付；预付卡的发行与受理；银行卡收单。当前我国的非现金支付方式正逐步从银行卡支付体系向第三方支付体系转变。

根据央行年度《支付体系运行总体情况》统计资料，中国第三方支付业务交易规模从2016年的99.27万亿元增长至2022年的337.87万亿元，6年复合年增长率（CAGR）为22.6%。据预测，未来中国第三方交易规模将保持增长态势，预计到2028年将达到644万亿元。近年来，支付监管趋于严格，支付企业审查及处罚力度加强，支付牌照数量自2016年起逐年降低。2011—2015年间共发放271张牌照，截至2024年3月，已注销（包括不予续展）牌照87张。

资料来源：https://www.163.com/dy/article/IH5HC49L05118VBB.html.

## (二)金融中介机构的分类

### 1. 按金融机构的主要业务类别划分

按金融机构的主要业务类别,可以将金融中介机构划分为银行类金融机构和非银行类金融机构。前者以吸收存款、发放贷款为主要业务,包括商业银行、专业银行等;后者的主要资金来源不是吸收存款,而是提供各种金融工具或特定的契约投资,并通过特定的方式加以运用,主要有保险公司、信托投资公司、证券公司、财务公司、租赁公司等。

### 2. 按照金融机构的业务性质划分

按照金融机构的业务性质,可以将金融中介机构划分为商业性金融机构和政策性金融机构。前者以追求利润最大化为经营目标,是自主经营、自负盈亏、自求平衡、自我发展的金融企业;后者则是一国政府为加强对经济的干预能力,保证国民经济持续、稳定、协调发展而设立的,这类机构大多是政府出资,以政府资本为主,不以营利为目的,所经营的业务与政府的产业政策密切配合。

### 3. 按照是否能够接受公众存款划分

按照是否能够接受公众存款,可以将金融中介机构划分为存款性金融机构与非存款性金融机构。存款性金融机构主要通过吸收存款形式向公众举债而获得其资金来源,如商业银行、储蓄贷款协会、合作储蓄银行和信用合作社等;非存款性金融机构则不得吸收公众的储蓄存款,如保险公司、信托金融机构、政策性银行以及各类证券公司、财务公司等。

## 第二节 西方国家的金融中介体系

为适应高度发达的市场经济制度的要求,西方发达市场经济国家(以下简称西方国家)都有一个规模庞大、分工精细的金融体系。在这些国家,金融机构种类繁多、形式各异,众多银行与非银行金融机构并存,其中银行机构居支配地位。

西方国家银行机构的具体设置形式不尽相同,同类性质的银行称谓可能不同,性质不同的银行又可能名称一致。就西方国家的全部银行机构的组成来看,主要可分为以下三大类。

(1)金融管理机构——中央银行,它是一国控制货币流通和信用的中心机构,在整个金融机构体系中处于核心地位。

(2)业务主体——商业银行和专业银行,其中,专业银行是指专门经营指定范围内的业务和提供专门金融服务的银行,其业务范围小于商业银行,而且具有专一性。

(3)非银行金融机构——保险公司、投资公司、信用合作组织、基金组织、消费信贷机构、租赁公司等。

各国对金融机构的业务经营所实施的限制性管理方针不同:在德国、瑞士等实行全能银行制度的国家,几乎无所限制,银行可经营包括存贷和证券在内的各种金融业务;而在美国、英国、日本等国,则以长短期信用及一般银行业务与信托业务、证券业务分离为特点。近年来,金融机构分业经营的模式被不断打破,形成由分业经营向混业经营变化的趋势。

下面以美国的金融中介机构为例,介绍西方国家金融中介机构的构成。

## 一、间接金融机构

### (一)存款类金融机构

存款类金融机构是指通过吸收各种存款获得资金,并将之贷给需要资金的各经济主体及投资于证券等以获取收益的金融机构。其资产主要为贷款与证券投资,负债主要为各类存款和借入资金。

#### 1. 商业银行

商业银行也称存款货币银行,是以经营工商业存、放款为主要业务,并为客户提供多种服务的存款类金融机构。商业银行能够吸收各种存款,通过办理转账结算,实现支付结算的非现金周转,并发挥创造存款货币的作用。

#### 2. 储蓄机构

储蓄机构是专门吸收储蓄存款作为资金来源的金融机构,其主要功能是鼓励私人储蓄,并通过抵押贷款的方式,提供建房、买房和消费信贷融资。储蓄机构汇集起来的储蓄存款余额较为稳定,所以大部分资金被用来发放不动产抵押贷款,投资于长期国债或者其他证券。与商业银行相比,储蓄机构的资产业务期限长,抵押贷款比重很高。西方政府常利用储蓄机构来实现政府的某些经济目标,其中多为房地产政策目标。由于房地产抵押贷款具有自偿性低、资金周转慢的特点,储蓄机构的抗风险能力较弱。在美国,储蓄机构包括储蓄信贷协会、互助储蓄银行。储蓄信贷协会或具有互助合作性质,或采取股份有限公司的组织形式,主要是通过开办各种高利率储蓄账户以鼓励储蓄,为住房的建设、购买和维修提供较优惠的贷款。由于从20世纪70年中后期开始,美国通货膨胀率和利率持续攀升,储蓄信贷协会借贷利率出现严重倒挂现象,到80年代初,全行业亏损超过500亿美元,以后又由于内部管理混乱、监管不力等原因,到1989年,全美倒闭和有问题的储蓄信贷机构数以千计,储蓄信贷协会走到了破产的边缘。互助储蓄银行主要吸收小额储蓄和定期储蓄。由于美国2007年爆发次贷危机,到2008年,美国互助储蓄银行的亏损总额达到159亿美元。截至2014年,已经有73家互助储蓄银行被监管机构接管,其中有5家已经关闭。

> **补充阅读 5-2**

美国第一大银行倒闭案

美国第一大银行倒闭案是2008年的华盛顿互惠银行破产事件。华盛顿互惠银行设立于1889年,是当时美国最大的储蓄及贷款银行,主要业务是提供住房抵押贷款和信用卡服务。华盛顿互惠银行在2008年前是全美第四大居民住房抵押服务供应商,也是一家区域性的金融服务公司。

在2008年金融危机中,华盛顿互惠银行受到严重冲击,因为它发放了大量的次级贷款和高风险贷款,导致坏账率飙升,最终由于房地产市场崩溃,大量借款人无法偿还债务,华盛顿互惠银行在2008年9月25日被摩根大通以19亿美元的超低价收购。华盛顿互惠银行的倒闭引发了美国金融市场的恐慌和信任危机,加剧了当时全球信贷紧缩和经济衰退的趋势。

【思考】

华盛顿互惠银行的倒闭给美国金融市场带来了什么影响?

资料来源:https://baijiahao.baidu.com/s?id=1760217591104649481&wfr=spider&for=pc.

### 3. 信用合作社

信用合作社是某些具有共同利益的人们(如某行业雇员、某互助会成员或某教会教徒等)组织起来的具有互助性质的会员组织。信用合作社的资金来源主要是会员的存款,也有一部分来自非成员的存款。政府的政策扶持,加上信用社合作金融组织的独特优势,以及配套的保险保障措施,使美国的信用社逐步发展壮大。在美国,信用合作社是对个人和家庭提供分期贷款的第三大机构,仅次于商业银行与金融公司。

## (二)契约类金融机构

契约类金融机构是指在契约的基础上按期取得稳定的资金,主要投向股票、抵押贷款和长期债券的金融中介机构,包括各种保险公司和养老基金等。这类机构的特点是资金来源可靠而且稳定,资金主要运用于长期投资。契约型金融机构是资本市场上重要的机构投资者。

### 1. 保险公司

保险公司是经营保险业务的契约类金融机构,是以吸收保险费的形式建立起保险基金,用于补偿投保人在保险责任范围内发生的经济损失,或对个人死亡、伤残支付保险金的具有法人资格的金融企业。根据经营保险业务的种类不同,保险公司可分为财产保险公司、人寿保险公司、意外灾害保险公司、信贷保险公司、存款保险公司、再保险公司等。其中,人寿保险公司以其同时兼有保险和储蓄双重性质的特殊优势,在保险业发展中居于领先地位。

### 2. 养老基金

养老保险是社会保障制度中的重要内容,一般是设立一个特殊的养老保险资金账户,也称养老基金。养老基金由专门的机构负责经营管理,并通过对退休人员按月支付养老金的方式,为退休人员生活提供基本经济保障。

早期的养老金计划几乎都是年金模式,主要投资于典型的寿险产品。后来,通用汽车公司对雇主养老金计划进行改革,将其作为一个投资信托,建立私人养老基金,由专业机构投资于长期公司债券、绩优股票和发放长期贷款。现在无论是公共养老基金还是私人养老基金,养老基金都已成为美国、英国等发达国家在证券市场上有较大影响的金融中介机构之一。

### 补充阅读 5-3

**美国的人寿保险公司与财产及意外保险公司**

在美国,人寿保险公司具有非常悠久的历史,它可以与银行竞争个人储蓄,向个人出售对风险的保护,从保险单持有人那里收取合同保险费。虽然保险单持有人通常并不把他们的保险当作储蓄,但人寿保险单的累积现金价值可供保险单持有人提取,从而具有流动性。人寿保险公司通过收取保险费累积资金,然后投入到相对无风险的长期投资上,例如公司债券、多户抵押贷款以及商业抵押贷款。大多数保险公司都是股份公司,它们发行股票,为股东所有。只有一少部分人寿保险公司是共同保险公司,由保单持有人所有。

财产及意外保险公司是美国又一类重要的契约类金融中介,财产保险是为了保护财产所有者(或出租人)免受因自然灾害(如火灾、暴风雨、不可抗力等)或人为因素(如车祸、故意破坏、纵火、入室行窃等)造成的财产损失、破坏或毁灭等经济损失。意外保险是为了保障保单持有人免于承担由意外事故、产品不合格或者专业问题上重大过失所导致的经济责任。产品制造商购买意外保险以免于承担由自己产品的缺陷导致顾客受伤或死亡引起的责任赔偿。医生、律师和其他专业人员投保以使自己免于疏忽或重大过失的索赔。

**【思考】**
请列举中国金融市场中的人寿保险公司与财产及意外保险公司。

## (三)投资类金融机构

投资类金融机构是在金融活动中为投资者提供中介服务或直接参与投资活动的金融机构。

### 1. 基金管理公司

证券投资基金由基金管理公司通过发行基金份额集中投资者的资金,由基金托管人(即具有资格的银行)托管,由基金管理人管理(基金管理公司)和运用资金,从事股票、债券等金融工具投资,然后共担投资风险、分享收益。

基金管理公司在不同国家或地区有不同名称,如在美国称基金管理公司,在英国称投资管理公司,在日本称投资信托公司,在我国台湾地区称证券投资信托事业,但其职责都是运用和管理基金资产。

### 2. 货币市场共同基金

共同基金是将众多的小额投资者的资金集合起来,由专门的经理人进行市场运作,赚取收益后按一定的期限及持有的份额进行分配的一种金融组织形式。而对于主要在货币市场上进行运作的共同基金,则称为货币市场共同基金。货币市场共同基金是一种特殊类型的共同基金,是美国20世纪70年代以来出现的一种新型投资理财工具。它向投资者出售股份,然后把资金用于投资货币市场工具,如国债、短期存单、商业票据等,货币市场共同基金提供一个支票账户选择权,使其股份持有人可以开具500美元以上的支票,从其股份中提款。投资者还可以从由基金向投资者提供的银行账户中,以电子转账的方式赎回股份。由于货币市场共同基金的蓬勃发展,个人和机构越来越多地将资金从商业银行和储蓄机构的账户转移到高收益的货币市场共同基金中,导致商业银行和储蓄机构开办了货币市场存款账户(MMDAs)与货币市场共同基金展开竞争。

### 3. 金融公司

金融公司是向家庭和工商企业提供资金的非银行金融机构。在美国,金融公司主要分为消费者金融公司、销货金融公司和商业金融公司。消费者金融公司主要向客户提供医药费、住院费、教育费、房屋维修费和燃料费等贷款,其利率较银行和储蓄类存款机构的分期付款要高;销货金融公司主要通过购买商业本票间接向消费者融资,也开展商业授信和租赁业务,以及承办分期付款等直接向消费者融资的业务;商业金融公司一般对中小企业和批发商承办应收账款融资、应收账款收买、融资性租赁和短期无担保贷款等业务。

金融公司主要通过短期和长期借款来筹集资金。短期借款主要通过银行贷款和发行相对大额的记名债券或商业票据来筹集；长期筹资主要靠推销公司证券和发行公司本身的证券。金融公司的资金运用主要是消费信贷、企业和房地产信贷。金融公司的目标客户通常为高风险借款人，通常也要求更高的贷款利率。金融公司从数十亿美元的跨国公司到很小的单元型贷款公司都有，业务也从经营各种信贷业务到专门经营某一类特定业务。

## 二、直接金融机构

### （一）投资银行

投资银行是指主要从事证券发行、承销、交易，企业重组、兼并与收购，投资分析、风险投资、项目融资等业务的非银行金融机构，是资本市场上的主要金融中介。在美国，投资银行往往有两个来源：一是由综合性银行分拆而来，1933年，《格拉斯－斯蒂格尔法案》获得通过，一大批综合性银行按照法案进行了分拆，其中最典型的例子就是摩根银行分拆为从事投资银行业务的摩根士丹利以及从事商业银行业务的摩根大通；二是由证券经纪人发展而来，典型的例子如美林证券。现代投资银行已经突破了证券发行与承销、证券交易经纪、证券私募发行等传统业务框架，企业并购、项目融资、风险投资、公司理财、投资咨询、资产及基金管理、资产证券化、金融创新等都已成为投资银行的核心业务。

当前世界的投资银行主要有三种类型。

(1) 独立的专业性投资银行。这种形式在全世界范围内广为存在，美国的高盛公司、美林公司、雷曼兄弟公司、摩根士丹利公司、第一波士顿公司，日本的野村证券、大和证券、日兴证券、山一证券，英国的华宝公司、宝源公司等均属于此种类型，并且，它们都有各自擅长的专业方向。

(2) 商业银行拥有的投资银行（商人银行）。这种形式主要是商业银行对现存的投资银行通过兼并、收购、参股或建立自己的附属公司从事商业银行及投资银行业务，在英、德等国非常典型。

(3) 全能性银行直接经营投资银行业务。这种形式主要发生在欧洲大陆，全能性银行在从事投资银行业务的同时也从事一般的商业银行业务。

投资银行与商业银行的主要区别体现在如下五个方面：第一，从市场定位看，投资银行是资本市场的核心，而商业银行是货币市场的核心；第二，从融资方式看，投资银行服务于直接融资，而商业银行服务于间接融资；第三，从业务重心看，投资银行的业务重心是证券承销，而商业银行的业务重心是存款和贷款；第四，从基本收入或利润来源看，投资银行的利润主要来自佣金，而商业银行的利润主要来自存贷款利息差；第五，从经营管理策略或方式上看，投资银行倾向于业务开拓和获取风险收益，而商业银行倾向于稳健经营。

### 补充阅读 5-4

**次贷危机后美国投资银行的转型与变化**

2005—2008年，美国以住房抵押贷款、资产抵押证券、信贷担保凭证为基础的金融衍生品规模不断扩大，2008年紧缩的货币政策导致房地产价格下降，刺破了巨大的虚拟经济泡沫，美国投资银行业务受到重创，触发和加剧了次贷危机，并最终引发了席卷全球的金融危机。

2008年，美联储货币政策开始转向，房价开始下跌，导致次级贷款与资产支持证券大量违约，各类金融衍生工具资产价格严重下挫，持有大量金融衍生工具的金融机构也大量破产。高盛、摩根士丹利、美林证券、雷曼兄弟、贝尔斯登等美国五大投行也在金融危机中损失惨重，或破产，或被收购，或转型，标志着传统华尔街投行的终结。

2018年，距离2008年席卷全球的金融危机已经过去了十年，美国的投资银行进行了何种转型呢？由于雷曼兄弟公司破产，财务数据不再可得；贝尔斯登公司被摩根大通收购，经营数据不再单独可得。因此，这里仅分析高盛、摩根士丹利、美国银行（收购了美林证券）、摩根大通（收购了贝尔斯登）等四家金融机构。

通过分析可以发现，金融危机后的十年间，美国投资银行经历了以下变化：首先，在风险承担上，四大金融机构均减少了对交易性金融资产的购买，从而降低了直接的风险承担；而资产管理业务对主营业务收入的贡献不断增大，金融机构直接承担风险减少，第三方资产管理业务增加。其次，在融资方式上，对金融市场中抵押融资的依赖性下降，长期借贷增加，负债久期变长，流动性风险降低。最后，金融危机后杠杆率下降，金融机构的资产质量上升。

【思考】
美国的投行破产事件给我们的警示是什么？
资料来源：https://www.ckgsb.edu.cn/faculty/article/detail/157/4987.html.

## （二）证券公司

证券公司是专门经营证券业务的金融中介机构。从证券公司的功能来看，可将证券公司分为如下几种。

(1) 证券经纪商，即证券经纪公司，是代理买卖证券的证券机构。它们接受投资人委托代为买卖证券，并收取一定手续费即佣金。

(2) 证券自营商，即综合型证券公司，它们除了证券经纪公司的权限外，还可以自行买卖证券。它们资金雄厚，可直接进入交易所为自己买卖股票。

(3) 证券承销商，是以包销或代销形式帮助发行人发售证券的机构。

需要注意的是，许多证券公司同时经营上述三种业务。

## （三）证券交易所

证券交易所，也称"场内交易市场"，是设有固定场所，备有各种服务设施、必要的管理和服务人员，组织起来集中进行证券竞价交易的有形场所。证券交易所本身不参与证券买卖，只是提供交易场所、设备和服务。

2022年末，从全球各大证券交易所市值与上市公司数量来看，在全球十大证券交易所排名中，美国纽约证交所和纳斯达克股票交易所稳居第一、第二位，并拉开了与市值第三的上海证券交易所的差距，我国的深交所和港交所位居第五和第六位。

证券交易所的组织形式分为公司制与会员制两种。公司制的证券交易所按本国公司法的规定组织成立，有股份公司章程和资本，要求设有股东大会、董事会、监事会等机构，以营利为目的，只允许经申请合格的证券经纪商进场买卖，对买卖方违约造成的损失负责赔偿。实行会员制的证券交易所是由证券经纪商同业设立,参加者为会员,会员由证券公司、投资公司等证券商组成,共同负担会费,不以营利为目的,只准有会员身份的证券经纪商入场进行买卖,设有赔偿准备基金,用作会员违约赔偿。目前,大多数西方国家的证券交易所都采用会员制。

> **补充阅读 5—5**

### 纽约－泛欧交易所集团

纽约－泛欧交易所集团由纽约证券交易所集团(总部位于纽约)和欧洲证券交易所(总部位于巴黎)合并组成,于2007年4月4日在纽交所和欧交所同时挂牌上市。纽约－泛欧交易所集团在5个国家拥有6个现金股票交易市场及6个金融衍生品交易市场,在公司上市、现金股票、金融期权与期货、债券、金融衍生品和市场数据等方面处于世界领先地位,是全球规模最大、最具流动性的证券交易集团,为全球投资者及上市公司提供最多样化的金融产品和服务。

纽约－泛欧证券交易所是一个会员制交易所,其交易规则和制度非常严格,旨在保护投资者的利益和维护市场的稳定。交易所设有专门的监管部门,负责监督交易行为、制定交易规则和惩处违规行为。交易所还与监管机构和执法部门合作,加强市场监管和维护市场秩序。

在纽约－泛欧证券交易所上市的公司包括全球著名的跨国企业和金融机构,如苹果、微软、谷歌、摩根大通、高盛、花旗等。这些公司通过在纽约－泛欧证券交易所上市,获得了更广泛的投资者群体和更高的曝光率,为企业的发展提供了重要的支持。

资料来源:https://www.liuyiidc.com/110218.html.

## 三、政策性金融机构

政策性金融机构是指那些由政府或政府机构发起、出资创立、参股或保证的,不以利润最大化为主要经营目的,在特定的业务领域内从事政策性融资活动,以贯彻和配合政府的社会经济政策或意图的金融机构。

政策性金融机构主要产生于一国政府提升经济发展水平、贯彻社会经济发展战略或产业结构调整的政策要求。一般来说,处在现代化建设起步阶段的经济欠发达国家,由于国家财力有限,采用常规手段不能满足基础设施建设和战略性资源开发所需的巨额、长期投资需求,最需要设立政策性金融机构;某些国家经济结构需要进行战略性调整或升级,薄弱部门和行业需要重点扶持或强力推进,可以通过设立政策性金融机构,以其特殊的融资机制,将政府和社会资金引导到重点部门、行业和企业,弥补单一政府导向财政资金的不足和单一市场导向商业性融资的不足。

按业务领域和服务对象划分,政策性金融机构主要有如下四种。

### (一)经济开发政策性金融机构

经济开发政策性金融机构是指专门为经济开发提供长期投资或贷款的金融机构。这种金融机构多以"开发银行""复兴银行""开发金融公司""开发投资公司"等称谓,如日本开发银行、德国复兴信贷银行、美国复兴金融公司、意大利工业复兴公司、国际复兴开发银行、亚洲开发银行等。这些金融机构多以促进工业化、配合国家经济发展振兴计划或产业振兴战略为目的而设立,其贷款和投资多以基础设施、基础产业、支柱产业的大中型基本建设项目和重点企业为对象。

### (二)农业政策性金融机构

农业政策性金融机构是指专门为农业提供中长期低利贷款,以贯彻和配合国家农业扶持和保护政策的政策性金融机构。如美国农民家计局、英国农业信贷公司、法国农业信贷银行、德国农业抵押银行、日本农林渔业金融公库、国际农业发展基金、亚洲太平洋地区农业信贷协会等。这些金融机构多以推进农业现代化进程、贯彻和配合国家振兴农业计划和农业保护政策为目的而设立,其资金多来源于政府拨款,发行由政府提供担保的债券,吸收特定存款和向国内外市场借款,贷款和投资多用于支持农业生产经营者的资金需要、改善农业结构、兴建农业基础设施、支持农产品价格、稳定和提高农民收入等。

### (三)进出口政策性金融机构

进出口政策性金融机构是一国为促进进出口贸易,促进国际收支平衡,尤其是支持和推动出口的政策性金融机构,如美国进出口银行、加拿大出口发展公司、英国出口信贷担保局、法国对外贸易银行、德国出口信贷银行、日本进出口银行、印度进出口银行、新加坡出口信贷保险公司、非洲进出口银行、拉丁美洲出口银行、中国进出口银行、中国出口信用保险公司等。这些金融机构有的为单纯的信贷机构,有的为单纯的担保和保险机构,有的则为既提供信贷又提供贷款担保和保险的综合性机构,其宗旨都是为贯彻和配合政府的进出口政策,支持和推动本国出口。这些机构在经营过程中以国家财力为后盾,由政府提供必要的营运资金和补贴,承担经营风险。

### (四)住房政策性金融机构

住房政策性金融机构是指专门扶持住房消费,尤其是扶持低收入者进入住房消费市场,以贯彻和配合政府的住房发展政策和房地产市场调控政策的政策性金融机构,如美国联邦住房贷款银行、美国联邦住房抵押贷款公司、美国联邦全国抵押协会、美国政府全国抵押协会、加拿大抵押贷款和住房公司、法国房地产信贷银行、挪威国家住房银行、德国住房储蓄银行、日本住宅金融公库、印度住房开发金融公司、泰国政府住房银行、新西兰住房贷款公司、韩国住房银行,等等。这些机构一般都通过政府出资、发行债券、吸收储蓄存款或强制性储蓄等方式集中资金,再以住房消费贷款和相关贷款、投资、保险等形式将资金用以支持住房消费和房地产开发资金的流动,以达到刺激房地产业发展、改善低收入者住房消费水平、贯彻实施国家住房政策的目的。在某些国家,一些城市已成立了经政府批准的商品住宅基金会或住房合作基金会,以满足住房基地开发、建设和流通周转性资金的需要,推动住房商品化和房产市场的建立和发展。

## 第三节 中国的金融中介体系

改革开放40多年来,在金融机构体系方面,我国逐步形成了以中央银行为核心、国有商业银行为主体、多种金融机构并存发展的格局。

## 一、中国人民银行

中国人民银行是我国的中央银行,是在国务院领导下制定和执行货币政策、对金融业实施监督管理的国家机关。它是我国的货币发行的银行、银行的银行和政府的银行。按《中华人民共和国中国人民银行法》的规定,中国人民银行履行下列职责:发布与履行其职责有关的命令和规章;依法制定和执行货币政策;发行人民币,管理人民币流通;监督管理银行间同业拆借市场和银行间债券市场;实施外汇管理,监督管理银行间外汇市场;监督管理黄金市场;持有、管理、经营国家外汇储备、黄金储备;经理国库;维护支付、清算系统的正常运行;指导、部署金融业反洗钱工作,负责反洗钱的资金监测;负责金融业的统计、调查、分析和预测;作为国家的中央银行,从事有关的国际金融活动;国务院规定的其他职责。

## 二、政策性银行

政策性银行是由政府投资设立的,不以营利为目的,根据政府的决策和意图专门充实政策性金融业务的银行。

### (一)国家开发银行

国家开发银行成立于1994年3月,是国家出资设立、直属国务院领导、支持中国经济重点领域和薄弱环节发展、具有独立法人地位的国有开发性金融机构。

国家开发银行的战略重点包括:服务高质量共建"一带一路";加大绿色金融供给;倾力服务保障和改善民生;助力区域协调发展和新型城镇化建设;做好金融纾困和能源保供;持续加大对制造业和科技创新的支持力度。

### (二)中国进出口银行

中国进出口银行成立于1994年5月,是由国家出资设立、直属国务院领导、支持中国对外经济贸易投资发展与国际经济合作、具有独立法人地位的国有政策性银行。

中国进出口银行依托国家信用支持,积极发挥在稳增长、调结构、支持外贸发展、实施"走出去"战略等方面的重要作用,加大对重点领域和薄弱环节的支持力度,促进经济社会持续健康发展。

### (三)中国农业发展银行

中国农业发展银行成立于1994年11月,是由国家出资设立、直属国务院领导、支持农业农村持续健康发展、具有独立法人地位的国有政策性银行。

中国农业发展银行的主要任务是依托国家信用支持,在农村金融体系中发挥主体和骨干作用,加大对农业农村重点领域和薄弱环节的支持力度,促进经济社会持续健康发展。

> **思政专栏 5-1**

> **进出口银行勇当"一带一路"金融服务排头兵**
>
> 2013年,习近平主席先后提出建设"丝绸之路经济带"和"21世纪海上丝绸之路"重大倡议,开启了共建"一带一路"的伟大征程。十年来,在各方共同努力下,"一带一路"朋友圈不断扩大,累计150多个国家、30多个国际组织签署了合作文件。
>
> "一带一路"建设取得丰硕成果,离不开金融的大力支持,其中政策性金融更是勇当表率的排头兵。作为专门服务对外经济贸易投资发展与国际经济合作的专业金融机构,中国进出口银行胸怀"国之大者",勇担职责使命,始终处于支持共建"一带一路"的第一方阵。
>
> 十年来,进出口银行"一带一路"贷款覆盖140多个共建国家,签约项目累计拉动投资超4 000亿美元,带动贸易逾2万亿美元。支持共建国家建设铁路超4 000千米,公路2.3万千米,机场40余个,港口30余个;金融助力100多个清洁能源电力项目,每年可节约超过2 000万吨标准煤,减少约5 000万吨二氧化碳排放。截至2022年末,该行"一带一路"贷款余额达2.2万亿元,为"一带一路"建设做出了实打实、沉甸甸的贡献。

资料来源:http://www.eximbank.gov.cn/info/circus/202308/t20230830_52332.html。

## 三、商业银行

商业银行是我国金融中介机构的主体,在我国信用活动中起着主导作用。我国融资格局以间接融资为主,商业银行贷款是企业外源融资的主渠道。我国2015年新修订的《中华人民共和国商业银行法》中规定,商业银行是指依照本法和《中华人民共和国公司法》设立的吸收公众存款、发放贷款、办理结算等业务的企业法人。

我国的商业银行分为大型国有控股商业银行、其他股份制商业银行、城市商业银行、农村商业银行和民营银行等。

### (一)大型国有控股商业银行

目前,我国大型国有控股商业银行由6家组成:中国工商银行、中国农业银行、中国银行、中国建设银行、交通银行和中国邮政储蓄银行。前四家商业银行也称四大国有商业银行,是由国家专业银行演变而来。四大国有商业银行的主体地位是在其作为专业银行时期就奠定了的,无论在人员、机构网点数量,还是资产规模及市场占有上,在我国整个金融领域均处于举足轻重的地位,在世界上的大银行排序中也处于较前列的位置。2003年以来,我国加快了国有商业银行改革步伐。中国银行、中国建设银行、中国工商银行、交通银行和中国农业银行先后完成财务重组和股份制改革,成为国有控股商业银行,并成功上市。经过改革,6家国有控股商业银行在公司治理、发展战略、经营理念、透明度建设以及激励约束机制等方面均取得突出成效,资本充足率、资产质量和盈利能力等财务指标较改制前有显著提高,财务可持续能力明显增强,服务水平和竞争能力也在不断提高,与国际先进银行的差距不断缩小。

### (二)其他股份制商业银行

自1986年国家决定重组股份制商业银行以来,除了上述6家大型国有控股商业银行之外,我国陆续建立了12家股份制商业银行,包括中信银行、中国光大银行、华夏银行、广东发展银行、深圳发展银行、招商银行、浦东发展银行、兴业银行、中国民生银行、恒丰银行、浙商银行和渤海银行。

这些新型的商业银行按照国际通行规则和市场原则开展各项银行业务活动和进行自身经营管理。因而,尽管它们在资产规模、机构数量和人员总数等方面还远不能同国有控股商业银行相比,但其资本、资产及利润的增长速度已经高于国有控股商业银行,呈现出较强的经营活力、强劲的增长势头和良好的经营效益,成为中国银行体系和国民经济发展中的一支有生力量。截至2023年,除了广东发展银行之外,其他11家股份制商业银行均已上市。通过上市,建立了正常的资本金补充机制,为提高透明度、发挥市场监督功能和建立现代银行制度做出了有益的探索。

### (三)城市商业银行

城市商业银行是中国银行业的重要组成部分和特殊群体,其前身是20世纪80年代设立的城市信用社,当时的业务定位是:为中小企业提供金融支持,为地方经济搭桥铺路。从20世纪80年代初到90年代,全国各地的城市信用社发展到了5 000多家。然而,随着中国金融事业的发展,城市信用社在发展过程中逐渐暴露出许多风险管理方面的问题。20世纪90年代中期,中央决定以城市信用社为基础,组建城市商业银行。城市商业银行是在中国特殊历史条件下形成的,是中央金融主管部门整肃城市信用社、化解地方金融风险的产物。

经过多年的发展,城市商业银行已经逐渐发展成熟,尽管其发展程度良莠不齐,但有相当多的城市商业银行已经完成了股份制改革,并通过各种途径逐渐消化历史上的不良资产,降低不良贷款率,转变经营模式,在当地占有了相当大的市场份额。截至2022年末,我国125家城市商业银行总资产规模达49.89万亿元,同比增长10.69%,占银行业金融机构的比重为13.15%;经营业绩保持稳定,2022年全年实现净利润2 553.14亿元,同比增长6.64%;资产质量保持稳定,城商行不良贷款率为1.85%,较2021年末下降0.05个百分点。

### (四)农村商业银行

农村商业银行是由辖内农民、农村工商户、企业法人和其他经济组织共同入股组成的股份制地方性金融机构。在经济比较发达、城乡一体化程度较高的地区,"三农"的概念已经发生了很大的变化,农业贷款比重很低,有些只占5%以下。作为农村信用社服务对象的农民,虽然身份没有变化,但大都已不再从事以传统种养耕作为主的农业生产劳动,对支农服务的要求较少,农村信用社实际上也已经实行商业化经营。对这些地区的农村信用社,可以实行股份制改造,组建农村商业银行。2001年,江苏省常熟市农村商业银行、张家港市农村商业银行、江阴市农村商业银行成立,这是我国的首批3家农村商业银行。截至2022年,我国共有1 539家农村商业银行。

### (五)民营银行

建立民营银行主要是为了打破中国商业银行业单一国有垄断局面,实现金融机构多元化。作为金融市场的重要组成部分,民营金融机构特殊的产权结构和经营形式决定了其具有机制活、效率高、专业性强等一系列优点,因此,民营银行是中国国有金融体制的重要补充。民营金融机构的建立必然会促进金融市场的公平竞争,促进国有金融企业的改革。我国民营银行的批筹时间呈现出典型的政策周期特征,2014年共批筹5家民营银行,分别为前海微众银行、温州民商银行、天津金城银行、浙江网商银行与上海华瑞银行;2016年批筹12家民营银行,分别为重庆富民银行、四川新网银行、湖南三湘银行、安徽新安银行、福建华通银行、武汉众邦银行、北京中关村银行、江苏苏宁银行、山东蓝海银行、辽宁振兴银行、吉林亿联银行和梅州客商银行;2019年批筹2家民营银行,分别为江西裕民银行和无锡锡商银行。目前我国民营银行主要集中于民营经济较发达的四大直辖市以及广东、浙江、江苏等地。19家民营银行2020年底的总资产规模合计为12 660亿元,不过规模分化较为明显,第一梯队中的微众银行与网商银行的总资产合计占全部民营银行总资产的52%。

## 补充阅读 5-6

### 浙江网商银行

浙江网商银行成立于2015年6月25日,是由蚂蚁集团发起、银保监会批准成立的中国首批民营银行之一,以"无微不至"为品牌理念,致力于解决小微企业、个体户、经营性农户等小微群体的金融需求。

网商银行持续进行科技探索,深入布局前沿技术,是全国第一家将云计算运用于核心系统的银行,也是第一家将人工智能全面运用于小微风控、第一家将卫星遥感运用于农村金融、第一家将图计算运用于供应链金融的银行。作为一家科技驱动的银行,网商银行不设线下网点,借助实践多年的无接触贷款"310"模式(3分钟申请,1秒钟放款,全程0人工干预),为更多小微经营者提供纯线上的金融服务,让每一部手机都能成为便捷的银行网点。

【思考】

网商银行属于什么性质的银行?网商银行的出现会对传统商业银行产生什么样的影响?

资料来源:https://render.mybank.cn/p/c/18mgesuqrvnk/aboutUs.html.

## 四、非银行金融机构

### (一)证券公司

证券公司是专门从事股票与债券的承销、投资、代理投资,并为企业提供长期信贷业务的金融机构。我国证券公司的业务范围一般有:代理证券发行业务;自营、代理证券买卖业务;代理证券的还本付息和红利的支付;代理保管证券;接受委托代收证券本息和红利;接受委托办理证券的登记和过户;证券抵押贷款;证券投资咨询业务等。

2019年新修订的《中华人民共和国证券法》实施,进一步完善了证券公司设立制度,对证券公司实行按业务分类监管,建立以净资本为核心的监管指标体系。截至2022年底,我国境内共有证券公司106家,包括银河证券、申银万国、海通证券、国泰君安、广发证券等。

### (二)保险公司

保险业是一个极具特色从而具有很大独立性的系统,这一系统之所以被列入金融体系,是由于经办保险业务可以聚集大量保费收入。按世界各国的通例,这些保费收入将用于各项金融投资,而运用保险资金进行金融投资的收益又可积累更为雄厚的保险基金,从而促进保险事业的发展。

保险公司的业务范围为两大类:一是财产保险业务,具体包括财产损失保险、责任保险、信用保险等业务;二是人身保险业务,具体包括人寿保险、健康保险、意外伤害保险等业务。根据《中华人民共和国保险法》的规定,同一保险人不得同时兼营上述两类保险业务。另外,对保险公司的资金运用,除用于理赔给付外,其余只限于银行存款、政府债券、金融债券和国务院规定的其他资金运用形式,而不得用于设立证券经营机构和向企业投资。截至2023年9月1日,我国境内共有保险机构(总公司)248家。其中,保险集团12家,保险控股公司1家,财产险公司85家,人身险公司94家,再保险机构14家,保险资产管理公司33家,其他类型保险公司9家。

### (三)基金公司

证券投资基金管理公司,简称基金公司,是指经中国证券监督管理委员会批准,在中国境内设立,从事证券投资基金管理业务的企业法人。公司董事会是基金公司的最高权力机构。我国的基金都是契约型基金(美国的绝大多数基金是公司型基金),基金持有人、基金管理人、基金托管人是基金最重要的三方当事人。基金持有人即基金投资者,是基金的出资人、基金资产的所有者和基金投资收益的受益人。基金管理人是基金产品的募集者和基金的管理者,也就是基金管理公司,其主要职责是按照基金合同的约定,负责基金资产的投资运作,在风险控制的基础上为投资者争取最大的投资收益。基金托管人独立于基金管理人之外,对基金资产进行保管、清算、会计复核,以及对基金的投资运作进行监督,由依法设立并取得基金托管资格的商业银行来担任。

随着2003年《中华人民共和国证券投资基金法》的实施,我国基金业的发展进入了一个新的阶段,开放式基金取代封闭式基金成为市场发展的主流。截至2023年7月底,我国境内共有基金管理公司144家,其中,外商投资基金管理公司48家(包括中外合资和外商独资),内资基金管理公司96家;取得公募基金管理资格的证券公司或证券公司资产管理子公司12家、保险资产管理公司1家。

### (四)信托公司

信托公司,是指依照《中华人民共和国公司法》《信托投资公司管理办法》等法律法规规定设立的主要经营信托业务的金融机构。信托业务主要包括委托和代理两个方面的内容。前者是指财产的所有者为自己或其指定人的利益,将其财产委托给他人,要求按照一定的日的,代为妥善地管理和有利地经营;后者是指一方授权另一方代为办理一定的经济事项。

信托业务的关系人有委托人、受托人和受益人三个方面。转移财产权的人,即原财产的所有者是委托人;接受委托代为管理和经营财产的人是受托人;享受财产所带来的利益的人是受益人。信托的种类很多,主要包括个人信托、法人信托、任意信托、特约信托、公益信托、私益信托,自益信托、他益信托,资金信托、动产信托、不动产信托,营业信托、非营业信托,民事信托、商事信托等。

我国的信托投资公司是在改革开放后开始发展的。我国最早成立的中国国际信托投资公司创办于1979年10月,后来又陆续设立了一批全国性信托投资公司,如中国光大国际信托投资公司、中国民族国际信托投资公司等,以及为数众多的地方性信托投资公司与国际性信托投资公司。截至 2023 年 6 月,我国信托资产规模余额为 21.22 万亿元,其中投资类信托业务规模为 9.57 万亿元,在信托资产功能分类中占比最大,份额为 45.13%。

### (五)金融租赁公司

金融租赁公司是指经中国银行监督管理部门批准,以经营融资租赁业务为主的非银行金融机构。金融租赁公司开展业务的过程是:租赁公司根据企业的要求筹措资金,提供以"融物"代替"融资"的设备租赁;在短期内,作为承租人的企业只有使用租赁物件的权利,没有所有权,并要按租赁合同的规定,定期向租赁公司交付租金;租期届满时,承租人向租赁公司交付少量的租赁物件的名义贷价(即象征性的租赁物件残值),双方即可办理租赁物件的产权转移手续。

截至 2023 年,我国融资租赁企业的总数达到了 1 486 家,市场的结构发生了较大变化,多元化的发展方式和多重的融资模式正在兴起。

### (六)财务公司

财务公司又称金融公司,是为企业技术改造、新产品开发及产品销售提供金融服务,以中长期金融业务为主的非银行机构。财务公司在各国的名称不同,业务内容也有差异,但多数是商业银行的附属机构,主要吸收存款。中国的财务公司不是商业银行的附属机构,是隶属于大型集团的非银行金融机构。

目前,我国企业集团财务公司主要分布于家电、汽车、能源、石化、建材、电子、交通等国家支柱行业和行业内龙头企业。随着财务公司资产规模的增长、盈利能力的增强、资金归集的提升,其在企业中发挥的作用越来越显著。例如,贵州茅台集团、中国南车、海尔等数家知名企业目前都设立了财务公司。截至 2023 年 6 月,存续的财务公司有 247 家,其中 233 家所属集团有发过债券,并有主体评级。在主体评级中,有 10 家在 AA- 及以下,6 家主体评级为 C 级,2 家评级展望为负面。

### (七)证券交易所

证券交易所是依据国家有关法律,经政府证券主管机关批准设立的集中进行证券交易的有形场所。目前,中国境内有 3 家证券交易所,即上海证券交易所、深圳证券交易所和北京证券交易所。

我国的证券交易所按会员制方式组成,为证券集中交易提供场所和设施,组织和监督证券交易,实行自律管理,属于不以营利为目的的事业法人。其本身不持有证券,也不进行证券的买卖,更不能决定证券交易的价格,而是创造公开、公平、公正的市场环境,保证证券市场的正常运行。

### 补充阅读 5-7

**我国的三家证券交易所**

上海证券交易所(简称上交所)于 1990 年 12 月 19 日开业。上交所现已发展成为拥有股票、债券、基金、衍生品四大类证券交易品种,市场结构较为完整的证券交易所。上交所拥有可支撑上海证券市场高效稳健运行的交易系统及基础通信设施,拥有可确保上海证券市场规范有序运作、效能显著的自律监管体系。目前,上交所已经成为全球第三大证券交易所和全球最活跃的证券交易所之一。截至2022年底,上交所股票总市值、IPO筹资额分别位居全球第三名、第一名。

深圳证券交易所(简称深交所)于1990年12月1日开始营业。近年来,深交所产品种类日益丰富,市场规模稳步扩大,市场功能持续增强,吸引力和影响力不断提升,多项指标位居世界前列,成为全球最具活力的新兴市场之一。2022年,深市股票成交金额、融资金额、IPO公司家数和股票市价总值分别位列世界第三、第三、第四和第六位,在联合国可持续交易所倡议的对G20主要交易所碳排放量统计排名中,深交所表现最优。

北京证券交易所(简称北交所)于2021年9月3日注册成立,是经国务院批准设立的我国第一家公司制证券交易所,受中国证监会监督管理。经营范围为依法为证券集中交易提供场所和设施、组织和监督证券交易以及证券市场管理服务等业务。

资料来源:根据三家证券交易所官方网站信息整理。

### (八)资信评级机构

现行的国际信用评级体系由美国控制。与国际著名评级机构相比,我国评级机构规模小,经验不足,评级方法落后,评级结果的权威性有待提高。国内的评级公司尽管数量众多,但是经过多年市场优化,已经形成了几家主要的评级公司,分别是中诚信评级、联合资信、新世纪评级、大公国际、东方金诚、中证鹏元等六大评级公司,这六家评级公司占据国内评级市场份额的比例接近100%。

## 第四节 国际金融机构体系

### 一、全球性国际金融机构

#### (一)国际货币基金组织

国际货币基金组织(International Monetary Fund, IMF)是根据1944年联合国国际货币金融会议通过的《国际货币基金协定》建立的,是联合国的一个专门机构。在IMF建立之初,参与的成员国为39个,中国是IMF的创始国之一。截至2023年,IMF成员国已达190个。IMF具有三大重要使命:促进国际货币合作;支持贸易发展和经济增长;阻止有损繁荣的政策。为了完成这些使命,IMF成员国相互之间并与其他国际机构之间开展合作,以改善民众生活。

IMF对成员国政府负责,其资金来源为成员国的份额、信贷安排以及双边借款协议。其中,成员国的份额是IMF的主要资金来源。一个成员国的份额反映其经济规模和在世界经济中的相对地位。成员国在IMF投票权的多少取决于该国所认缴的基金份额。2016年1月27日,中国所认缴的基金份额占比从3.996%升至6.394%,这意味着中国正式成为IMF第三大股东,仅次于美国和日本。

IMF发行的"特别提款权"(Special Drawing Right, SDR)是一种国际储备资产,用以补充成员国的官方储备。SDR由IMF于1969年创造,是根据会员国认缴份额分配的一种账面资产,可用于偿还 IMF 债务、弥补会员国政府间国际收支逆差。在此以前,基金的记账单位是美元。全球分配总额目前约为 2 042 亿 SDR,约合 2 930 亿美元。IMF 成员国之间可自愿用 SDR 兑换货币。

IMF 的资金主要用于为成员国提供贷款。与开发性银行不同,IMF 不为特定项目提供贷款。IMF 主要为遭受危机的国家提供资金支持,从而为其赢得喘息空间,使其能够实施调整政策以恢复经济稳定和经济增长。此外,IMF 还提供预防性融资,帮助防范危机。

### (二)世界银行集团

世界银行集团由以下五个机构构成。

#### 1. 世界银行

世界银行(World Bank),又称国际复兴开发银行(International Bank for Reconstruction and Development, IBRD),是 189 个国家共有的全球开发合作机构。这是在 1945 年与国际货币基金组织同时成立的联合国专属金融机构,总部设在华盛顿。作为世界上最大的开发银行,世界银行主要向中等收入国家和资信良好的低收入国家提供贷款、担保、风险管理产品和咨询服务。中国是世界银行的创始国之一,目前是世界银行最大的借款国,也是执行世界银行项目最好的国家之一。

#### 2. 国际金融公司

国际金融公司(International Finance Corporation, IFC)是专门向经济不发达会员国的私有企业提供贷款和投资的国际性金融组织,于 1956 年建立,总部设在华盛顿。国际金融公司是世界上为发展中国家提供贷款最多的多边金融机构,其业务宗旨是促进发展中国家私营部门投资,从而减少贫困,改善人民生活。

#### 3. 国际开发协会

国际开发协会(International Development Association, IDA)是专门向较贫穷的发展中国家发放条件较宽的长期贷款的国际金融机构,于 1960 年建立,总部设在华盛顿。其宗旨是向最贫穷的成员国提供无息贷款,贷款多用于农业、乡村发展项目、交通运输、能源等领域,以促进它们的经济发展。

#### 4. 国际投资争端解决中心

国际投资争端解决中心(International Center for Settlement of Investment Disputes, ICSID)是一个专门解决国际投资争议的仲裁机构,总部设在美国华盛顿特区。该中心的宗旨是通过调解和仲裁的方式,在国家和投资者之间培育一种相互信任的氛围,从而促进国外投资不断增加。

#### 5. 多边投资担保机构

多边投资担保机构(Multilateral Investment Guarantee Agency, MIGA)成立于 1988 年,其宗旨是通过向私人投资者提供包括征收风险、货币转移限制、违约、战争和内乱风险在内的政治风险担保,并通过向成员国政府提供投资促进服务,加强其吸引外资的能力,从而促使外国直接投资流入发展中国家。

### (三)国际清算银行

国际清算银行(Bank for International Settlements, BIS)成立于 1930 年,是一家各国中央银

行合作的国际金融机构,其总部位于瑞士巴塞尔。国际清算银行的宗旨是促进各国中央银行之间的合作并为国际金融业务提供便利。目前,国际清算银行共有63家成员中央银行或货币当局。中国人民银行于1996年9月正式加入国际清算银行,也是该行亚洲顾问委员会的成员。2018年5月,中国人民银行行长易纲开始担任国际清算银行董事。

## 二、区域性国际金融机构

### (一)亚洲开发银行

亚洲开发银行(Asian Development Bank,ADB)简称亚开行或亚行,成立于1966年,是一个致力于促进亚洲及太平洋地区发展中成员经济和社会发展的区域性政府间金融开发机构,总部位于菲律宾首都马尼拉。亚行的宗旨是通过发放贷款和进行投资、技术援助,促进本地区的经济发展与合作。自1999年以来,亚行特别强调扶贫为其首要战略目标。

### (二)非洲开发银行

非洲开发银行(African Development Bank,AfDB)成立于1963年,是非洲国家政府合办的互助性国际金融机构,行址设在科特迪瓦首都阿比让。其宗旨是为成员国经济和社会发展提供资金,促进成员国的经济发展和社会进步,帮助非洲大陆制定发展的总体规划,协调各国的发展计划。

### (三)泛美开发银行

泛美开发银行(Inter-American Development Bank,IDB)成立于1959年,是由美洲及美洲以外的国家联合建立的、主要向拉丁美洲国家提供贷款的金融机构,行址设在华盛顿。泛美开发银行的宗旨是集中美洲各国财力,对经济和社会发展提供资金和技术援助,以发展成员国的经济。

### (四)亚洲基础设施开发银行

亚洲基础设施投资银行(Asian Infrastructure Investment Bank,AIIB)简称亚投行,成立于2015年,是一个政府间性质的亚洲区域多边开发机构,重点支持基础设施建设,成立宗旨是为了促进亚洲区域的建设互联互通化和经济一体化的进程,并且加强中国及其他亚洲国家和地区的合作,是首个由中国倡议设立的多边金融机构,总部设在北京。

## 思政专栏 5-2

### 亚投行助力高质量共建"一带一路"行稳致远

2023年是习近平主席提出共建"一带一路"倡议十周年,也是亚洲基础设施投资银行(亚投行)开业运营的第八个年头。多年来,亚投行不仅作为共建"一带一路"的重要投融资平台不断拓展资金融通渠道,还以其国际发展合作实践助力"一带一路"建设高质量发展。

2016年开业运营以来,亚投行"朋友圈"越来越大。2023年9月,亚投行成员数量增加到109个,成为仅次于世界银行的全球第二大多边开发机构。亚投行成员中以发展中国家为主体,同时包括不少发达经济体,这一独特优势使亚投行成为推进南南合作和南北合作的桥梁纽带。

亚投行聚焦缓解亚太经济体面临的基础设施建设融资瓶颈,旨在通过对成员方基础设施建设的投资为其经济发展提供重要支撑。截至2023年9月,亚投行已经累计批准项目235个,融资额超过448亿美元,带动各类资本近1 500亿美元。项目涉及交通、能源、卫生、教育、宽带网络等多个领域,几乎都分布在"一带一路"共建国家和地区,为当地经济发展和民生福祉做出了重要贡献。

立足当下,亚投行坚守初心使命,在守正创新中赢得新发展机遇。在高质量共建"一带一路"的新起点上,亚投行将充分发挥推进南南合作和南北合作的桥梁纽带作用,不断成长为构建人类命运共同体的创新实践平台,助力共建"一带一路"行稳致远。

资料来源:https://baijiahao.baidu.com/s?id=1780135312297880017&wfr=spider&for=pc。

## 复习思考题

**一、选择题**

1. 金融机构适应经济发展需求最早产生的功能是( )。
   A. 融通资金　　　　　　　　　　B. 支付结算服务
   C. 降低交易成本　　　　　　　　D. 风险转移与管理
2. 在一个国家或地区的金融监管组织机构中居于核心位置的机构是( )。
   A. 社会性公律组织　　　　　　　B. 行业协会
   C. 中央银行或金融管理局　　　　D. 分业设立的监管机构
3. 下列不属于商业银行的是( )。
   A. 中国工商银行　　　　　　　　B. 中国进出口银行
   C. 中国建设银行　　　　　　　　D. 中国农业银行
4. 下列不属于政策性银行的是( )。
   A. 国家开发银行　　　　　　　　B. 中国农业发展银行
   C. 中国进出口银行　　　　　　　D. 中国建设银行
5. 政策性银行的经营目标主要是( )。
   A. 获取最大限度的利润　　　　　B. 追求自身的安全性
   C. 实现政府的政策目标　　　　　D. 保证经营资金的流动性
6. 国际货币基金组织的最高权力机构是( )。
   A. 理事会　　　　　　　　　　　B. 董事会
   C. 会员国协会　　　　　　　　　D. 监管机构

**二、简答题**

1. 什么是金融中介机构?金融中介有哪些类型?
2. 金融中介机构的功能是什么?
3. 西方的存款类金融机构有哪几种?
4. 西方的投资类金融机构有哪几种?

5. 简述投资银行的种类。
6. 简述西方国家政策性金融机构的类型。
7. 我国的政策性银行有哪些?
8. 简述我国商业银行的类型。

## 案例分析题

### 普惠金融更好助企惠民

国家金融监督管理总局大连监管局

2013年11月,发展普惠金融首次被正式写入党的决议之中,并作为全面深化改革的内容之一。过去十年,我国普惠金融发展取得历史性成就,多项指标已高于全球平均水平,在助力全面建成小康社会方面发挥了积极作用。

一、机制之变:普惠金融体制机制更加完善

党的十八大以来,随着国家层面普惠金融战略的实施,各银行总行进一步明确普惠金融战略地位,持续推进普惠金融事业部建设。一是组织架构日趋完善。大中型银行普遍设立普惠金融专业部门。二是激励机制更加健全。推动辖内银行普惠金融类考核指标权重由平均不足6%提升至11%。在对分支机构主要负责人的考核中明确列出普惠金融业务指标。三是资源投入持续加大。银行内部资源分配坚持"普惠优先"原则,单列信贷计划,配足专项信贷额度,匹配专职业务人员。

二、市场之变:普惠金融服务重心不断下沉

小微企业金融需求层次多、差异大,金融服务仍存在不少"空白地带"。我们推动银行保险机构回归本源,有效扩大普惠金融服务覆盖面。一是开展"首贷培植"行动,强化对"无贷户"的信贷支持,加快企业从"无贷户"转为"首贷户"。二是推进农户信用建档,走入田间地头为新农主体建档评级、优先放款。三是加强"两增"监管引领,加大信贷支持力度,努力实现普惠型小微企业贷款增速高于各项贷款平均增速,提高小微企业贷款可得性。

三、科技之变:金融科技深度嵌入普惠金融应用场景

近年来,大型银行率先探索数字化转型,基于内外部多维度数据为企业画像,为符合条件的小微企业提供融资支持,有效破解了长期以来制约小企业融资业务的信息不对称难题,打造了"批量化获客、精准化画像、自动化审批、智能化风控、综合化服务"的数字普惠金融模式。如银行与保险公司合作,上线"种植e贷"产品,发放线上信用贷款,有效解决农户生产经营资金需求;与产业链核心企业合作,上线数字供应链产品,为其上下游众多小微企业提供全链条融资服务。

四、政策之变:差异化监管体系初步形成

大连监管局始终坚持目标导向和问题导向,广泛开展调查研究,适时调整政策方向,初步形成精准有效的差异化监管体系。一是强化监管引领,立足地方经济发展和产业结构特点,出台了涵盖小微金融、"三农"金融、科技金融、产业链金融等重点领域在内的综合化政策体系。二是优化监管手段,建立以监管评价为核心,数据监测、季度通报、基层走访、督查检查相结合的"1+N"监管工作体系。三是改进监管激励,探索研究差异化考核评价办法,开展"三农"、小微特色化监管评价工作,制定分支机构小微监管评价指标表,多层次引导辖内银行机构聚焦普惠金融重点领域和薄弱环节。

发展普惠金融责任重大,使命光荣。下一步,大连监管局将继续厚植金融为民理念,践行金融工作的政治性、人民性,更好地助企惠民,扎实推动共同富裕。

【思考】

(1)普惠金融为我国金融市场带来了什么改变?

(2)我国为什么要推行普惠金融政策?

资料来源:https://baijiahao.baidu.com/s?id=1780871064695663860&wfr=spider&for=pc.

# 第六章
# 商业银行

JINRONGXUE

## 学习目标

了解商业银行的产生与发展。

掌握商业银行的性质与职能。

掌握商业银行的主要业务。

掌握商业银行经营管理的原则。

了解商业银行经营管理理论。

## 导入案例

### 小山村"贷"来 4 300 万元的背后——绿色金融扶持乡村振兴

绿水青山到底价值几何?在生态资源丰富的革命老区山东临沂,当地积极探索生态价值转化机制。蒙山沂水间的古树、奇石,甚至是小山村,都可以打上价格标签,成为带动群众致富增收的金山银山,不少村子发展跃上新的台阶。

"前几天,蒙阴农商银行给我打电话反馈,300 万元贷款马上到账,我们可以多改造几间民宿了。"山东临沂蒙阴县百泉峪村党支部书记方国明告诉记者,这笔钱将用于党支部领办的乡村旅游合作社民宿提升,"接下来还有 4 000 万元贷款陆续发放,帮助村子吸引更多游客,增加村民收入。"

位于沂蒙山腹地的百泉峪村,是一个典型的偏僻小山村。过去一段时间,方国明响应生态建设号召,带领村民关闭矿厂,引入社会资本,修建起拦水坝、蓄水池,并栽植上苗木。曾经废弃的矿坑上建起了生态旅游项目,百泉峪村农家乐搞得有声有色,目前已发展了 40 家农家乐和民宿。

游客越来越多、环境整体提升、服务水平跟进……新的变化对百泉峪村发展提出了更高要求。一份生态系统生产总值(GEP)报告,为蒙阴县许多像百泉峪村这样靠生态吃饭的村庄解决了"升级"资金难题。

2021 年 9 月,蒙阴发布山东首份村级 GEP 核算报告,经初步核算,百泉峪村生态产品总价值 7 000 余万元。2022 年 3 月,蒙阴农商银行基于 GEP 核算报告创新开发了"GEP 贷",以村子生态产品价值作为质押担保,给予百泉峪村 3 个贷款主体 4 300 万元的授信额度。其中,给予百泉峪生态价值转换整村授信额度 2 000 万元,给予村党支部领办的合作社授信额度 300 万元。另外给予来村里进行旅游开发的公司授信额度 2 000 万元,这家公司瞄准了百泉峪村在生态旅游领域的口碑,在村里开发了综合性酒店,让这个百户生态山村有了接待大型团队的能力。这是革命老区破解乡村建设资金不足、探索生态资源转化的一个缩影。

乡村秀丽的山水、优质的旅游资源可以明码标价、用作抵押。围绕十类生态资源,临沂市明确"两山"转化范围,同时搭建"两山"转化平台,让生态优势转化为社会经济发展的动力。

【思考】

绿色贷款如何为乡村振兴提供支持?

资料来源:https://www.163.com/dy/article/H5AP5JMC0514R9L4.html。

# 第一节　商业银行的产生与发展

## 一、商业银行的产生

最早的现代商业银行产生于英格兰,英文 bank(银行)一词来源于意大利语 banca。在意大利文语境下,banca 原意是指商业交易所用的长凳和桌子;而在英文语境下,bank 一词原意指存放钱财的柜子,后来泛指专门从事货币存、贷和办理汇兑、结算业务的金融机构。汉语中的"银行"是指专门从事货币信用业务的机构。

近代银行起源于文艺复兴时期的意大利,当时的意大利处于欧洲国际贸易的中心地位。早在 1272 年,意大利的佛罗伦萨就已出现巴尔迪银行,这是为方便经商而设立的私人银行。随后,世界商业中心由意大利移至荷兰及欧洲北部。1609 年,荷兰成立阿姆斯特丹银行。1621 年,德国成立纽伦堡银行。这些银行除了经营货币兑换、接受存款、划拨款项等业务外,也发放贷款。这时,它们所经营的贷款带有高利贷性质,而且贷款对象主要是政府和拥有特权的企业。

此后,英国出现了从金匠业发展而来的银行。17 世纪中叶以后,随着资本主义生产关系在英国的逐步确立,英国的工商业迅速发展,需要有可以提供大量资金融通的专门机构与之相适应。金匠业以自己的信誉作为担保,开出代替金银条块的信用票据,得到人们广泛接受,便产生了更具有现代意义的银行。1694 年,英国政府为了同高利贷做斗争,维护工商业发展的需要,成立了一家股份制银行——英格兰银行,并规定英格兰银行向工商企业发放低利率贷款。英格兰银行的成立,标志着现代银行的诞生。

## 二、商业银行的发展

### (一)商业银行的形成途径

#### 1.从旧的高利贷银行转变而来

早期的银行是在资本主义生产关系还未建立时成立的,当时贷款的利率非常高,属于高利贷性质。随着资本主义生产关系的建立,高利贷因利息过高影响资本家的利润,制约资本主义发展,此时的高利贷银行面临着贷款需求锐减和关闭的威胁。不少高利贷银行顺应时代变化,降低贷款利率,转变为商业银行。这种转变是早期商业银行形成的主要途径。

#### 2.以股份公司形式组建

大多数商业银行是按资本主义组织原则、以股份公司形式组建而成的现代商业银行。最早建立资本主义制度的英国,也最早建立了资本主义的股份制银行——英格兰银行。当时的英格兰银行宣布以较低的利率向工商企业提供贷款。由于新成立的英格兰银行实力雄厚,很快就动摇了高利贷银行在信用领域的地位,英格兰银行也因此而成为现代商业银行的典范。英格兰银行的组建模式被推广到欧洲其他国家,商业银行开始在世界范围内得到普及。

### (二)商业银行的发展模式

#### 1. 英国式融通短期资金模式的商业银行

在这一模式下,商业银行资金融通具有明显的商业性质,主要业务集中于短期的自偿性贷款。银行通过贴现票据发放短期贷款,一旦票据到期或承销完成,贷款就可以自动收回。这种贷款与商业活动、企业产销相结合,期限短、流动性高,商业银行的安全性能得到一定保证,并获得稳定的利润。

#### 2. 德国式综合银行模式的商业银行

综合式的商业银行除了提供短期商业性贷款以外,还提供长期贷款,甚至可以直接投资于股票和债券,帮助公司包销证券,参与企业的决策与发展,并为企业提供必要的财务支持和咨询服务。至今,不仅德国、瑞士、奥地利等少数国家采用这种模式,而且美国、日本等国的商业银行也在向综合式商业银行转化。这种综合式的商业银行是"金融百货公司",商业银行的经营风险也会增加。

### (三)现代商业银行的发展趋势

#### 1. 银行业务的全能化

商业银行业务的全能化主要体现在以下几个方面。

(1)业务经营出现了证券化趋势。在国际金融市场上,各种传统的银行信贷越来越多地被各种各样的证券融资所取代,特别是进入20世纪90年代以来,债券融资方式所占比重平均都超过60%,在国际上,债券的发行总额已经超过了银行的信贷总额。与此同时,商业银行的资产业务也转换为证券的方式。商业银行将某笔贷款或一组贷款汇集起来,以此作为抵押发行证券,使其在市场上流通转让,因此可以大大提高商业银行资产的流动性。

(2)商业银行通过金融创新开发出许多新的中间业务和表外业务,以获取手续费收入,非利差收入在银行业收入中占比的大幅增加就是有力佐证。

(3)自20世纪80年代以来,随着金融自由化的发展,商业银行已经通过各种途径渗透到证券、保险等各个行业,金融业之间的界限日益模糊。以英美为代表的部分国家自20世纪30年代起盛行的分业经营体制开始松动,转向全能银行制度。美国在1999年通过了《金融服务现代化法》,允许银行、证券公司和保险公司混业经营,其核心内容就是废止《格拉斯—斯蒂格尔法》(1933年)——该法是维系美国半个多世纪的金融分业经营体制的法律。《金融服务现代化法》的通过,标志着金融分业经营在所有发达国家的寿终正寝。

▶▶ 思政专栏6-1

**齐鲁银行智慧App——智能、安全、有温度的App**

金融事业起于为人民服务,兴于为人民服务,必须充分体现人民性,以不断满足人民日益增长的优质金融服务需求为出发点和落脚点。服务广大金融消费者,维护金融消费者的合法权益,关系到广大人民群众的切身利益,是提升金融服务功能、维护金融稳定、增进人民福祉的重要措施。

长期以来,党中央、国务院高度重视金融消费者权益保护,持续推动提升金融消费者服务质效。在法律层面,我国出台消费者权益保护法、商业银行法、证券法、保险法等法律,这些法律均包含金融消费者权益保护的内容。在行政法规和规章层面,国务院、中国人民银行发布多项法规和规章,指导开展金融消费者保护和服务创新。例如,2015年,国务院发布《关于加强金融消费者权益保护工作的指导意见》,明确金融消费者的八大权利;2016年,国务院发布我国首个普惠金融国家战略规划《推进普惠金融发展规划(2016—2020年)》,推进实施普惠金融;2015年,中国人民银行发布《关于推动移动金融技术创新健康发展的指导意见》,强调移动金融是丰富金融服务渠道、创新金融产品和服务模式、发展普惠金融的有效途径和方法;2020年,中国人民银行将《金融消费者权益保护实施办法》升格为部门规章,增强金融领域的消费者权益保护。

2022年,中国互联网金融协会在金融行业范围内遴选出25个移动金融App创新实践典型案例,达到了可借鉴、可复制、可推广的效果,齐鲁银行智慧App就是其中的一个案例。

齐鲁银行智慧App将个人手机银行与直销银行、微信银行、网上银行充分融合,打造了集开放、智能、生态、场景、安全、易用、个性、敏捷等诸多优势于一体的个人线上金融综合服务平台。

一、无障碍改造,老年人轻松使用手机银行

专为老年人打造了应用舒适圈,推出语音银行、朗读模式、简爱版、声纹登录等关爱版本,全面落实助老适老政策,消除老年人与智慧App之间的使用隔阂:①运用AI技术,为客户提供语音智能客服导航服务;②推出声纹识别身份认证,实现登录功能;③对功能要求低、操作不便的客户,推出色彩对比度大、设计简单、输入简化的简爱版手机银行。

二、安全铃,保障老年客群资金安全

为预防电信诈骗,推出了安全铃功能。将父母账户与子女手机绑定,设置转账安全警戒线,转账收款人不明、金额超限时,将向子女手机发送警告通知,需子女进行二次认证。

三、安全锁,为账户加把锁

为守护客户资金安全,提供了手机银行锁、账户安全锁功能。夜间锁、ATM取现交易锁、POS刷卡消费锁为账户在特殊时间、特定渠道的消费、转账交易提供保护。境外锁、常用地锁开启后,境外、常用地之外的地区将无法进行ATM取现、跨行自助设备转账、刷卡消费功能。

资料来源:https://new.qq.com/rain/a/20230105A044L200。

**2. 银行资本的集中化**

由于银行业竞争的加剧以及金融业风险的提高,加之产业资本不断集中的要求,商业银行出现了购并的浪潮。特别是亚洲金融危机以来,国际银行业购并的个案层出不穷。从美国、瑞士、日本到亚洲金融危机的受灾国,都出现了大量的银行购并案。

1998年,银行业发生了一系列重大并购案。4月6日,美国花旗银行(Citibank)的母公司花旗公司(Citicorp)和旅行者集团(Travelers Group)宣布合并,成为仅次于大通曼哈顿银行的全美第二大金融集团。这是震动全球金融界的最大的一次跨行业合并。紧接着,美国国民银行与美洲银行宣布合并,美国第一银行与第一芝加哥银行结成联盟。12月1日,德意志银行宣布收购美国第八大银行(信孚银行)的全部股权,合并后成为全球资产规模最大的银行。这一系列合并直接导致集商业银行、投资银行和保险业务于一身的"全能银行"的产生。在欧洲和日本,银行业兼并浪潮也盛况空前。国际银行业进入了一个变革的时代,以兼并求发展,正成为20世纪90年代国际银行战略调整的一个突出特点,巨型的金融超市成了所有银行追求的目标。

### 3. 银行业务的数字化

金融科技创新推动着商业银行数字化转型,实现降本增效、提升金融供给能力的目标。商业银行的数字化进程具体体现在以下四个方面。

(1) 渠道数字化。渠道是银行与客户进行交互和服务的重要载体。随着互联网和移动设备的普及,客户对于线上渠道和"非接触式"服务的需求越来越高。为适应客户需求和市场变化,商业银行加快线上渠道的建设和优化。网银、手机银行、微信银行等线上平台成为银行线上用户的聚集地。以我国建设银行为例,2023年其手机银行日均交易量达到1.5亿笔,同比增长26.7%;手机银行日均交易金额达到1.8万亿元,同比增长36.7%;手机银行用户数达到4.5亿户,同比增长16.9%。

(2) 金融产品数字化。产品数字化的核心是将传统银行产品由"功能导向"转变为"需求导向",整个产品设计和服务流程全面围绕客户展开,以单个客户的实际需求为核心,结合前沿技术,提供差异化、智能化、场景化的金融产品和服务。

(3) 营销获客数字化。营销数字化的核心是将传统银行业务由"客户导向"转变为"用户导向",整个数字化营销流程全面围绕用户展开,以单个用户的实际需求为核心,结合大数据、云计算、人工智能等技术,精准刻画用户画像,全面捕捉用户生命周期。

(4) 风控数字化。风控数字化的核心是将传统银行风控由"规则导向"转变为"数据导向",整个风控流程全面围绕数据展开,以数据为基础,结合智能技术,提高风险识别、评估、控制和管理的效率和效果。

> **补充阅读 6-1**

#### 中国第一家无人银行诞生

2018年4月9日,中国首家"无人银行"——建设银行上海市分行九江路支行正式揭牌开业,这是人工智能在金融领域应用的重要成果。

在无人银行里,没有一个柜员,没有一个保安,也没有一个大堂经理,取而代之的是更高效率、懂你所要的智能柜员机。用户不用取号,不用排队,进门后直接在机器人那里一点就行。刷脸验证身份只要有了第一次,今后来无人银行办业务直接刷脸就能搞定,且90%以上现金及非现金业务都能办理,既不用带银行卡,也不用输银行卡密码,直接刷脸就行。甚至,这家无人银行已经超出了"银行"的概念,因为它同时还是一个拥有5万册书的"图书馆"。无人银行填补了传统服务的空白,呈现出现代金融科技服务的新气象。

资料来源:https://news.cctv.com/2018/04/14/ARTICYsyz2SUl3I8ZYypTnjH180414.shtml.

### 三、商业银行的组织结构

商业银行的组织形式是指商业银行在社会经济生活中的存在形式,主要有四种类型。

## (一)单一银行制

单一银行制也称单元银行制,即商业银行只有一个独立的银行机构,不设立分支机构。实行单一银行制度的商业银行在经营管理上较灵活,但其经营范围受到地域的限制,难以在大范围内调配资金,风险抵抗能力相对较弱。单一银行制在美国比较典型。

## (二)分支行制

分支行制也称总分行制度,是指银行机构除总行外,还在国内各地设立分支机构,总行一般设在大城市,所有分支行由总行统一领导和指挥。目前,世界上大多数国家主要采用这种制度,尤其以英国、日本、德国、法国最具代表性。我国也是以分支行制为主的国家。

## (三)持股公司制

银行持股公司制是指由某一集团成立持股公司,再由该公司控制两家以上银行或收购其股票,又称"集团银行制"。大银行通过持股公司可以把许多小银行置于自己的控制之下。银行持股公司有两种形式:一种是单一银行持股公司,即持股公司控制一家商业银行的股权,这种形式便于设立各种附属机构,开展多种非银行性质的金融业务,一般以大银行为主;另一种是多家持股公司,即持股公司控制两家以上商业银行的股权,这种形式便于银行扩展和进行隐蔽的合并,多以中小银行为主。截至1989年,美国的银行持股公司达到5 871家,所控制的存款总额占美国银行存款的90%左右。

## (四)连锁银行制

连锁银行制又称联合银行制,是指由某个人或某一集团通过购买若干家独立银行的多数股票,或以其他法律允许的方式取得对这些银行的控制权利的一种组织形式。在连锁银行制下,被控股银行在法律上是独立的,但其所有权和业务经营要掌握在控制这些银行的个人或集团手中。

### 补充阅读6-2

#### 民生银行的事业部制改革

庞大的企业组织形式能够在统一决策和统一指挥下,增强企业抗风险能力和获得比较稳定的利润。然而,金字塔形的管理模式容易导致管理层级多、信息传递速度慢、工作效率低、管理成本高等问题。构建扁平化的组织结构以减少管理层次、加大管理幅度,就成为克服金字塔形管理模式缺陷的选择。

扁平化的优点是:纵向联系沟通渠道缩短,从而加快信息传递速度和减少信息失真;管理人员减少,可以节省费用开支;提高资源的利用率;借鉴了流水线式的作业方式,增强了组织灵活性等。

我国四大国有商业银行和股份制商业银行纷纷推出自己的扁平化改革方案。民生银行在2007年启动该改革,是以事业部制实现扁平化改革的典型代表,其主要做法是按照产品和客户划分事业部。

一、针对产品设置事业部

民生银行在原有的贸易金融部、资金与资本市场部、投资银行部的基础上,实施事业部制改革,成立贸易金融部、金融市场部、投资银行部三个产品事业部,新增设立工商企业金融事业部和总行直属的机构金融部,后来根据业务需要,新设立了私人银行部。

产品事业部的主要职能是各自针对自己涉足的领域,在产品开发创新上结合民生银行自身特点及客户需求,给出解决方案,并及时在行内各业务部门推广。产品金融事业部也可自主开发业务,设立自营团队,利用总行的信息和资源优势,与大型机构、客户之间实现"总对总"的业务合作。

二、针对客户设置事业部

针对客户设置的事业部主要包括能源事业部、冶金金融事业部、交通金融事业部、地产金融事业部等,以及海洋渔业金融事业部、农业金融事业部、文化产业金融市场部等。

客户事业部按各地区行业分布和市场发展状况,根据市场规模和业务需要,在同一城市还可设立两个或者两个以上的事业部分部,如地产金融事业部在成都设立了地产一部、地产二部。各事业部分部直接接受事业部总部的管理,不受所在地分行管理,但在实际业务运用中,需借助所在地分行的网点结算、运营、法律合规、资产监控等部门的支持和配合完成业务的基础性工作。

民生银行随着产品和客户的变化,不断调整事业部的设置和职责,实现了内部组织架构的调整优化,如图6-1所示。

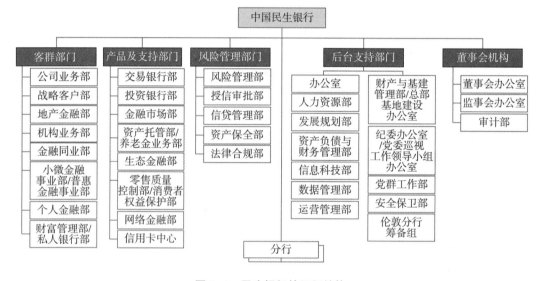

图6-1 民生银行的组织结构

资料来源:中国民生银行官网。

# 第二节 商业银行的性质与职能

## 一、商业银行的性质

### (一)商业银行是企业

商业银行是一种企业,具有现代企业的基本特征。和一般工商企业一样,商业银行也必须具备业务经营所需的自有资本,并达到管理部门所规定的最低资本要求;必须照章纳税;实行自主经营、自担风险、自负盈亏、自我约束;以获取利润为经营目的和发展动力。

### (二)商业银行是特殊的企业

商业银行与一般工商企业又有所不同。商业银行的特殊性表现在如下几个方面。

(1)商业银行的经营对象和内容具有特殊性。一般工商企业经营的是物质产品和劳务,从事商品生产和流通;商业银行以金融资产和负债为经营对象,经营的是特殊的商品——货币,经营内容包括货币收付、借贷以及各种与货币运动有关的金融服务。

(2)商业银行对整个社会经济的影响和受社会经济的影响具有特殊性。商业银行对整个社会经济的影响要远远大于其他企业,同时,商业银行受整个社会经济的影响也较其他企业明显。

(3)商业银行的责任具有特殊性。一般工商企业只以营利为目标,只对股东和使用自己产品的客户负责;商业银行除了对股东和客户负责外,还必须对整个社会负责。

### (三)商业银行是特殊的银行

商业银行既有别于国家的中央银行,又有别于专业银行和非银行金融机构。中央银行是国家的金融管理当局和金融体系的核心,它不对工商企业和个人办理信贷业务,只对金融机构和政府办理信贷业务;而商业银行是为工商企业和个人提供金融服务的金融机构。专业银行和各种非银行金融机构只限于办理某一方面和几种特定的金融业务,业务经营具有明显的局限性;而商业银行的业务经营则具有广泛性和综合性,已成为延伸至社会经济生活的"金融百货公司"和"万能银行"。

## 二、商业银行的职能

### (一)信用中介

信用中介职能是商业银行最基本、最能反映其经营活动特征的职能。信用中介职能就是指商业银行通过吸收存款、发行债券等形式,把社会上的闲置货币集中起来,再通过发放贷款或投资的形式把集中起来的资金提供给各个经济部门,商业银行成为资金供求双方之间融通资金的中介人。

### (二)支付中介

除了信用中介人之外,商业银行还可以充当收款人和付款人之间货币收支的中介人。商业银行办理货币保管、收付和转账结算,充当客户的"账房"和"出纳",发挥支付中介作用。当下,支付宝、微信等第三方支付渠道对商业银行支付中介地位带来巨大冲击,商业银行的支付功能日趋被弱化,结算业务收益被持续分流。

### (三)信用创造

信用创造职能包括两层含义:一是创造信用工具,如支票、本票等;二是创造信用量。商业银行是能吸收活期存款的金融机构,商业银行在支票流通和转账结算基础上,通过吸收存款和发放贷款,可以创造出数倍于原始存款的派生存款。商业银行信用创造是一个国家货币供给形成机制的重要组成部分,中央银行通过扩张和收缩货币供应量实现对宏观经济的调控都需要商业银行的配合才能完成。

### (四)金融服务

随着市场经济的迅速发展和人们生活水平的不断提高,各行各业都会对金融业提出更高、更多的要求;同时,国际经济金融一体化的推进使金融业的业务竞争日趋激烈,商业银行必然会对自己的金融服务提出新的要求。商业银行的金融服务职能不仅为广大客户提供了便利,树立了自己的形象,还可通过为客户提供广泛的服务来扩展自己的资产负债业务,从而获得盈利。

### (五)信息中介

商业银行通过自身所具有的规模经济和信息优势,有效地解决了因经济金融生活中信息不对称而导致的逆向选择和道德风险。商业银行与企业有着长时期的广泛而密切的联系,商业银行可利用信息优势收集借款者的信息,分辨贷款风险大小;为保证借款人按合约规定及时偿还贷款,还可成立专门的监督机构对借款人的行为进行监督。

## 第三节 商业银行的主要业务

### 一、负债业务

负债业务形成商业银行的资金来源,是商业银行开展资产业务的前提和条件。

#### (一)银行资本

商业银行的自有资本主要包括注册资本、资本公积、盈余公积和未分配利润。自有资本一般只占其全部负债的很小一部分,但起着极为重要的作用,不仅是银行存在和发展的先决条件,也为客户存款安全提供保障,同时还是银行正常经营的保障。

**1. 注册资本**

注册资本是商业银行设立时在工商行政管理部门登记的资本。为保证商业银行的正常经营、保护存款人的利益,各国都以法律的形式规定商业银行开业时必须具有一定的注册资本。在股份制商业银行中,注册资本主要表现为普通股,它是银行股金资本的基本表现形式,是一种所有权证明。

> **补充阅读 6-3**
>
> **我国商业银行的注册资本要求**
>
> 2015年修订的《中华人民共和国商业银行法》规定,设立全国性商业银行的注册资本最低

限额为 10 亿元人民币。设立城市商业银行的注册资本最低限额为 1 亿元人民币,设立农村商业银行的注册资本最低限额为 0.5 亿元人民币。注册资本应当是实缴资本。

2020 年 10 月 16 日,中国人民银行发布《中华人民共和国商业银行法(修改建议稿)》,其中提到的最低注册资本有了大幅度的提高:股份制商业银行为 100 亿元,城市商业银行为 10 亿元,农村商业银行为 1 亿元。

【思考】
提高商业银行注册资本最低限额对商业银行来说意味着什么?

### 2. 资本公积

资本公积是指商业银行在筹集资金中的资本溢价、股票溢价、法定资产重估增值以及接受捐赠的资产价值等。资本溢价是指商业银行设立时实际收到投资者投入的资金总额(实收资本)超过其注册资本的部分。股票溢价是指股票发行价格超过其面值的部分。有些国家法律规定,商业银行在开始营业时,必须拥有至少等于股金总额 20% 的资本公积。

### 3. 盈余公积

盈余公积是商业银行按照有关规定,从税后利润中提取的公积金,它既可以弥补亏损,又可转增银行资本。根据我国金融企业会计制度的规定,商业银行应在税后利润中提取 10% 作为盈余公积,当盈余公积达到注册资本的 50% 时可不再提取。

### 4. 未分配利润

未分配利润是商业银行在经过各种形式的利润分配后剩余的利润。这部分利润尚存于商业银行中,是商业银行增加自有资金的重要方法,特别是对那些难以进入股市筹资的商业银行来说,尤为如此。在经济发展缓慢、资金紧张或所得税税率较高时,商业银行往往也选择这种方法增加自有资金。

## (二)存款

存款业务是商业银行接受客户存入货币款项,存款人可随时或按约定期限提取款项的信用业务,是商业银行最主要的资金来源,通常占全部资金来源的 70%~80%。按传统存款划分方法,可将其分为三类。

### 1. 活期存款

活期存款主要是指可由存款户随时存取和转让的存款,它没有确切的期限规定,银行也无权要求客户取款时事先书面通知。持有活期存款账户的存款者可用各种方式提取存款,如开出支票、本票和汇票,电话转账,使用自动柜员机或其他方式。由于各种经济交易,包括信用卡、商业零售等,都是通过活期存款账户进行的,所以在国外又把活期存款称为交易账户。活期存款有以下特点:一是具有很强的扩张能力;二是流动性大、存取频繁;三是活期存款相对稳定的部分可用于发放贷款。

### 2. 定期存款

定期存款是指客户与银行预先约定存款期限的存款。存款期限通常为 3 个月、6 个月和 1 年不等,期限最长可达 5 年或 10 年。利率根据期限长短不同而存在差异,但都高于活期存款。定期存款可作为抵押品取得银行贷款。定期存款具有以下特点:一是带有投资性,也是银行稳定的资金来源;二是定期存款所要求的存款准备金率低于活期存款;三是手续简单,费用较低,风险性小。

### 3. 储蓄存款

储蓄存款主要是个人为了积蓄货币和取得一定的利息收入而开立的存款。储蓄存款也可分为活期存款和定期存款。储蓄存款具有两个特点:一是储蓄存款多数是个人为了积蓄购买力而进行的存款;二是金融监管当局对经营储蓄业务的商业银行有严格的规定。

除上述各种传统的存款业务以外,为了吸收更多存款,打破有关法规限制,西方国家商业银行在存款工具上有许多创新,如可转让支付命令账户、自动转账账户、货币市场存款账户及可转让大额定期存单等。

## (三)其他负债

借入资金是商业银行的一种持久增加资金来源的方式。它使商业银行可以持有较高比例的流动性较差的生息资产。商业银行的借款业务主要包括以下五类。

### 1. 向中央银行借款

商业银行向中央银行借款有两种方式:再贴现和再贷款。再贴现是指商业银行把贴现买进的尚未到期的商业票据出售给中央银行。再贷款是指商业银行开出本票或借据,以信用方式或者以政府债券、银行承兑汇票等作为抵押品的方式,直接从中央银行取得的贷款。商业银行向中央银行借款的主要目的是缓解本身流动资金不足的压力,不是用来发放贷款赚取利润。

### 2. 银行同业拆入

银行同业拆入是商业银行之间或商业银行与其他金融机构之间相互进行的资金融通。同业拆借的款项只能用于弥补商业银行在中央银行存款账户上的准备金不足,拆出资金则主要是商业银行在中央银行账户上的超额存款准备金。同业拆借款项一般期限都很短,有时是今借明还,常称为"隔日拆借"。我国目前同业拆借有 1 天、7 天、14 天、21 天、1 个月、2 个月、3 个月和 4 个月 8 个品种。同业拆借的款项具有利率低、期限短和不需要缴纳法定存款准备金的特点。

> **补充阅读6-4**

**中国人民银行授权使用存款保险标识**

为进一步完善存款保险制度,保护存款人合法权益,促进银行业健康发展,中国人民银行授权参加存款保险的金融机构自 2020 年 11 月 28 日起使用存款保险标识。对于金融消费者来说,通过这一标识就能立即识别自己的存款在这家金融机构是否有保障,直观又方便。

《存款保险条例》已于 2015 年 5 月 1 日起实施。存款保险又称存款保障,是指国家通过立法的方式对公众的存款提供明确的法律保障。保费由金融机构按规定交纳,存款人不需要交纳。实践证明,存款保险制度在保护存款人权益、及时防范和化解金融风险、维护金融稳定方面发挥了重要作用,已成为各国普遍实施的一项金融业基础性制度安排。图 6-2 为中国人民银行存款保险标识。

图 6-2 中国人民银行存款保险标识

使用存款保险标识是实施存款保险制度的一项重要内容,也是国际上的通行做法。我国的存款保险标识由中国人民银行统一设计,所有参加存款保险的银行业金融机构应当在境内各营业网点入口处显著位置展示存款保险标识。我国存款保险实行限额偿付,最高偿付限额为 50 万元。也就是说,同一存款人在同一银行所有存款账户的本金和利息相加在 50 万元以内的,可全额赔付。

资料来源:http://finance.sina.com.cn/wm/2020-11-28/doc-iiznctke3716514.shtml.

### 3. 向国际金融市场借款

商业银行在资金周转发生困难时,还可通过向国外金融机构借款来应急。根据向国外金融机构借款的期限,一般可划分三类市场:首先是短期市场,借款期限在 1 天至 1 年之间;其次是中期资金存放市场,期限通常是 1~5 年;最后是长期债券市场,即 5 年以上政府公债或公司债券发行、交易的场所。一般来说,商业银行向国外金融机构拆借资金主要发生在前两个市场。

### 4. 回购协议

回购协议是指商业银行在通过出售证券等金融资产取得资金的同时,约定在一定期限后按约定价格购回所卖出的证券,以获得即时可用资金的交易方式。回购协议最常见的交易方式有两种:一种是证券卖出和购回采用相同的价格,协议到期时以约定的收益率在本金外再支付费用;另一种是购回证券时的价格高于卖出时的价格,其差额就是即时资金提供者的收益。我国规定,回购协议的期限最长不得超过 3 个月。证券回购实际上是商业银行以证券作为担保、实现资金融通的方式。

### 5. 发行金融债券

金融债券是银行等金融机构为筹措资金而发行的一种债务凭证。对于债券的购买者而言,这是一种债权凭证,可以从发行者那里取得利息收入,到期收回本金;对于银行而言,这是一种债务凭证,银行借此筹措了资金,是银行的一项重要的资金来源。发行金融债券是商业银行筹措资金的一个重要渠道。金融债券可以区分为资本性金融债券和一般性金融债券。资本性金融债券是为了弥补银行资本不足而发行的一种债务,在性质上介于存款负债和股份资本之间,《巴塞尔协议》将其归入附属资本或次级长期债券。一般性金融债券是指商业银行为筹集用于长期贷款、投资等业务的资金而发行的债券。

## 二、商业银行的资产业务

商业银行的资产业务是其资金运用业务,是指商业银行将通过负债业务所积聚的货币资金加以运用并获取收益的业务。

### (一)现金资产

#### 1. 库存现金

库存现金是指商业银行为应付存款户提取现金和商业银行日常开支而保留的现金。为保证支付能力,商业银行必须保留足够的库存现金。但是,库存现金是没有收益的资产,过多则会影响商业银行的盈利能力。因此,商业银行在保证支付的前提下,应尽可能减少库存现金。

#### 2. 准备金存款

准备金存款分两种:法定存款准备金存款和超额存款准备金存款。根据法律规定,商业银行每吸收一笔存款,必须按规定比例存放一部分在中央银行,商业银行不能将该部分款项用于放款或支付。所规定的比率即为法定存款准备金率,其存款为法定存款准备金存款。最初建立法定存款准备金制度的目的是保护存款人的利益,现在法定存款准备金制度则成了中央银行的重要货币政策工具。超额存款准备金存款则是商业银行在中央银行的存款中超过法定存款准备金的存款,其流动性很强。

#### 3. 银行同业存款

银行同业存款是商业银行存放在其他商业银行的资金,主要目的是方便自身的清算业务。国外许多小银行将其资金存放在大银行中,以换取包括支票收款、外汇交易以及帮助购买债券等多种服务。

#### 4. 应收款项

应收款项是银行应收的清算款项,又称托收未达款、在途资金等。在银行办理转账结算业务中,由其他银行转入本银行的款项在尚未收到之时,即为托收未达款。这些款项是本银行对其他银行的资金要求权,在很短时间内,即可收到该款项。届时该银行的准备金存款或银行同业存款余额即可增加,因而可视同为现金,银行通常把这部分款项称为"浮存"。

### (二)贷款业务

贷款是商业银行最主要的资产业务,是商业银行将其所吸纳的资金按照一定的条件贷放给需要补充资金的企业或个人,从而获得收益的业务。贷款大都占到总资产的50%~70%。商业银行的贷款可以按照不同的标准划分为不同的种类。

#### 1. 根据贷款对象划分

根据贷款对象划分,可分为工商业贷款、农业贷款和消费贷款。工商业贷款是商业银行以工商业企业流动资产增加和固定资产更新、改造的需要为对象发放的贷款。农业贷款主要是为了满足农业生产的融资需求。消费贷款是银行向个人提供的用于购买消费品的贷款。

#### 2. 根据贷款的期限划分

根据贷款的期限划分,可分为短期贷款、中期贷款和长期贷款。短期贷款是指贷款期限在

1年以内(含1年)的贷款。短期贷款流动性强,风险较小。中期贷款是指贷款期限在1年以上、5年以下的贷款。长期贷款是指贷款期限在5年以上的贷款。基本建设等大型项目贷款属于长期贷款。长期贷款数额大,期限长,流动性差,风险大。

#### 3. 根据贷款方式划分

根据贷款方式划分,可分为信用贷款和担保贷款。信用贷款是指以借款人的信誉发放的贷款,其优点是手续简便、贷款限制条件少、适用面广,缺点是风险较大。担保贷款是以借款人提供的履行债务的担保而发放的贷款。

#### 4. 根据贷款风险程度划分

根据贷款风险程度划分,可分为正常贷款、关注贷款、次级贷款、可疑贷款、损失贷款五类。正常贷款指借款人能够履行合同,有充分把握按时足额偿还本息;关注贷款指借款人目前有能力偿还贷款本息,但是存在一些可能会对偿还产生不利影响的因素;次级贷款指借款人的还款能力出现了明显的问题,依靠其正常的经营收入已无法保证足额偿还本息;可疑贷款指借款人无法足额偿还本息,即使执行抵押或担保,也肯定要造成部分损失;损失贷款指在采取所有可能的措施和一切必要的法律程序之后,本息仍然无法收回,或只能收回极少的一部分。

### (三)贴现业务

贴现是银行应客户的要求,买进尚未到期的票据。票据买卖实际上是债权的转让,相当于银行间接贷款给票据支付人。银行把资金支付给申请贴现的企业,只有在票据到期时才能从付款人那里收回资金,因此,银行就要向客户收取一定的利息,称为贴现利息或折扣。

贴现的具体程序是:银行根据票面金额及既定贴现率,计算出从贴现日到票据到期日这段时间的贴现利息,并从票面金额中扣除,余额部分支付给客户;票据到期时,银行持票据向票据载明的支付人索取票面金额款项。贴现对象过去主要是商业票据,现在扩展到政府短期债券。

贴现业务和普通贷款的区别是:贷款是在放贷期末收取利息,而贴现则是在贴现业务发生时从票据面额中预扣利息;贷款期限有大于1年的,而贴现的票据期限一般较短,通常都是3个月到期,最长不会超过1年,到期即可收回;贷款的申请人是银行的直接债务人,而贴现的申请人并非银行的直接债务人,票据的出票人、承兑人和背书人均应对票面款项负责;贷款利率要略高于贴现利率。和贴现有关的计算公式如下:

$$贴现利息 = 票面金额 \times 贴现率 \times 贴现天数 / 360$$

$$贴现天数 = 贴现日到票据到期日实际天数 - 1$$

$$贴现利息 = 贴现金额 \times 贴现天数 \times 日贴现率$$

$$日贴现率 = 月贴现率 \div 30 = 年贴现率 \div 360$$

$$实际付款金额 = 票面金额 - 贴现利息$$

假设汇票金额为10 000元,到期日为2024年7月20日,持票人于4月21日向银行申请贴现,银行年贴现率为3.6%,则贴现利息 = 10 000 × 90 × 3.6% / 360 = 90(元),银行在贴现当日付给持票人9 910元,扣除的90元就是贴现利息。

### (四)证券投资

商业银行的证券投资业务是商业银行将资金用于购买有价证券的活动。此业务有分散风险、保持流动性、合理避税和提高收益等意义。商业银行投资业务的主要对象是各种证券,包括国库券、中长期国债、政府机构债券、市政债券或地方政府债券、公司债券。其中,国库券由于风险小、流动性强而成为商业银行重要的投资工具。随着银行业务综合化的发展,西方商业银行努力扩展证券投资的业务范围,商业银行兼营投资银行的业务甚至成为一种趋势。按照《中华人民共和国商业银行法》的规定,商业银行在境内不得从事信托投资和证券经营业务,不得向非自用不动产投资或者向非银行金融机构和企业投资,但国家另有规定的除外。因此,目前我国商业银行的证券投资业务对象主要是政府债券和中央银行、政策性银行发行的金融债券等,且规模都不大。

## 三、中间业务和表外业务

对于商业银行资产负债表内所显示的资产业务、负债业务之外的其他业务,金融界并没有一个统一认识。它或者称为中间业务,或者称为表外业务,国内一般称为中间业务。《中华人民共和国商业银行法》规定,商业银行可以经营包括办理国内外结算、发行银行卡、代理发行政府债券和外汇买卖、代收代付款项及代理保险业务、保管箱服务等在内的中间业务。

巴塞尔银行监管委员会将中间业务表述为表外业务,即不列入资产负债表而仅可能出现在财务报表脚注中的交易活动。表外业务有广义和狭义的区分。广义的表外业务是指所有不在资产负债表中反映的业务,具体包括金融服务类表外业务和或有债权、或有债务类表外业务。狭义的表外业务则是指或有债权、或有债务类表外业务。金融服务类表外业务是指那些只能为银行带来服务性收入而不会影响银行表内业务质量的业务,主要包括与贷款有关的服务、信托与咨询服务、支付服务、经纪人和代理人服务、进出口服务等业务。或有债权、或有债务表外业务是指不在资产负债表内反映,但在一定条件下会转变为资产业务和负债业务的或有资产、或有负债业务,它主要包括贷款承诺、贷款担保和金融衍生业务三大类,这也是通常所指的表外业务。

从上述定义可以看出,巴塞尔银行监管委员会定义的广义的表外业务的内容与中国人民银行定义的中间业务的内容基本一致,习惯上西方商业银行称表外业务,我国商业银行称中间业务。我国使用备案制的中间业务基本上就是巴塞尔银行监管委员会定义的金融服务类表外业务,而我国使用审批制的中间业务基本上就是或有债权、或有负债表外业务,是巴塞尔银行监管委员会定义的狭义表外业务。根据习惯,我们仍将商业银行资产负债表内所显示的资产、负债业务之外的其他业务划分为中间业务和表外业务。

### (一)中间业务

中间业务是指不构成商业银行表内资产、表内负债,形成商业银行非利息收入的业务。

#### 1. 结算业务

结算业务是指银行接受客户的委托,根据各种收付凭证,为客户办理各种货币收付的业务,主要有银行汇票、商业汇票、银行本票、支票结算、汇兑结算、委托收款和托收承付、信用证等结算方式。

#### 2. 信托业务

信托业务是指商业银行作为受托人接受客户委托,代为经营、管理或处置有关资产或其他事项,为信托人谋取利益的业务。商业银行对信托业务一般只收取有关手续费,而营运中所获得的收入则归委托人或其指定的收益人所有。同时,信托业不同于简单的代理活动,因为在代理关系中,代理人只是以委托人的名义、按委托人指定的权限范围办事,在法律上,委托人对委托财产的所有权并没有改变;在信托关系中,信托财产的所有权则从委托人转移到了受托人(商业银行信托部或信托公司)手中,受托人以自己的名义管理和处理信托财产。

### 3. 银行卡业务

银行卡是由商业银行等金融机构向社会发行的具有消费信用、转账结算、存取现金等全部或部分功能的信用支付工具。

银行卡包括信用卡和借记卡。信用卡分为贷记卡、准贷记卡两类。贷记卡允许先消费后还款,持卡人可在一定信用额度内透支。借记卡只允许存款后使用,持卡人必须在银行有存款才能支用。准贷记卡兼具贷记卡和借记卡的部分功能,使用时先存款后消费,存款计付利息,在购物消费时可以在发卡银行核定的额度内进行小额透支,但透支金额自透支之日起计息,欠款必须一次还清,没有免息还款期和最低还款额。贷记卡透支按月计收复利,准贷记卡透支按月计收单利,透支利率通常为日利率万分之五,并根据中国人民银行的此项利率调整而调整。

### 4. 代理业务

代理业务是指商业银行接受客户委托,代为办理客户指定的经济事务、提供金融服务并收取一定费用的业务,包括代理政策性银行业务、代理中国人民银行业务、代理商业银行业务、代收代付业务、代理证券业务、代理保险业务及代理其他银行的银行卡收单业务。

### 5. 租赁业务

租赁是出租人以收取租金为条件,将财产出租给承租人使用的经济行为。承租人按期缴纳租金,享有使用权,所有权仍归出租人。租赁业务一般由银行下属的或者独立的租赁公司和信托公司经营。对于银行来说,租赁业务是租金运用和服务提供相结合的业务。它由银行出钱购买特定的商品出租给承租人,然后通过租金形式收回资金。

### 6. 信息咨询业务

信息咨询是指商业银行依靠自身在信息、人才、信誉等方面的优势,搜集和整理有关信息,并通过对这些信息以及银行和客户资金运动的记录和分析,形成系统的资料和方案,提供给客户,以满足其业务经营管理或发展需要的服务活动。

### 补充阅读6-5

#### 大数据在商业银行中间业务中的应用

**一、大数据在支付结算类业务中的应用现状**

大数据的发展对商业银行产生了一定的影响。支付宝等第三方支付平台凭借自身的优势,可以通过自己的内部结算,免去银行的账号管理和转账手续,而且操作简单、服务个性化,这就造成了商业银行支付和结算业务的难度,减少了商业银行客户的数量;同时,通过大数据技术对消费者进行数据采集,对其消费能力、消费水平进行综合分析,并对其潜在用户进行深度挖掘,通过网络平台的优势,进一步降低一系列收费,从而为更多的客户提供相应的服务。比如,为了解决市场方大数据的收集与应用,建行选择对C端消费场景"惠市宝"进行升级,建立统一的结算平台,全面把握市场运营,实现智能化管理和大数据应用。

二、大数据在银行卡类业务中的应用现状

银行通过大数据的优势,大力拓展信用卡获客渠道,通过线上线下商户间合作等方式加强多场景切入,构建"信用卡＋"模式,不断加强信用卡跨界融合创新,构建权益丰富、特色鲜明的产品体系,推出联名卡、虚拟信用卡等创新产品,以此来满足不同客户的不同需求。比如工银白金数码卡,以工银白金数码卡为例,其特色是线上无实物,可实现秒批秒开,是信用卡行业的一大革新。

三、大数据在代理类业务中的应用现状

消费金融信托是一种新兴的金融产品,它与消费金融公司、小贷公司、电商平台、分期消费平台等机构合作,以满足不同消费人群的消费需要;针对海量数据信息的广泛性,构建具有创新性、更为完善的信托制、增强信托制,提高信托业的服务能力,提高客户的服务体验。例如,宁波银行通过持续加快"易托管"系统的功能建设,巩固了"易托管"系统的品牌和客户影响力;同时,通过丰富的管理经验和海量数据采集系统,为客户在系统服务、数据连接、估值等各方面提供专业、全面的服务支持,助力客户净值化转型。

资料来源:https://baijiahao.baidu.com/s?id=1736526070127591751&wfr=spider&for=pc。

### (二)表外业务

商业银行表外业务是指商业银行所从事的,按照会计准则不计入资产负债表内,不影响资产负债总额,但能改变当期损益及营运资金,从而提高银行资产收益率的活动。表外业务有狭义和广义之分。狭义的表外业务是指或有债权、或有债务类表外业务。广义的表外业务则除了狭义的表外业务,还包括结算、代理、咨询等无风险的经营活动,也就是我们前面介绍的中间业务。我们这里讨论的狭义表外业务,包括担保类、承诺类和金融衍生类三种类型的业务。

**1. 担保类表外业务**

担保类表外业务是指商业银行为客户债务清偿能力提供担保、承担客户违约风险的业务,包括四类业务,涉及四类文书:

(1)履约保证书是指银行应申请人的请求向受益人开立的保证申请人履行某项合同规定义务的书面保证文件;

(2)投标保证书是银行为客户(投标人)开立的保证投标人履行招标文件所规定的各项义务的书面保证文件;

(3)贷款担保是指担保银行应借款人的要求,向贷款人出具的一份保证借款人按照贷款协议的规定偿还贷款本息的书面保证文件;

(4)备用信用证是银行出具的保函性质的支付承诺,以保证申请人履行某种合约规定的义务,并在申请人没有履行该义务时,凭受益人在信用证有效期内提交的与信用证条款相符的文件或单据,向受益人支付一定的款项。

**2. 承诺类表外业务**

承诺类表外业务是指商业银行在未来某一日期按照事先约定的条件向客户提供约定信用的业务,主要有两类:

(1)贷款承诺是银行的一种授信方式,即银行向客户承诺在未来一定时期内,按照约定的条

件发放一定贷款,银行为此收取一定的费用;

(2)票据发行便利是根据事先和商业银行等金融机构签订的一系列协议,借款人可在一个周期内(一般为5~7年),以自己的名义周转性发行短期票据,从而以较低的成本取得中长期的资金融通效果。

### 3. 金融衍生类表外业务

金融衍生类表外业务是指商业银行为满足客户保值或自身风险管理等方面的需要,利用各种金融工具进行的资金交易活动,主要包括远期合约、金融期货、互换、期权等金融衍生业务。

表外业务为客户提供多元化的金融服务,能够有效地防范和转移风险,增加资金的流动性和来源渠道,提升银行的竞争力。但是,因为表外业务能改变当期损益及营运资金,所以一旦运用不好,将给银行带来经营风险,尤其是那些杠杆性高的金融衍生类表外业务。

## 补充阅读6-6

**金融科技公司对商业银行业务的挤出效应与赋能作用**

一、金融科技公司的挤出效应

随着金融科技的日益发展,非银行类金融科技公司逐渐在金融科技发展热潮中占据主体地位,其发展的互联网金融从负债端和资产端对商业银行产生了挤出效应,造成传统商业银行客户流失、吸储能力下降,降低其贷款市场份额,从而进一步降低其盈利能力。

(一)对商业银行负债业务的挤出效应

商业银行维持经营和追求盈利的手段就是以最低的成本吸收最多的存款,以便增大其流动性,发放更多的贷款。而金融科技就是从吸收存款的利率和规模上对商业银行的负债业务产生较大的影响。近年来,金融科技公司在我国发展越演越烈,国内大型金融科技公司例如蚂蚁集团、京东数科、陆金所和东方财富等都开始推出类似于"余额宝""零钱通"等短期货币基金,不用时可以产生稳定的收益,使用时便可以随时进行线上支付,随存随取的方便性优势使其大量地吸收了民间流动存款,与银行分羹,相关银行的吸储难度增加;随着国内民众理财意识逐渐增强,民众开始寻求更多样化的资产配置渠道,金融科技公司也开发出各种特色理财产品,挤占了负债业务的市场份额,对银行的负债业务产生了较大的冲击。

(二)对商业银行资产业务的挤出效应

金融科技公司对商业银行的贷款业务和证券投资业务冲击较大。金融科技公司开发的多种类型小微贷款产品借助其贷款门槛低、审批快、放款快、分期方便等优势,吸引了大量的小额贷款客户群体。例如支付宝的"借呗"、腾讯的"微粒贷"、京东的"京东白条"等网络信贷都在一定程度上分流了银行的贷款客户,挤压了商业银行在个人贷款市场的份额。此外,金融科技公司开发的各种证券投资App、股票交易软件等产品,如"同花顺""东方财富""腾讯自选股",也在不断蚕食商业银行证券投资业务的市场份额。

二、商业银行金融科技的赋能作用

(一)增强了商业银行盈利能力

一方面,金融科技的核心技术云计算、人工智能、大数据的信息处理能力和云储存空间可以快速高效地实现数据共享和分析,商业银行业务实现线上营销,通过分析不同客户的需求,精准投放和推销各种理财产品,突破传统银行营业时间的限制,实现客户随时交易,提升了其获客的能力。

另一方面,金融科技技术在管理方面提高了内部管理水平和效率,使决策更具有科学性和有效性。金融与科技的结合使得现代银行突破传统银行的经营模式,开启了智能化时代,借助人工智能等技术对银行网点的软件和硬件进行转型升级,例如引入智能柜员机、智能柜台、无人银行和数字机器人,依靠语音助手和人工智能算法来协助不同的客户办理银行业务。如此一来,精简了银行业务的办理程序,大大地降低了业务成本。

(二)降低了商业银行风险承担

风险管理能力是衡量商业银行稳定性的重要方面,金融科技在风险前识别、风险后评估和风险管理流程三个方面可以提高商业银行风险管理的有效性、准确性和稳定性。

风险前识别方面:金融科技的云计算能力和大数据技术可以改变传统商业银行的风险数据结构,吸收更多的外部个体消费者、群体消费者及行业的数据,丰富数据维度,实现海量数据的即时运用和分析,做到风险前的预警,一旦有异常情况,银行即刻将风险扼杀在摇篮里。

风险后评估方面:更全面地捕捉风险数据,分析违约行为数据,建立智能化风险评估系统,刻画违约群体"画像",并建立信用报告,能够帮助商业银行即时监控各种风险变化。

风险管理流程方面:打通前后端数据流通,避免部分信息孤立,建立和更新简化规范的风险管理流程,升级和优化内部的风险管理体系,提升风险管理效率和精确度。

资料来源:https://baijiahao.baidu.com/s?id=1755431290445502517&wfr=spider&for=pc.

## 第四节　商业银行的经营管理

### 一、商业银行经营管理的原则

#### (一)安全性

安全性是指商业银行在运营过程中资产免遭损失的可靠程度。商业银行需要尽可能地规避风险,保证收益的安全与稳定,使自身健康、安全地发展。这不仅是银行本身发展的要求,而且是社会对在经济领域中居于重要地位的商业银行的客观要求,也是商业银行社会责任感、优良社会形象的体现。

#### (二)流动性

商业银行的流动性即商业银行能够在不遭受损失的条件下满足存款客户提存或贷款、投资、内部管理等对现金的要求,其包括资产的流动性和负债的流动性。资产的流动性是指资产的变现能力,其衡量标准有两个:一是资产变现的成本;二是资产变现的速度。资产变现的成本越低、速度越快,流动性越强。负债的流动性是指银行以适当的价格取得可用资金的能力,其衡量标准也有两个：一是取得可用资金的价格；二是取得可用资金的时效。可用资金的价格越低，时效越短，负债的流动性越强。

### （三）盈利性

盈利性是指商业银行获得利润的能力。商业银行作为金融企业，在业务经营活动中同样力求获得最大限度的利润。盈利性水平提高，可以增强银行信誉和实力，吸引更多的客户；同时也可以增强银行承担经营风险的能力，避免因资本大量损失而带来破产倒闭的危险。

盈利性原则和安全性原则、流动性原则在一定意义上是统一的。但是在实际经营活动中，它们之间往往又存在一定的矛盾和冲突。从盈利性角度看，商业银行的资产可以分为盈利性资产和非盈利性资产，资金用于盈利性资产的比重越高，商业银行收取的利息就越高，盈利规模也越大。从流动性角度看，非盈利性资产如现金资产可以随时用于应付存款的提现需要，具有十足的流动性，因而现金资产的库存额越高，商业银行体系应付提现的能力越强，商业银行的流动性越强。从安全性角度看，一般情况下，具有较高收益资产的风险总是较大的，为了降低风险、确保资金安全，商业银行不得不把资金投资于收益率较低的资产。

### 思政专栏 6-2

#### 新时代金融工作的"新三性"

银行经营遵循"三性"原则，即安全性、流动性、盈利性。党中央提出了新时代金融工作的"新三性"：政治性、人民性、专业性。围绕这"新三性"要求，商业银行应该做到三个"坚定不移"：坚定不移服务实体经济；坚定不移支持共同富裕；坚定不移走高质量发展之路。

一是坚持金融的政治性，坚定不移服务实体经济。坚持金融工作的政治性，要以改革开放作为金融发展的根本动力；坚守金融工作的人民性，要以服务实体经济为根本目标。要优化金融资源配置，加大对普惠小微、科创、绿色低碳、制造业等重点领域的支持力度；落实落细金融服务小微企业、民营企业敢贷会贷长效机制；以客户为中心，以专业、精准、便利的金融服务为客户创造价值。

二是坚持金融的人民性，坚定不移支持共同富裕。中国式现代化是全体人民共同富裕的现代化。金融助力共同富裕不能仅停留在通过高质量发展创造更多的财富，更要着力解决现存资源配置中的不均衡问题。公益金融服务的内涵，是以公益为出发点和落脚点，以社会整体效用最大化为目标，丰富完善公益金融产品和服务工具，创新"财富升维"机制，形成社会价值共创生态。

三是坚持金融的专业性，坚定不移走高质量发展之路。当前银行业资产规模占比超过我国金融业资产规模的90%，银行业作为金融体系的核心，更有责任成为稳定经济发展的"压舱石"。国有银行、全国性股份行、主要城商行等大中型银行不仅要通过自身经营转型来平滑经济周期影响，实现从"大"到"强"的高质量发展，促进经济发展稳中求进；更要发挥好领头雁作用，帮助中小银行寻找一个穿越经济周期的经营模式，以高质量的发展消化不良资产，切实降低金融风险。

资料来源：https://www.sohu.com/a/617933859_481887.

## 二、商业银行经营管理理论

### （一）资产管理理论

资产管理理论产生于商业银行建立初期，直到20世纪60年代，该理论都在银行管理领域中占据着统治地位。这种理论认为，由于银行资金来源大多是活期存款，提存的主动权在客户，银行管理起不了决定作用；但银行掌握着资金运用的主动权，因此银行应侧重于资产管理，争取在资产上协调流动性、安全性与盈利性问题。资产管理理论的演进经历了三个阶段：商业性贷款理论、转移理论和预期收入理论。

#### 1. 商业性贷款理论

商业性贷款理论又称真实票据理论，盛行于英国式银行，其思想为早期商业银行进行合理的资金配置与稳健经营提供了理论基础。此理论认为，银行资金来源主要是流动性很强的活期存款，银行经营的首要宗旨是满足客户兑现的要求，所以，商业银行必须保持资产的高流动性，才能确保不会因为流动性不足而给银行带来经营风险。因此，商业银行的资产业务应主要集中于以真实票据为基础的短期自偿性贷款，以保持与资金来源高度流动性相适应的资产的高度流动性。短期自偿性贷款主要指的是短期的工商业流动资金贷款。

#### 2. 转移理论

转移理论又称转换理论，此理论认为，银行保持资产流动性的关键在于资产的变现能力，因而不必将资产业务局限于短期自偿性贷款上，也可以将资金的一部分投资于具有转让条件的证券上，作为银行资产的二级准备，在满足存款支付时，把证券迅速而无损地转让出去，兑换成现金，保持银行资产的流动性。转移理论沿袭了商业性贷款理论应保持高度流动性的主张，但突破了商业性贷款理论对银行资金运用的狭窄局限，扩大了银行资金组合的范围，增强了商业银行的盈利性。

#### 3. 预期收入理论

预期收入理论是一种关于资产选择的理论，它在商业性贷款理论的基础上，进一步扩大了银行资产业务的选择范围。这一理论认为，贷款的偿还或证券的变现能力，取决于将来的收入即预期收入。如果将来收入没有保证，即使是短期贷款也可能发生坏账或到期不能收回的风险；如果将来的收入有保证，即便是长期放款，仍可以按期收回，保证其流动性。只要预期收入有保证，商业银行不仅可以发放短期商业性贷款，还可以发放中长期贷款和非生产性消费贷款。

以上三种资产管理理论反映了商业银行在不同发展阶段经营管理的特点，在保证银行资产流动性方面各有侧重。商业贷款理论主要通过短期放款来保证银行资产流动性；转让理论是在金融市场得到一定发展、金融资产交易普遍化的条件下，通过金融资产的交易来保证流动性；预期收入理论则主要是从贷款和投资的清偿条件来考虑资产安全性和流动性的。

### （二）负债管理理论

负债管理理论盛行于20世纪五六十年代的西方商业银行。负债管理理论认为，银行资金的流动性不仅可以通过强化资产管理获得，还可以通过灵活地调剂负债达到目的。商业银行保持资金的流动性，无须经常保有大量的高流动性资产，通过发展主动型负债的形式，扩大筹集资金的渠道和途径,也能够满足多样化的资金需求,以向外借款的方式也能够保持银行资金的流动性。此理论带来了商业银行经营管理思想的创新,在观念上变被动存款为主动借款,为银行找到了保持流动性的新方法。

### (三)资产负债综合管理理论

20世纪70年代后期,各种新型金融工具和交易方式以各种形式抬高资金价格,市场利率大幅上升,使负债管理理论在提高负债成本和增加银行经营风险等方面的缺陷越来越明显地暴露出来。同时,随着西方各国银行管制的放松和金融自由化浪潮的涌现,商业银行在金融市场上寻求融资的主动权增加,吸收存款的压力减少,这一切使商业银行由单纯的负债管理转向资产负债综合管理。

资产管理理论过于注重流动性和安全性,而忽视了盈利性;负债管理理论虽然较好地解决了盈利性和流动性之间的矛盾,但过多的负债经营又会给银行带来更大的经营风险;资产负债综合管理理论通过资产与负债结构的全面调整,实现商业银行流动性、安全性和盈利性管理目标的均衡发展。

### (四)资产负债外管理理论

20世纪80年代后期以来,银行的发展重心和竞争焦点已逐渐转向金融服务领域,以服务为重点的经营管理理论应运而生。资产负债外管理理论主张银行从正统的负债和资产业务以外的范围去寻找新的经营领域,从而开辟新的盈利源泉。这种理论认为,存贷业务只是银行经营的一条主轴,在其旁侧可以延伸发展起多样化的金融服务。同时,这种理论还提倡将原本属于资产负债表内的业务转化为表外业务,以降低成本。在资产负债外管理理论的影响下,商业银行的表外业务迅速发展,各种服务费收益在银行盈利中的比重日益上升。

**复习思考题**

**一、选择题**

1. 在商业银行总分行制的外部组织形式中,(　　)是指总部负责管理下属分支机构的业务活动,自身并不经营具体的银行对外业务。
   A. 总行制　　　　　　　　B. 单一制
   C. 连锁制　　　　　　　　D. 管理处制

2. 商业银行从事的不列入资产负债表内但能影响银行当期损益的经营活动,是商业银行的(　　),且其可以有狭义和广义之分。
   A. 资产业务　　　　　　　B. 负债业务
   C. 表外业务　　　　　　　D. 中间业务

3. 在商业银行经营管理理论演变的过程中,把管理重点主要放在资产流动性上的是(　　)理论。
   A. 资产管理　　　　　　　B. 负债管理
   C. 资产负债管理　　　　　D. 全方位管理

4. 商业银行利用其吸收的存款,通过发放贷款的方式,创造出更多的存款,体现了商业银行的( )职能。
   A. 信用中介　　　　　　　　　　B. 支付中介
   C. 信用创造　　　　　　　　　　D. 金融服务职能

5. 按贷款的质量进行分类,( )的损失概率最多不超过5%。
   A. 正常贷款　　　　　　　　　　B. 关注贷款
   C. 次级贷款　　　　　　　　　　D. 可疑贷款

6. 商业银行通过负债业务将社会闲散资金集中起来,然后通过资产业务将其运用于社会需要资金的部门,体现了商业银行的( )职能。
   A. 信用中介　　　　　　　　　　B. 支付中介
   C. 信用创造　　　　　　　　　　D. 金融服务

7. 强调银行贷款以商业行为为基础、以真实票据作抵押的理论,被称为( )。
   A. 资金转移理论　　　　　　　　B. 预期收入理论
   C. 资产管理理论　　　　　　　　D. 商业贷款理论

8. 以下属于商业银行被动负债的是( )。
   A. 同业拆借　　　　　　　　　　B. 发行金融债券
   C. 再贴现　　　　　　　　　　　D. 长期存款

9. 我国商业银行的组织形式是( )。
   A. 单一银行制　　　　　　　　　B. 连锁银行制
   C. 分支行制　　　　　　　　　　D. 银行持股公司制

## 二、简答题

1. 商业银行和一般工商企业的区别是什么?
2. 商业银行的资金来源主要有哪些?
3. 商业银行的资产业务有哪些?
4. 商业银行的中间业务与表外业务有何联系和区别?
5. 商业银行有哪些中间业务?
6. 简述商业银行的经营原则以及它们之间的关系。

## 案例分析题

### 美国硅谷银行"倒下"的背后

2023年3月10日,美国加州金融监管机构宣布,因"流动性不足与资不抵债",关闭硅谷银行,同时任命美国联邦存款保险公司(FDIC)为破产管理人。硅谷银行是2008年金融危机以来美国关闭的最大银行,也是仅次于华盛顿互惠银行的美国史上第二大破产银行。硅谷银行破产背后的深层原因主要体现在三个方面。

一、硅谷银行的业务不同于传统的美国银行

硅谷银行的主要客户不是普通个人或者企业,而是美国硅谷的初创科技企业及其投资人。硅谷银行的核心业务是吸收初创科技企业的存款,并向风险投资公司和初创企业提供贷款。

二、量化宽松时期,硅谷银行的投资策略导致期限错配

新冠疫情暴发后,美联储为应对经济衰退,在2020年至2021年间采取了大规模的量化宽

松政策,使市场上流通的美元增加,市场流动性充足。一些初创科技企业获得巨大融资支持后,将大量富余资金以短期存款形式、以约0.25%的利率存在硅谷银行,导致硅谷银行存款规模急剧膨胀。为提高资金利用率,硅谷银行将新增存款的大部分投资于可供出售证券(AFS)和持有至到期证券(HTM)。然而,硅谷银行的新增存款多为活期存款,而AFS和HTM证券的久期较长。这种"短债长投"的投资策略,使硅谷银行产生了期限错配问题。

三、美联储加息导致硅谷银行出现流动性困难和潜在亏损

美联储大规模的量化宽松导致美国通胀严重,为抑制通胀,美联储开始持续加息。2022年至2023年3月,美联储连续八次加息。加息导致了三个后果:初创科技企业从银行提款需求增加,硅谷银行存款规模缩小;银行获得存款的成本上升,盈利能力下降;银行持有的美债和MBS等资产的价格大幅下降导致其债券资产出现巨额账面浮亏。

由于硅谷银行没有像其他银行那样通过利率掉期等手段锁定利率风险,其不得不以亏损价格卖出美债,并希望通过市场融资补充资本。然而,市场并不认可这一计划,最终导致硅谷银行破产。

硅谷银行破产引发了市场担忧,恐慌情绪蔓延。硅谷银行的破产反映了美国宏观经济运行中存在的一些问题,如过度的量化宽松以及之后的频繁加息,造成市场以及微观经营主体的金融风险过大。硅谷银行关闭以后,美国相继又有签名银行、富国银行等发生关门和挤兑现象。这就说明,如果该问题进一步发酵,有可能造成更大范围的市场恐慌,甚至影响到美国的金融体系安全。

【思考】

(1)什么是美国所推行的"量化宽松"管理政策?

(2)美联储的加息对商业银行有着哪些影响?

(3)美国银行业相继出现的危机对我国商业银行的经营管理有哪些启示?

资料来源:https://baijiahao.baidu.com/s?id=1760601639134925149&wfr=spider&for=pc.

# 第七章
# 中央银行与金融监管

JINRONGXUE

## 学习目标

了解中央银行产生和发展的过程。

掌握中央银行的体制。

掌握中央银行的性质与职能。

掌握中央银行的资产和负债业务。

掌握金融监管的含义与主要内容。

理解中国金融业经营模式及金融监管体制的发展演变。

## 导入案例

### 长征路上的"扁担银行"

长征路上,金融战是一场没有硝烟的战争,赢得的是红军的信誉、中国共产党的声望。在红军长征途中,有一支特殊编队,这支队伍由上百人组成,装备的"武器"不是长枪、刺刀,也不是炸弹、大炮,而是100多副扁担挑子,他们肩挑着苏维埃国家银行的全部资财。在艰难的革命岁月里,苏维埃国家银行保障了红军的物资供给,守护着红色金融的"火种",因此,它也被称为"扁担银行"。

红军长征期间,苏维埃国家银行发挥了重要作用,苏维埃钱币成为党和红军宣传和联系群众的纽带,见证了红军长征艰辛的历程。1935年1月,中央红军进入黔北重镇遵义,中央决定在遵义发行苏维埃钱币。为了让老百姓信任苏维埃钱币,红军在多个场合带头使用,以极低的价格向老百姓出售紧缺物资。苏维埃钱币很快获得了百姓信任,并被亲切地称为"红军票"。在红军撤离遵义城前夕,为了不让老百姓蒙受损失,增设了兑换点,通宵为老百姓把苏维埃钱币兑换成银元、食盐等。

尽管苏维埃货币流通的时间不长,但在长征中发挥了极其重要的作用。如今我们再看到这些"红军票",回想起当年的峥嵘岁月,不得不感慨于"扁担银行"的传奇经历。它不仅为红军行军打仗提供了有力保证,也为红军赢得了信誉,赢得了声望,赢得了老百姓的心。

资料来源:https://movement.gzstv.com/news/detail/KlDEx/.

# 第一节 中央银行的产生与发展

中央银行(Central Bank)是专门制定和实施货币政策、统一管理金融活动并代表政府协调对外金融关系的金融管理机构。在现代金融体系中,中央银行处于核心地位,是一国最重要的金融管理当局和宏观经济调控部门。中央银行通过特定业务活动和法律授权的管理方式履行自己的职责,是一个国家或地区制定和实施货币政策、监督管理金融业、防范金融风险、规范金融秩序及维护金融稳定的主管机构,也是一国最重要的宏观经济调控部门之一。

## 一、中央银行的产生

### (一)中央银行产生的历史背景

中央银行起源于17世纪中后期。当时,科技发明和大机器的使用推动欧洲商品经济快速发展,以货币关系为特征的银行信用逐步替代商业信用成为信用的主要形式。信用关系的发展促进了社会化大生产和商品经济的发展,商品经济的进一步发展反过来又促进了信用关系的扩展。这为欧洲大陆的货币兑换商转变成银行并开展银行业务创造了条件。银行业务的重心逐渐由货币兑换、金银保管和高利贷的传统形式转变为发行银行券、为企业办理转账和为新兴行业提供融资及服务。

### (二)中央银行产生的必然性

当商业银行与金融业务发展到一定阶段时,银行的种类和数量不断增多,资本迅速扩大,而且银行之间的竞争也日益激烈。商业银行的发展促进了商品经济的发展,同时也带来了一系列问题,如银行券发行混乱、票据交换和清算错综复杂、最后贷款人问题等,中央银行正是为了解决上述问题而产生的。具体来说,中央银行的产生适应了以下三方面的需要:统一银行券发行的需要;保证银行支付能力(建立银行最后贷款人制度)的需要;统一票据交换及清算的需要。

## 二、中央银行制度的建立与发展

中央银行的产生基本上有两条渠道:一是信誉好、实力强的大银行由政府不断赋予一定的特权并最终发展为中央银行;二是由政府出面直接组建中央银行。从17世纪中后期中央银行萌芽阶段开始迄今为止的300多年历史中,中央银行制度经历了初步形成、普及与发展、完善与健全三个阶段。

### (一)中央银行制度的初步形成

早期的中央银行在开始时是普通的商业银行。在银行业的发展过程中,有些银行经营有方,不断扩充自己的实力,逐步发展壮大而成为实力雄厚、信誉卓著的大银行。于是,一些国家的政府为了社会经济发展的客观需要,就以法律形式规定由一家或几家大银行集中发行银行券,同时禁止其他银行擅自发行。这些独享银行券发行特权的银行成为与众不同的"发行的银行",因而独享货币发行垄断权,这是中央银行区别于商业银行的最初标志。

当某家大银行获得了发行银行券的特权后,由于资金实力增强,就能够在其他普通中小商业银行资金不足时,向它们发放贷款或办理票据再贴现。许多商业银行也逐渐把现金准备的一部分存入发行银行。它们彼此之间的清算也通过发行银行来办理,发行银行逐渐成为全国统一的、有权威的清算中心。另外,由于发行银行资金雄厚,常常在国家遇到财政困难时为政府融通资金,政府也从自身需要出发,利用发行银行分支机构较多的优势,委托其代理国库,办理政府的国库收支、财务代理和财政性存款等业务。这一切都大大加强了这些银行的特殊地位,久而久之,这些银行便逐渐放弃对普通工商企业的信用业务,专门与商业银行和国家往来,担负起防止金融危机时银行倒闭和破产的重任,成为"银行的银行"和"国家的银行",最终转化为中央银行。

成立于1694年的英格兰银行被公认为第一家中央银行,它最早在1844年通过《英格兰银行条例》获得发行货币的特权;1854年,英格兰银行成为英国银行业的票据交换中心,取得清算银行的地位。在19世纪出现的多次金融危机中,英格兰银行通过提供贷款有力地支持了其他银行,肩负起"最后贷款者"的责任,同时也具有了金融管理机构的特征。英格兰银行的发展与运行模式也被西方国家视为中央银行的典范而纷起仿效,至1900年,主要西方国家都设立了中央银行。

### (二)中央银行制度的普及与发展

一战前,许多国家为了应付军备竞赛的庞大开支,纷纷通过设立中央银行或强化对中央银行的控制来筹集资金。一战期间,参战各国纷纷开动印钞机来弥补因庞大军费开支所带来的财政赤字,造成严重的通货膨胀。战后,为了尽快恢复经济和金融秩序,有关国家于1920年和1922年分别在比利时首都布鲁塞尔和瑞士日内瓦召开国际会议,在会上,各国呼吁尚未设立中央银行的国家应尽快建立中央银行,以共同维持国际货币体系和经济稳定;提出中央银行应有更大的独立性,按照稳定币值的要求掌握货币发行,不受政府干预;明确了稳定货币价值是中央银行的重要职能,确认了中央银行的重要地位。在二战结束后的30余年中,中央银行制度在世界各国进入普及阶段,其间有40多个国家或地区新设或改组中央银行,这些国家或地区大都从法律上确认中央银行具有超然地位。

### (三)中央银行制度的完善与健全

二战后,西方国家对经济的干预日益加强,货币政策成为许多国家调节宏观经济的最重要政策工具。中央银行作为货币政策的制定者和执行者,其地位和作用也得到了进一步加强。首先,许多国家的中央银行逐步实行了国有化。如法兰西银行于1945年、英格兰银行于1946年都实行了国有化。有些国家的中央银行虽然在股权上仍保留部分私股,但大部分股权则保持在国家手中,中央银行的国有性质并未受到影响。其次,许多国家纷纷制定新的银行法,明确中央银行调控宏观经济的任务。这些法律规定保持了中央银行的相对独立性。另外,中央银行自身不断完善组织结构,健全调控机制,货币政策发展成为现代国民经济的两大调控工具之一。

## 三、中央银行在中国的发展

中央银行在中国的萌芽是20世纪初清政府建立的户部银行。光绪三十年(1904年),清政府决定建立户部银行,主要目的是整顿币制、统一流通。1905年,户部银行正式开业,为清政府的官办银行。1908年改称大清银行,享有清政府授予的铸造货币、代理国库和发行纸币等特权。

最早以立法形式成立的中央银行是国民政府于1928年在上海设立的中央银行。根据规定,中央银行为国家银行,享有经理国库、发行兑换券、铸发国币、经理国债等特权,但尚未独占货币发行权。当时能同时充当清偿货币的,还有中国银行、交通银行和中国农民银行发行的银行券。1935年,《中央银行法》颁布,重申中央银行的国家银行性质。1942年7月,根据《钞票统一发行办法》,中国银行、交通银行和中国农民银行三家银行发行的钞票及准备金全部移交给中央银行,中央银行独享货币发行权。1945年3月,国民政府财政部授权中央银行统一检查和管理全国的金融机构,使其管理职能得到强化。

在中国共产党领导的革命根据地,1931年11月,中华苏维埃共和国临时中央政府在瑞金成立,在瑞金召开的全国苏维埃第一次代表大会上,通过决议成立了中华苏维埃共和国国家银行(简称苏维埃国家银行),这是中国人民银行的雏形。1948年12月1日,解放区的华北银行、西北农民银行、北海银行合并,在石家庄成立了中国人民银行,并发行人民币。1949年2月,中国人民银行总行迁至北平。

从建立之日到1983年9月,中国人民银行既是行使货币发行和金融管理职能的国家机关,又是从事信贷、结算、现金出纳和外汇业务的金融企业。这种一身二任、高度集中统一的"大一统"金融体系模式,既适合于新中国成立初期制止恶性通胀的需要,也同高度集中的计划经济管理体制相适应。

1983年9月17日,国务院作出决定,中国人民银行专门行使中央银行职能,不再兼办工商信贷和储蓄业务,以集中精力做好货币发行工作和金融的宏观管理与调控,这标志着我国确立了现代中央银行制度。从1983年至今,中国人民银行制定和执行货币政策的独立性逐渐增强。

### 思政专栏 7-1

**建设现代中央银行制度的主要举措**

党的二十大报告提出"建设现代中央银行制度",为做好中央银行工作指明了方向。我们要全面贯彻习近平新时代中国特色社会主义思想,以加强党中央集中统一领导为引领,坚持金融工作的政治性、人民性和专业性,夯实现代中央银行制度,走中国特色金融发展之路,服务和保障社会主义现代化强国建设。建设现代中央银行制度,需要做好以下工作。

(1)完善货币政策体系,维护币值稳定和经济增长。第一,高杠杆是宏观金融脆弱性的总根源,中央银行要管好货币总闸门。第二,实施正常的货币政策。正常的货币政策是指主要通过利率的调整可以有效调节货币政策的情况,与其相对应的是在零利率或负利率情况下的非常规货币政策。第三,健全货币政策调控机制。

(2)深化金融体制改革,提升金融服务实体经济能力。第一,改革开放是我国经济社会发展的不竭动力,服务实体经济是金融业立业之本。第二,构建绿色金融"五大支柱",支持碳达峰碳中和目标的实现。第三,扩大金融业高水平开放。

(3)落实金融机构及股东的主体责任,提升金融机构的稳健性。第一,市场经济本质上是法治经济,各市场主体依法承担经营失败损失的法律责任。第二,大规模的"他救"是特定历史时期的特殊安排。第三,"自救"应成为当前和今后应对金融风险的主要方式。"自救"能力来源于市场经济下机构的股东出资和可持续经营产生的收益,"自救"的动力和自觉性来源于有效的监管。

(4)加强和完善现代金融监管,强化金融稳定保障体系,守住不发生系统性风险底线。第一,防范化解金融风险是金融工作的永恒主题。第二,应依法将各类金融活动全部纳入监管。第三,构建权责一致的风险处置机制。第四,实行中央银行独立的财务预算管理制度。

资料来源:http://www.moe.gov.cn/s78/A01/s4561/jgfwzx_xxtd/202212/t20221216_1034446.html.

## 第二节 中央银行的体制

### 一、中央银行体制的类型

#### (一) 一元中央银行体制

一元中央银行体制是指仅有一家中央银行行使中央银行的权力并履行中央银行的全部职能。这种形式的中央银行的特点是权力集中统一、职能完善,根据需要在全国设立一定数量的分支机构,是中央银行最完整和标准的形式。目前世界上绝大多数国家的中央银行都采取这种体制。英格兰银行作为英国的中央银行,总行设在伦敦,在全国设立了8个分行;日本银行为日本的中央银行,总行设在东京,并在全国设立了33家分行和12家办事处。

#### (二) 二元中央银行体制

二元中央银行体制是指在一个国家内设立一定数量的地方的中央银行,并由地方的中央银行推选代表组成在全国范围内行使中央银行职能的机构,从而形成中央和地方两级相对独立的中央银行体系。中央的中央银行是最高金融决策机构,地方的中央银行要接受中央的中央银行的监督和指导。货币政策在全国范围内统一,但在货币政策的具体实施、金融监管和中央银行有关业务的具体操作方面,地方的中央银行在其辖区内有一定的独立性。一般来说,采取这种中央银行体制与实行联邦制的国家体制有关,美国是其典型代表。

> **补充阅读 7-1**

#### 美国的中央银行——美联储

美联储(FED),全称为美国联邦储备系统(Federal Reserve System),是美国的中央银行系统,成立于1913年12月23日。在美联储成立之前,美国的通货膨胀高涨,货币发行泛滥,伪币成灾,银行危机接连发生。在这样的背景下,美国国会在经过反复的研讨与辩论的基础上,于1913年通过了《联邦储备法》(Federal Reserve Act),美联储就是根据该法而建立的。

美联储由位于华盛顿特区的联邦储备委员会和12家分布在全国主要城市的地区性联邦储备银行组成。在组织形式上,美联储采用的是联邦政府机构加非营利性机构的双重组织结构,从而避免了货币政策完全集中在联邦政府手里。美联储把12个联邦储备银行设立成非营利机构而非政府机构的一个初衷就是希望制定货币政策时能同时考虑政府和私营部门的声音。12家联邦储备银行既非政府机构,也非商业银行,而是一个公私结合性质的公共组织,与联邦储备委员会一起承担美国中央银行的公共职能。这也体现了美联储的中央和地方分权制衡的特点。

美联储的核心管理决策机构是联邦储备委员会(Federal Reserve Board of Governors),负责统筹领导该体系的运作。联邦储备委员会由7个委员组成,其中设有主席和副主席各一名。所有委员须由总统提名,经参议院批准,每个委员任期14年。

美联储中的货币政策制定机构是联邦公开市场委员会(Federal Open Market Committee, FOMC),其负责制定和执行公开市场操作,以调整货币供应和利率,从而实现货币政策目标。FOMC以召开会议的形式存在,每年在华盛顿召开八次会议,每次会议都对货币政策做出决策。在每次FOMC会议上,所有联邦储备委员会委员(7名)和地方联邦储备银行行长(12名)都要出席,并参与货币政策讨论。但在每次会议上,对政策制定拥有投票决策权的只有12名委员(也称"票委",一人一票),其中包括7名联邦储备委员会委员(都是"常任票委"),加上5名地方联邦储备银行行长(其中纽约联邦储备银行行长为常任票委,其余4名票委由其他11位地方联储行长轮换,每年轮换一次)。按照传统,联邦储备委员会主席即为FOMC主席,而纽约联邦储备银行行长则为FOMC副主席。

美联储是具有很高独立性的中央银行。首先,美联储在法律地位上具有独立性,它不隶属于联邦政府,在法律上,它直接对国会负责。其次,美联储的政策制定具有独立性,联邦储备委员会或FOMC自主制定各项货币政策,无须和联邦政府协商,无须总统或其他政府部门批准。最后,美联储的人事任免具有独立性,对于联邦储备委员会委员和地方联邦储备银行主席独特的提名、任命及任期制度安排,有效地避免了美联储内高级官员受到政治操纵,保障了这些重要官员在决策时的独立性。

【思考】
美联储为什么由12家地区联邦储备银行组成?美国为什么允许美联储来控制货币?

### (三)复合式中央银行体制

在计划经济体制下,银行的职能仅限于现金的出纳和保管,中央银行成为单纯的货币发行机构。宏观和微观领域的经济活动都被纳入计划的轨道,货币政策完全丧失调节经济的功能。因此,在曾经实行计划经济体制的苏联和中国等国家,在计划经济时期都不单独设立行使中央银行职能的中央银行,而是由国家银行兼有中央银行和商业银行的职能。

### (四)准中央银行体制

准中央银行体制是指不设通常意义上的完整的中央银行,而设立类似中央银行的金融管理机构,执行部分中央银行职能,或者由政府授权某个或某几个商业银行承担中央银行的部分职能。我国香港特别行政区属于这种类型。在货币发行制度方面,至今没有统一,由汇丰银行、渣打银行和中国银行负责。货币发行先是实行英镑汇兑本位制,1972年改为与美元挂钩,1983年进一步实行与美元挂钩的货币局制。由于实行货币局制,货币政策调控经济的余地很小,也可以说放弃了货币政策。

### (五)跨国中央银行体制

跨国中央银行体制是指若干国家联合组建一家中央银行,在成员国范围内行使全部或部分中央银行职能。其中有两种情况:一种是没有建立中央银行的数个国家组建一家联合中央银行;

另一种是已建立了中央银行的多个国家联合建立跨国的中央银行。建立这种中央银行体制多数是为了与区域性经济联合和货币联盟体制相适应。跨国中央银行的主要职能是为成员国发行统一的货币,制定统一的货币政策,监督成员国的金融机构和金融市场,为成员国政府进行融资以及办理成员国共同商定并授权的其他金融业务。20世纪六七十年代,在实行跨国中央银行体制的西非货币联盟、中非货币联盟和东加勒比海货币区,成员国没有中央银行。欧洲中央银行则是成员国本来就存在中央银行,为了加强区域的经济合作又建立了跨国中央银行的例子。

## 二、中央银行的资本组成类型

### (一) 全部资本为国家所有的中央银行

这类中央银行也叫国有化中央银行。目前世界上大多数国家中央银行的所有权全部归国家所有。国家拥有中央银行的全部资本,可以使中央银行更加具有独立性和权威性,因而能更好地代表国家调控国民经济。中央银行的国有化主要是通过两种形式实现的:一是由国家逐步把原来行使一部分中央银行职能的私人银行收归国有,实现中央银行资本国有化;二是由国家以政府拨款的方式全额出资建立中央银行。目前,中央银行资本为国家所有的国家主要有中国、英国、法国、德国、加拿大、澳大利亚、荷兰、西班牙、印度、泰国等。

### (二) 资本为公私混合所有的中央银行

资本为公私混合所有的中央银行也叫半国家性的银行,国家持有中央银行的一部分资本,大多在50%以上,其余的资本则由民间私人资本提供。如日本银行,政府拥有55%的股份,其余45%由本国的金融机构、证券公司、其他法人和个人认购。再如瑞士国家银行,其60%的股份由政府和一些商业银行持有,其余40%的股份为私人所有,这部分股份可在市场上自由买卖。由于私股持有者不能参与经营决策,所以对中央银行的政策基本上没有影响。

### (三) 全部股份非国家所有的中央银行

对于这类中央银行,国家不持有股份,全部资本由其他股东投入,由法律规定执行中央银行的职能,典型代表是美国和意大利。如美国联邦储备银行的股本全部由参加联邦储备体系的会员银行所拥有,会员银行按照自己实收资本和公积金的6%认购所参加的联邦储备银行的股份,先缴付所认购股份的一半,另一半待通知随时缴付,会员银行按实缴股本享受每年6%的股息。

### (四) 资本为多国共有的中央银行

跨国中央银行的资本不为某一个国家单独所有,而是由各货币联盟成员国按商定比例认缴,各国以认缴比例拥有对中央银行的所有权。欧洲联盟(简称欧盟,EU)的中央银行——欧洲中央银行就属于这种类型。欧洲中央银行是世界上第一个管理超国家货币的中央银行。独立性是它的一个显著特点,它不接受欧盟领导机构的指令,不受欧盟各成员国政府的监督,是唯一有资格在欧盟内部发行欧元的机构。

> 补充阅读 7-2

### 欧盟的中央银行——欧洲中央银行

欧洲中央银行(European Central Bank, ECB)是一个典型的跨国式中央银行,是负责欧元区的金融及货币政策的中央银行。欧元区是一个地理和经济区域,由所有使用欧元作为本国货币的欧洲联盟国家组成。截至2023年,欧元区共有20个成员国,包括德国、法国、意大利、荷兰、比利时、卢森堡、爱尔兰、西班牙、葡萄牙、奥地利、芬兰、立陶宛、拉脱维亚、爱沙尼亚、斯洛伐克、斯洛文尼亚、希腊、马耳他、塞浦路斯、克罗地亚。欧洲中央银行位于德国法兰克福,于1998年6月1日正式成立。它根据1992年的《马斯特里赫特条约》设立,旨在适应欧元发行流通的要求。欧洲中央银行掌握着欧盟经济区域内统一的货币政策,欧元区域的2.9亿人口及可以和美国相抗衡的经济规模,使欧洲中央银行成为世界上最重要的金融机构之一,足以与美联储媲美。

欧盟的中央银行体系(European System of Central Banks, ESCB)由欧洲中央银行以及欧盟各成员国的中央银行组成。欧洲中央银行是一个具有法人身份的实体。在组织上,欧洲中央银行独立于各国政府;在经济上,欧洲中央银行可自由处置其收入及其拥有的动产和不动产。各成员国的中央银行是欧洲中央银行股本的唯一认购者以及持有者。欧洲中央银行统一为各成员国制定货币政策,各国的中央银行将欧洲中央银行下达的货币政策指令加以落实并在各自的国家进行政策操作。

在欧洲中央银行的组织结构中,最为重要的三个机构是理事会、执行委员会和成员国大会。理事会(Governing Council)是欧盟中央银行体系的最高决策机构,其职责是:为确保完成保持物价稳定等任务而采取相应措施或决策,制定欧元区货币政策以及指导方针。执行委员会(Executive Board)是欧盟中央银行体系的日常管理机构,职责包括执行理事会的决策,指导成员国的中央银行按照理事会决议调整货币政策,并行使理事会赋予的权力。成员国大会(General Council)要完成欧洲货币局(ECB的前身)所遗留下的工作,还要负责提供各个成员国的经济数据,编制欧洲中央银行的季度、年度报告以及其他的报表等工作。

欧洲中央银行自成立以来,始终保持着高度的独立性,执行权完全由自身掌握。欧洲中央银行通过向欧洲议会负责,其主要官员的委任需获得议会通过,确保了一定程度的公众参与。这种自主性被许多经济学家视为金融市场的保障,可防止自身被政治团体势力操纵。

【思考】
欧洲中央银行与美联储有什么区别?欧洲中央银行的独立性如何实现?

## (五)无资本金的中央银行

由于中央银行获得国家的特别授权执行中央银行职能后,即可通过发行货币和吸收金融机构的准备金存款获得资金来源,因此,对于中央银行来说,有无资本金在其实际业务活动中并不重要。韩国的中央银行是目前唯一没有资本金的中央银行。

中央银行的资本金无论是属于国家所有、公私混合所有还是其他所有,都不会对中央银行的性质和业务活动产生实质性影响。因为国家对中央银行拥有直接控制和监督的权力,私人持股者既无决策权,又无经营管理权。因此,从这个意义上讲,任何一个国家的中央银行本质上都是政府机构。

## 第三节 中央银行的性质与职能

### 一、中央银行的性质

#### (一)中央银行是特殊的国家机关

中央银行是国家机关之一,有其特定职责。中央银行要按照国家宏观经济发展的目标和要求,通过货币政策工具的运用来干预和调节经济活动,成为国家调控、干预宏观经济的重要部门之一。随着全球经济一体化的发展,中央银行的这一性质会不断深化。

#### (二)中央银行是特殊的金融机构

从经营货币、信用业务的角度看,中央银行是银行;但是,由于其地位、业务和管理的特殊性,它又与一般的金融机构不同,具有特殊性,主要表现在三个方面:首先,中央银行不以营利为目的,其目标在于维护国家货币与金融稳定,如稳定物价、保障充分就业、促进经济增长、平衡国际收支等;其次,中央银行不经营普通银行业务,不对企业、单位和个人办理存贷款、结算等业务,只与政府或商业银行等金融机构发生业务往来;最后,中央银行在政策制定上具有一定的独立性,享有很多特权,承担着调节全国货币信用、实施金融监管等职能。

### 二、中央银行的职能

#### (一)发行的银行

发行的银行是指中央银行垄断货币发行权,成为全国唯一的现钞发行机构,这是中央银行最基本、最重要的标志,也是中央银行履行全部职能的前提和基础。

#### (二)银行的银行

银行的银行是指中央银行为商业银行和其他金融机构融通资金,成为最后贷款人,同时对商业银行及其他金融机构进行监管。银行的银行这一职能是中央银行作为特殊的金融机构最为直接的表现,也是中央银行作为金融体系核心的基本条件,同时也是中央银行对商业银行和其他金融机构施加影响的重要途径。中央银行作为银行的银行,具体表现如下:第一,中央银行集中存款准备金;第二,中央银行是最后贷款人;第三,中央银行组织票据交换和清算。

#### (三)政府的银行

政府的银行是指中央银行代表政府制定和执行货币金融政策,代表政府管理财政收支以及为政府提供各种金融服务。主要表现为:为政府融通资金;提供信贷支持;制定和实施货币政策。

其他方面还有：代理国库；代理政府债券发行；为国家持有和经营管理国际储备；代表国家参加国际金融组织和国际金融活动；向政府提供信息和决策建议等。

## 第四节　中央银行的主要业务

### 一、中央银行业务活动的一般原则

#### （一）非营利性

非营利性是指中央银行的一切业务活动不以营利为目的。中央银行要以维护经济金融稳定为己任，是宏观金融管理机构而非商业性营利机构。当然，中央银行的再贴现或再贷款业务会获得利润，但这只是一种客观结果，而非中央银行主动追逐所得。非营利性并不意味着中央银行不讲经济效益。

#### （二）流动性

流动性是指中央银行的资产业务要保持流动性。一旦某银行出现资金困难，甚或整个金融体系出现流动性危机时，中央银行应能拿出相当可观的资金。虽然中央银行可通过增加货币发行来解决流动性问题，但货币的非经济发行会破坏全国的货币和信用秩序，因此，中央银行的资产要保持较高的流动性。为使资产保持较高的流动性，中央银行一般不发放长期贷款。《中华人民共和国中国人民银行法》第二十八条规定：中国人民银行根据执行货币政策的需要，可以决定对商业银行贷款的数额、期限、利率和方式，但贷款的期限不得超过一年。

#### （三）公开性

公开性是指中央银行的业务状况公开化，定期向社会公布业务与财务状况，并向社会提供有关的金融统计资料。中央银行遵循业务公开性的好处有：第一，可使中央银行的业务活动置于社会公众监督之下，防止黑箱操作，有利于增强中央银行的权威和信誉；第二，有利于社会各界及时了解中央银行的政策意图，准确分析经济金融形势，形成合理的预期，增强货币政策效力。

#### （四）不得经营法律许可以外的业务

各国都对中央银行的业务进行了限制，以使其更好地履行职能。各国对中央银行的业务限制主要有以下几项：
(1) 不得经营一般性银行或非银行业务；
(2) 不得直接对任何企业或个人发放贷款，不得向任何企业或个人提供担保，有的国家还规定不得向地方政府、各级政府部门、非银行金融机构提供贷款；
(3) 不得直接从事商业票据的承兑、贴现业务；

(4)不得从事不动产买卖和不动产抵押贷款;
(5)不得从事商业性证券投资业务;
(6)一般情况下,不得向财政透支,不得直接认购、包销国债和其他政府债券;
(7)当中央银行是股份制方式时,不得回购本行股票。

在我国,《中华人民共和国中国人民银行法》第二十九条规定:"中国人民银行不得对政府财政透支,不得直接认购、包销国债和其他政府债券。"第三十条规定:"中国人民银行不得向地方政府、各级政府部门提供贷款,不得向非银行金融机构以及其他单位和个人提供贷款,但国务院决定中国人民银行可以向特定的非银行金融机构提供贷款的除外。"

## 二、中央银行的主要业务

### (一)负债业务

中央银行的负债业务是指政府和金融机构以及特定机构所持有的对中央银行的债权。

**1. 货币发行**

货币发行是中央银行根据国民经济发展的需要,通过信贷形式向流通领域注入货币,构成流通领域的现金货币。货币发行有两重含义:一是指货币从中央银行的发行库通过各家商业银行的业务库流到社会;二是指货币从中央银行流出的数量大于从流通中回笼的数量。货币发行业务是中央银行最重要的负债业务,流通中的现金都是通过货币发行业务流出中央银行的,货币发行是基础货币的主要构成部分。中央银行通过货币发行业务,一方面满足社会商品流通扩大和商品经济发展的需要;另一方面可以筹集资金,满足履行中央银行各项职能的需要。

中央银行货币发行的渠道是再贴现、再贷款、购买证券、收购金银和外汇等中央银行的业务活动,将货币注入流通,并通过同样的渠道反向组织货币的回笼,从而满足国民经济发展、商品生产与流通的扩张和收缩对流通手段和支付手段的需求。

**2. 存款业务**

中央银行存款的对象有金融机构、政府、外国和特定机构等,中央银行职能的发挥与其存款业务有密切关系。商业银行吸收存款的目的是获取资金来源并通过资金运用创造利润,而中央银行的特点决定了中央银行是通过资金的运用创造资金来源。

中央银行吸收存款的目的和意义体现在三个方面。第一,调控信贷规模和货币供给量。中央银行通过规定法定存款准备金率,直接影响商业银行创造信用的规模。第二,维护金融业的稳定。中央银行集中保管存款准备金,当商业银行出现清偿力不足的时候,中央银行可利用集中的存款准备金发挥最后贷款人的职能,帮助商业银行渡过难关。第三,提供资金清算服务。中央银行通过金融机构的存款,为金融机构之间债权债务关系的清算提供服务,加速资金周转。

中央银行存款主要包括以下四种。

(1)准备金存款。国家以法律形式规定商业银行的存款必须按一定比例上缴至中央银行作为法定存款准备金。另外,出于满足对外支付或清算的需要,商业银行还要保留超额存款准备金,即在中央银行存款中超过法定存款准备金的部分。法定存款准备金和超额存款准备金共同构成中央银行的准备金存款。

(2)政府存款。政府存款是中央银行在代理国库过程中形成的存款。国库全称为国家金库,是负责办理国家预算资金收入和支出的机关。中央银行代理国库,一方面,可以吸收大量的财政金库存款,形成它的重要资金来源之一;另一方面,这种存款通常是无息的,因而可以降低其总的筹资成本。政府存款中最主要的是中央政府存款,有的国家还包括各级地方政府的存款、政府部门的存款。中央政府存款一般包括国库持有的货币、活期存款、定期存款及外币存款等。

(3)外国存款。一些外国政府或中央银行将其资金存放在本国中央银行,这些存款是本国外汇的一部分。外国存款用于满足国家间贸易结算和往来支付的需要,存款数量多少取决于它们的需要,这一点对于本国中央银行来说有较大的被动性。虽然外国存款对本国外汇储备和中央银行基础货币的投放有影响,但由于外国存款数量较小,影响力并不大。

(4)特种存款。特种存款是指中央银行根据银根松紧和宏观调控的需要以及商业银行和其他金融机构信贷资金的营运情况,以特定的方式对这些金融机构收存一定数量的存款。特种存款是中央银行的直接信用控制方式之一,是中央银行调整信贷资金结构和信贷规模的重要工具。

3. 其他负债业务

中央银行的其他负债业务主要有如下两项。

(1)发行中央银行债券。许多发展中国家在由直接调控转向间接调控的过程中,由于金融市场不发达,特别是国债市场不发达,中央银行缺乏公开市场操作所需要的有价证券。在这种情况下,中央银行往往发行债券并将其作为公开市场操作的主要对象。发行中央银行债券是中央银行的一种主动负债业务,其对象主要是国内金融机构。一般说来,当中央银行买进已发行的债券时,商业银行的超额储备增加,货币供给量增加;当中央银行卖出其债券时,商业银行的超额储备减少,货币供给量减少。然而,中央银行必须为所发行的债券支付利息,因此,该项业务的成本较高。

(2)对外负债。中央银行的对外负债业务主要包括从国外银行借款、对外国中央银行的负债、向国际金融机构贷款及在国外发行中央银行债券等。各国中央银行对外负债的目的主要是平衡国际收支、维持本币汇率水平、应付货币危机或金融危机。如在 1997 年东南亚爆发的金融危机中,许多国家都向国际金融机构借款,以干预外汇市场、维持汇率水平,这对尽快克服金融危机起到了重要作用。

## (二)资产业务

中央银行的资产是指中央银行在一定时点上所拥有的各种债权,包括如下三类。

### 1. 再贷款与再贴现

中央银行再贷款,主要是指中央银行对商业银行和其他金融机构在经营信贷业务中因周转性资金与临时性资金不足而发放的贷款。它具有如下特征:

(1)贷款对象是那些经营信贷业务的一般性金融机构;

(2)这种贷款具有形成高能货币的特点;

(3)这种贷款的利率水平、额度大小和条件限制是中央银行货币政策意愿的反映,是中央银行实施货币政策的一种工具。

中央银行再贴现,是指商业银行和其他金融机构将持有的已贴现、尚未到期的合法商业承兑汇票或银行承兑汇票,向中央银行进行票据再转让的一种行为。一般来说,再贴现是中央银行向商业银行融资的重要方式之一,它主要用于解决商业银行由于办理贴现业务所引起的暂时性资金困难。

### 2. 有价证券买卖

中央银行为了稳定金融局势,调节货币流通,通常都要在公开市场(金融市场)上从事有价证券买卖业务。在需要紧缩银根、减少市场货币供应量时,便在市场上卖出它所持有的有价证券(抛出证券,回笼货币);反之,在需要扩张信贷、增加市场货币供应量时,便在市场上买进它所需要的有价证券(发行货币,收回证券)。

### 3. 黄金外汇储备

中央银行的资产应以随时可出售而且可避免损失为原则。虽然当今世界各国国内市场上并不流通和使用金银币,纸币也不能兑换金银,但在清算国际债务时,除了以外汇作为支付手段外,还可以使用黄金这一保值佳品换取外汇来完成支付。因此,各国都把黄金、外汇作为最重要的储备资产,由中央银行保管,以便在国际收支发生逆差时,用来清偿债务。中央银行办理此项业务有着特殊重要的意义,它可以通过买卖黄金、外汇来集中储备,达到调节货币资金、改善经济和外贸结构、稳定汇率和金融市场的目的。所以,一国的黄金外汇储备是否雄厚,是该国经济实力强弱的一个重要标志。

## (三)支付清算业务

### 1. 中央银行支付清算业务的含义

商业银行为客户提供转账支付服务,自身的经营行为中也需要与其他金融机构发生业务往来,由此产生的大量债权债务关系需要进行清偿。这个清偿活动被称为"清算"。因此,出现了专门提供清算服务的组织和支付系统。支付清算系统顺利运转、债权债务关系得到及时清算是商品交易、劳务供给、金融活动和消费行为顺利进行的保证。金融机构都愿意在中央银行开设账户,从而为金融机构之间的清算创造了便利。中央银行支付清算业务是指中央银行作为一国支付清算体系的参与者和管理者,通过一定的方式和途径使金融机构之间的债权债务清偿及资金转移顺利完成并维护支付系统的平稳运行,从而保证经济活动和社会生活的正常进行。

### 2. 中央银行支付清算业务的主要内容

中央银行支付清算业务的主要内容有如下几个方面。

(1)组织票据交换清算。票据交换是各银行彼此之间进行债权债务和资金清算最基本的清算手段。票据交换所将某一家银行的收款数据和付款数据进行汇总并获得确认后,委托中央银行将该银行账户的资金转出或转入。票据交换所既有中央银行负责管理的形式,也有由私营清算机构和金融机构联合主办的形式。票据交换的资金清算都是通过各银行或清算机构在中央银行开设的账户完成的。票据交换业务中,一般是由中央银行组织票据交换所,各商业银行持有本行应付票据参加交换。有些国家(如英国)设有专门独立的票据交换所,但形成的差额还是要通过中央银行转账。

(2)组织异地之间资金转移。各种不同银行之间的异地债权债务形成了各行之间的异地汇兑,会引起资金头寸的跨行、跨地区划转,划转的速度和准确性关系到资金的使用效率和金融体系的安全,因此各国中央银行通过各种方式和途径对清算账户进行集中处理,以提高清算效率、减少资金消耗。不同地区、不同银行之间的资金清算就成为中央银行支付清算业务的重要内容。

(3)提供跨国清算服务。中央银行不仅为国内经济和金融活动提供支付清算服务,在对外支付结算和跨国支付系统中也发挥着重要作用。

## 第五节 金融监管

### 一、金融监管的含义

金融监管(Financial Supervision)是金融监督与金融管理的复合称谓。金融监管有狭义和广义之分。狭义的金融监管是指金融监管当局依据国家法律法规的授权对整个金融业(包括金融机构以及金融机构在金融市场上所有的业务活动)实施的监督管理。广义的金融监管除了上述监管之外,还包括金融机构内部控制和稽核的自律性监管、同业组织的互律性监管、社会中介组织和舆论的社会性监管等。

### 二、金融监管的内容

#### (一)预防性监管

**1. 市场准入监管**

市场准入监管是一国金融监管当局对拟设立的银行和金融机构的资格进行审查和批准的管理行为。由于金融机构自身的特点,不管哪个国家,新设立的金融机构都必须经主管当局批准,必须符合法律法规的要求。监管主要包括四个方面:一是资本是否充足,主要监管指标为资本充足率;二是从业人员任职资格;三是资本结构,要有最低限度的认缴资本额;四是经营管理者的专业化程度等。

**2. 对资本比率的监管**

资本状况是金融机构抗风险能力的重要标志,合理、充足的资本比率是商业性金融机构正常运作的基本条件。近年来,由于金融危机频繁发生,大量不良贷款出现,许多银行倒闭,资本问题越来越受到关注,各国金融监管当局纷纷要求对本国金融机构的资本充足性做出硬性规定。

《巴塞尔协议》框架已成为确定银行业资本充足率的国际标准。1988年,《巴塞尔协议》要求签约银行的资本对其加权风险资产的比例(即资本充足率)不得小于8%。2004年,《巴塞尔协议Ⅱ》要求有关资本比率的分子(即监管资本构成)的各项规定保持不变,同样,8%的最低比率也保持不变。2017年,巴塞尔银行监管委员会发布修订后的《巴塞尔协议Ⅲ:后危机改革的最终方案》,计划从 2022 年 1 月 1 日起逐步实施。然而,由于受全球新冠疫情的影响,该协议推迟实施。

### 补充阅读 7-3

#### 金融监管的国际合作——《巴塞尔协议》

《巴塞尔协议》是巴塞尔委员会制定的在全球范围内施行的主要的银行资本和风险监管标准。巴塞尔委员会由来自 13 个国家的银行监管当局组成。

一、《巴塞尔协议Ⅰ》

1987 年 12 月,国际清算银行召开中央银行行长会议并通过"巴塞尔提议"。在"巴塞尔提议"的基础上,1988 年 7 月,巴塞尔银行监管委员会通过了《关于统一国际银行的资本计算和资本标准的协议》,即有名的《巴塞尔协议Ⅰ》。该协议的主要内容有如下三个方面。

(1)关于资本的组成。协议把银行资本分为两档:第一档,核心资本,包括股本和公开准备金,这部分至少占全部资本的 50%;第二档,附属资本,包括未公开的准备金、资产重估准备金、普通准备金或呆账准备金。

(2)关于风险加权的计算。协议制定了对资产负债表上各种资产和各项表外科目的风险度量标准,并将资本与加权计算出来的风险挂钩,以评估银行资本所应具有的适当规模。

(3)关于标准比率的目标。协议要求银行经过 5 年过渡期逐步建立和调整所需的资本基础。到 1992 年底,银行的资本对风险加权化资产的标准比率为 8%,其中核心资本至少为 4%。

自 1988 年以来,《巴塞尔协议Ⅰ》不仅在成员国的银行获得实施,而且在成员国之外也获得逐步实施,逐渐发展为国际社会所认可的银行监管标准。我国的商业银行法也规定,商业银行的资本充足率不得低于 8%。

二、《巴塞尔协议Ⅱ》

2004 年,《巴塞尔协议Ⅱ》(《资本计量和资本标准的国际协议:修订框架》)推出,2006 年实施,成为各国银行进行风险管理的最新法则。《巴塞尔协议Ⅱ》较 1988 年的《巴塞尔协议Ⅰ》复杂得多,也更为全面。新协议不仅强调了资本充足率标准的重要性,还构建了互为补充的"三大支柱",即最低资本要求、监管当局的监管、市场纪律,以期有效提高金融体系的安全性和稳定性。

三、《巴塞尔协议Ⅲ》

2010 年 12 月 16 日,巴塞尔委员会正式发布了《巴塞尔协议Ⅲ:更具稳健性的银行和银行体系的全球监管框架》,简称《巴塞尔协议Ⅲ》。以《巴塞尔协议Ⅲ》为核心的国际银行监管改革从更为宽广的视角理解银行风险,在监管制度层面确立了微观审慎与宏观审慎相结合的监管模式。

《巴塞尔协议Ⅲ》规定了从 2019 年 1 月 1 日全面实施新标准的过渡期安排。例如,各成员国应于 2013 年 1 月 1 日开始实施新标准,此前,各国应按照新标准制定相应的国内监管法规。2013 年 1 月 1 日起,核心一级资本的最低要求将从当时的 2% 上升至 3.5%,一级资本最低要求由 4% 上升至 4.5%。2014 年 1 月 1 日起,银行核心一级资本充足率和一级资本充足率应分别达到 4% 和 5.5%。2015 年 1 月 1 日起,银行应满足 4.5% 的最低核心一级资本充足率和 6% 的最低一级资本充足率要求。

### 3. 流动性要求

流动性是指银行等金融机构随时能够满足存款人提现需求或贷款人贷款需求的能力。近年来国际上频发的银行危机表明，流动性不足越来越成为导致银行危机的重要原因。因此，各国都对本国金融机构资产的流动性做出规定。但是，金融危机表明，资本充足的银行也可能发生严重的流动性问题，因此，巴塞尔银行监管委员会研究出台了一系列监管政策，从《巴塞尔协议Ⅱ》主要关注资本的监管，转向将流动性风险管理与资本并列作为《巴塞尔协议Ⅲ》的重要构成部分。

长期以来，中国银行监督管理部门在流动性风险监管方面与巴塞尔银行监管委员会高度接轨，并结合国内实际情况不断加以补充。自2009年发布《商业银行流动性风险管理指引》起，中国银行监督管理部门多次修订流动性风险管理政策，于2018年5月发布《商业银行流动性风险管理办法》，在流动性风险监管指标中引入流动性覆盖率(Liquidity Covered Ratio, LCR)和净稳定资金比率(Net Steady Finance Ratio, NSFR)这两项流动性风险计量标准，在流动性风险监测工具中包含《巴塞尔协议Ⅲ：流动性风险计量、标准和监测的国际框架》的五项监测工具。

### 4. 业务范围管制

业务范围管制即对金融机构的交易活动和业务范围的监管。业务范围监管在实行职能分工型银行制度和全能型银行制度的国家有较大差别。在德国，商业银行可经营任何金融业务。美国在20世纪30年代大危机后颁布《格拉斯－斯蒂格尔法案》，将商业银行和投资银行业务分开，但1999年《金融现代化服务法案》的颁布又打破了商业银行和投资银行之间的"金融防火墙"。在当今经济金融化、金融一体化和金融创新层出不穷的形势下，全球银行业正朝着混业经营和全能型银行的方向迈进。

### 5. 贷款风险管理

银行类金融机构主要是通过发放贷款来获得利润。由于追求利润最大化是金融机构的目标，因此此类机构通常会尽可能将资金投放于高收益项目。但高收益和高风险是相伴而生的，因此各国金融监管当局都加强了对贷款风险的监管。

### 6. 存款经营管理

存款作为金融机构对存款人的负债，是大部分金融机构正常运营的基础，也是其稳健经营的保障。存款经营管理主要包括对存款种类、支付程序和存款利率的管理，以及对存款人的保护。随着我国利率市场化进程的加快，我国已经基本放开存款利率管制。

### 7. 准备金要求

金融机构的资本充足性、流动性和准备金之间有着密切的内在关系。因此，监管当局必须考虑准备金因素。存款准备金制度是确保银行偿付能力、防范金融风险和保证金融业安全稳定的重要手段。

### 8. 外汇风险管理

自20世纪70年代以来，浮动汇率制度越来越成为世界上大多数国家的选择，由此导致国际汇率的变动十分频繁，外汇风险也越来越大。因此，外汇风险管理也越来越引起各国的重视。

## 补充阅读 7-4

### 骆驼评级法

美国金融管理当局对商业银行及其他金融机构的业务经营、信用状况等进行监管的评级方法是骆驼评级法,其评价内容有五大类指标,即资本充足率(Capital Adequacy Ratio)、资产质量(Asset Quality)、经营管理水平(Management)、盈利水平(Earnings)和流动性(Liquidity)。其英文单词的首字母组合在一起就是"CAMEL",正好与"骆驼"的英文单词相同,所以该评级方法简称为"骆驼评级法"。这一制度的正式名称是"联邦监督管理机构内部统一银行评级体系",俗称为"骆驼评级体系"(CAMEL Rating System),因其有效性,它已被世界上大多数国家所采用。

从1991年开始,美联储及其他监管部门对骆驼评级体系进行了修订,增加了"市场风险敏感度"(Sensitivity to Market Risk),以"S"指代,主要考察利率、汇率、商品价格及股票价格的变化对金融机构的收益或资本可能产生不良影响的程度。增加评估内容后的新体系为"CAMELS Rating System"。

## (二)保护性监管

保护性监管主要是政府和监管当局针对已经出现了问题(如不良资产过多,出现呆账、坏账,损失无法挽回等)的金融机构,为防止危机蔓延、保护存款人权益而制定的应急措施和保护性措施,旨在重建社会对金融机构的信心,维持金融机构的正常运行。保护性监管包括以下两个方面。

### 1. 存款保险制度

存款保险制度是指由符合条件的各类存款性金融机构集中起来建立一个保险机构,各存款性金融机构作为投保人按一定存款比例向其缴纳保险费,建立存款保险准备金,当成员机构发生经营危机或面临破产倒闭时,存款保险机构向其提供财务救助或直接向存款人支付部分或全部存款,从而保护存款人利益,维护银行信用,维持金融秩序稳定。

### 2. 紧急救援

紧急救援是指当某一个金融机构发生清偿能力困难时,金融监管当局如果无意令其破产倒闭而采取的最后的援助和抢救行为,也即最后贷款人手段。紧急救援旨在维护公众信心,减少金融体系运作的不确定性,并尽量将金融机构破产倒闭发生的概率和破坏性降到最低限度。各国紧急救援的手段各不相同,大体上可以分为以下三种。

(1)由央行提供低息贷款。这是最普遍、最常见的救助方式。

(2)接管。指某一金融机构陷入危机之后,根据危机金融机构的申请或者金融监管当局的强制要求,将被监管机构的全部业务交给特定的托管机构,由托管机构对被接管机构进行必要的调整和改组,帮助被接管机构渡过难关。如1995年中国人民银行接管中银信托投资公司,经整顿后将其出售给广东发展银行。

(3)由政府出面援助。在特定情形下,政府采取直接干预行动挽救危机中的金融业。

> 补充阅读 7-5

**政府救援**

政府救援引起了广泛争论。批评者指出,政府援助破坏了市场经济中最基本的公平原则。如在2007年美国次贷危机中,美联储和美国政府在处理雷曼兄弟集团和美国国际保险这两家公司的危机中,采取了"救大不救小"的做法,这被认为违反了公平原则。"救大不救小"的做法给经济社会发出了一个错误的信号:在现代资本运作过程中,资本的经营规模一旦大到能够影响国计民生,它们就可以转变成绑架社会的资本,达到只管赚钱、无须承担风险的程度。首先,这是对企业垄断的一种鼓励;其次,削弱了企业与个人的风险机制;最后,使纳税人成了为投机者和冒险家买单的风险承受者。

【思考】
政府在对金融市场进行救援的时候,是否应该采取"救大不救小"的原则?

## 三、世界各地金融监管模式的演变和发展

目前,世界各国和各地区金融管理性机构的构成主要有四类:一是负责管理存款货币并监管银行业的中央银行或金融管理局;二是分业设立的监管机构如银行业监督机构、保险业监督机构和证券业监督机构;三是金融同业自律组织,如行业协会;四是社会性公律组织,如会计师事务所、评估机构等。其中,中央银行或金融管理局通常在一个国家或地区的金融监管组织机构中居于核心位置。

随着金融混业经营成为国际发展趋势,各国和各地区变化后的金融监管体制可分为以下五类。

第一,统一监管模式。这种模式是指对于不同的金融机构和金融业务,不论审慎监管还是业务监管,都由一个机构负责。典型代表是英国,1996年后,日本和韩国也转向这种模式。

第二,分头监管模式。其基本框架是将金融机构和金融市场按照银行、证券、保险划分为三个领域,在每个领域分别设立一个专业的监管机构,负责全面监管,包括审慎监管和业务监管。这种监管模式的优点在于监管专业化,但缺点也很明显,即各监管机构之间的协调性差。

第三,牵头监管模式。这是对分头监管模式的改进型。在实行分业监管时,金融业混业经营的发展可能使一些业务处于监管真空或相互交叉监管的处境。为弥补此类监管漏洞,几个主要监管机构建立了及时磋商协调机制,以相互交换信息。为防止监管机构之间扯皮,指定某一监管机构为主或作为牵头监管机构,负责协调工作。

第四,"双峰式"监管模式。这种模式是指设置两类监管机构,一类负责对所有金融机构进行审慎监管,控制金融体系的系统性金融风险;另一类负责对不同金融业务进行监管。澳大利亚和奥地利是这种模式的代表。

第五,美国的新金融监管体系:伞形监管 + 功能监管。在美国,联邦储备理事会一方面建立伞形监管体系,对整个金融体系的系统性风险进行控制;另一方面尽最大可能将对银行控股公司的检查范围和重点限定在银行控股公司,而且在检查时尽可能使用其他监管机构的检查报

告代替检查,职能监管子公司从事证券业务或保险业务,应接受其他相应监管机构的功能监管。

尽管各国和各地区的金融监管模式各异,但从金融监管的实践变迁仍然可以看出,国际金融业经历了从统一监管到分业监管、又从分业监管到统一监管的发展过程。

表 7-1 是部分国家和地区近年来金融业经营体制和监管方式变化的对比表。

表 7-1 部分国家和地区近年来金融业经营体制和监管方式变化的对比表

| 国家和地区 | 金融业经营体制 | | 监管方式 | |
| --- | --- | --- | --- | --- |
| | 过去 | 现在 | 改革前 | 改革后 |
| 美国 | 分业 | 混业（1999 年之后） | 分业监管 | 伞形监管 + 功能监管 |
| 英国 | 分业 | 混业（1986 年之后） | 分业监管 | 统一监管 |
| 日本 | 分业 | 混业（1996 年之后） | 分业监管 | 统一监管 |
| 德国 | 混业 | 混业 | 分业监管 | 向统一监管转变 |
| 法国 | 分业 | 逐步混业 | 分业监管 | 分业牵头监管 |
| 韩国 | 分业 | 逐步混业 | 分业监管 | 统一监管 |
| 中国香港 | 混业 | 混业 | 分业监管 | 开始研究混业监管 |

## 四、中国金融监管体制的发展演变

### （一）1984—1992 年:集中监管体制阶段

改革开放以前,与计划经济体制相适应,我国实行高度集中的金融管理体制,全国基本上只有一家金融机构,即中国人民银行。当时没有必要实施金融监督,管理体制以行政隶属关系为准。改革开放以后,在 1979—1984 年的五年间,我国先后恢复了中国银行、中国农业银行、中国建设银行以及中国人民保险公司,外资金融机构开始在北京等城市设立代表处。1983 年 9 月,国务院决定中国人民银行专门履行中央银行职能,负责货币政策的制定和金融监管。从此,银行、信托、保险、证券等所有金融业务都归中国人民银行监管,形成了集中监管体制。

### （二）1992—2003 年:分业监管体制形成与发展阶段

1990 年,上海和深圳两大证券交易所的开业大大推动了中国证券业的发展。由中国人民银行负责股票和债券的发行、上市审批和交易监管已经不能适应证券业快速发展的需要。1992年 10 月,国务院决定成立国务院证券委员会和中国证券监督管理委员会,负责股票发行、公司上市的监管,中国人民银行仍然对债券和基金实施监管。1995 年颁布的《中华人民共和国中国人民银行法》第二条规定:"中国人民银行在国务院领导下,制定和实施货币政策,对金融业实施监督和管理。"1998 年 6 月,国务院决定将国务院证券委员会并入中国证券监督管理委员会,将中国人民银行的证券监管权全部移交证监会。同年 11 月,国务院决定成立中国保险监督管理委员会,将中国人民银行的保险监管权分离出来,由保监会统一行使,中国人民银行专门负责货币政策和对银行业的监管。至此,中国金融分业监管体制格局正式形成。它标志着中国金融业形成了"三驾马车"式垂直的分业监管体制。

### (三)2003年至今:监管体制不断改革

2003年至今,在监管理念上,我国金融监管经历了从以微观审慎为主到重视微观审慎和宏观审慎的平衡这一发展过程。2003—2008年,我国金融业在"一行三会"的基本监管框架下,维持分业监管的基本模式。在此阶段,中国人民银行的主要职责是制定和执行货币政策,防范和化解金融风险,维护金融稳定。银监会承担了银行的监管职能,证监会和保监会分别负责对证券期货业和保险业的监管。然而,这一期间的监管主要是以微观审慎为主。例如,银监会对银行业的监管对象主要是全国银行业金融机构及其业务活动,监管方法是非现场检查和现场检查相结合的微观审慎措施。2008年国际金融危机后,基于微观审慎监管的问题逐渐暴露,监管部门意识到对系统性金融风险进行监管的重要性,开始重视宏观审慎监管。2009年3月,我国加入巴塞尔委员会,正式成为巴塞尔委员会的一员。2010年12月,巴塞尔委员会发布了《巴塞尔协议Ⅲ》,确立了微观审慎和宏观审慎相结合的金融监管新模式。2011年,中国人民银行引入差别准备金动态调整机制,在加强宏观审慎管理、维护金融宏观稳定方面发挥了重要作用。2013年8月,中国人民银行会同中国银监会、中国证监会、中国保监会、国家外汇局建立的金融监管协调部际联席会议制度正式运行,其中一项重要工作就是防范和化解金融领域重大风险隐患,维护金融稳定。2015年,中国人民银行将外汇流动性和跨境资金流动纳入宏观审慎管理范畴,研究构建了金融机构宏观审慎评估体系。2017年,党的十九大强调,健全货币政策和宏观审慎政策双支柱调控框架,健全金融监管体系,守住不发生系统性金融风险的底线。2018年3月13日,国务院机构改革方案决定将银监会和保监会合并,组建银保监会作为国务院直属事业单位,从而形成了"一行二会"(中国人民银行、中国银行保险监督管理委员会和中国证券监督管理委员会)的监管新格局。

2023年3月7日,国务院机构改革方案延续了2018年机构改革"大监管"的思路和趋势,提出组建国家金融监督管理总局,将中国人民银行对金融控股公司等金融集团的日常监管职责、有关金融消费者保护职责,中国证券监督管理委员会的投资者保护职责划入国家金融监督管理总局,不再保留中国银行保险监督管理委员会。中国证券监督管理委员会由国务院直属事业单位调整为国务院直属机构。强化资本市场监管职责,划入国家发展和改革委员会的企业债券发行审核职责交由中国证券监督管理委员会统一负责。同时,中国人民银行将剥离行为监管职能,分支机构也迎来改革,调整中国人民银行大区分行体制,按照行政区设立分支机构。至此,中国金融监管体系形成了新的"一行一局一会"格局,中国人民银行专注于货币政策和宏观审慎监管,金融监管总局集机构监管与行为监管于一身,证监会则专司资本市场监管。

### 复习思考题

**一、选择题**

1. 我国目前实行的中央银行体制属于( )。
   A. 单一中央银行制   B. 复合中央银行制
   C. 跨国中央银行制   D. 准中央银行制

2. 下列属于中央银行资产项目的有(　　)。
   A. 流通中的货币　　　　　　　　　B. 政府和公共机构存款
   C. 政府债券　　　　　　　　　　　D. 商业银行等金融机构存款
3. 中央银行握有证券并进行买卖的目的不包括(　　)。
   A. 营利　　　　　　　　　　　　　B. 投放基础货币
   C. 回笼基础货币　　　　　　　　　D. 对货币供求进行调节
4. 中央银行若提高再贴现率,将(　　)。
   A. 迫使商业银行降低贷款利率　　　B. 迫使商业银行提高贷款利率
   C. 使企业得到成本更低的贷款　　　D. 增加贷款发放
5. 垄断货币发行权,是央行作为(　　)的职能的体现。
   A. 银行的银行　　　　　　　　　　B. 国家的银行
   C. 监管的银行　　　　　　　　　　D. 发行的银行
6. 金融监管的最基本出发点是(　　)。
   A. 维护权势阶层利益　　　　　　　B. 维护金融机构利益
   C. 控制金融机构经营风险　　　　　D. 维护金融秩序
7. 1988年7月,巴塞尔委员会正式颁布了在银行业监管方面最重要、影响力最大的文件《巴塞尔协议》,该协议的核心内容是(　　)。
   A. 资产风险　　　　　　　　　　　B. 资本分类
   C. 市场纪律　　　　　　　　　　　D. 监督检查

二、简答题
1. 中央银行制度的类型有哪些?
2. 为什么说中央银行是"银行的银行"?
3. 简述中央银行业务活动的一般原则。
4. 中央银行的负债业务有哪些?
5. 中央银行的资产业务有哪些?
6. 金融监管的目标是什么?
7. 简述中央银行金融监管的主要内容。

## 案例分析题

**加强和完善现代金融监管的重点举措**

党的二十大报告提出,加强和完善现代金融监管,强化金融稳定保障体系,依法将各类金融活动全部纳入监管,守住不发生系统性风险底线。加强和完善现代金融监管,必须以习近平新时代中国特色社会主义思想为指导,坚守以人民为中心的根本立场,按照党中央决策部署,深化金融体制改革,推进金融安全网建设,持续强化金融风险防控能力,不断提升金融监管的能力和水平。

(1)强化党对金融工作的集中统一领导。走中国特色金融发展之路,要进一步强化党中央对金融工作的领导,建立健全金融稳定和发展统筹协调机制。

(2)深化金融供给侧结构性改革。全面强化金融服务实体经济能力,坚决遏制脱实向虚;管好货币总闸门,防止宏观杠杆率持续快速攀升;健全资本市场功能,提高直接融资比重;完善金融支持创新体系,加大对先进制造业、战略性新兴产业的支持;健全普惠金融体系,改进小微企业和"三农"金融供给,提升新市民金融服务水平;督促中小银行深耕本地,严格规范跨区域经营;强化保险保障功能,加快发展健康保险;稳妥推进金融业高水平开放,服务构建"双循环"新发展格局。

(3)健全"风险为本"的审慎监管框架。有效抑制金融机构盲目扩张,推动法人机构业务牌照分类分级管理;把防控金融风险放到更加重要的位置,优化监管技术、方法和流程;充实政策工具箱,完善逆周期监管和系统重要性金融机构监管;加强功能监管和综合监管,对同质同类金融产品实行公平统一的监管规则;坚持金融创新必须在审慎监管的前提下进行,推动平台经济规范健康持续发展;强化金融反垄断和反不正当竞争,防止资本在金融领域无序扩张。

(4)加强金融机构公司治理和内部控制。推动健全现代金融企业制度;依法规范非金融企业投资金融机构;加强股东资质穿透审核和股东行为监管,严格关联交易管理;加强董事会、高级管理层履职行为监督,引导金融机构选配政治强、业务精的专业团队;完善激励约束机制,健全不当所得追回制度和风险责任事后追偿制度;督促金融机构全面细化和完善内控体系,严守会计准则和审慎监管要求;强化外部监督,规范信息披露,增强市场约束。

(5)营造严厉打击金融犯罪的法治环境。遵循宪法宗旨和立法精神;坚持金融业务持牌经营规则;织密金融法网,补齐制度短板;丰富执法手段;提高违法成本;保持行政处罚高压态势,常态化开展打击恶意逃废债、非法集资、非法吸收公众存款和反洗钱、反恐怖融资等工作;省级地方政府对辖内防范和处置非法集资等工作负总责。

(6)切实维护好金融消费者的合法权益。探索建立央地和部门间协调机制;严格规范金融产品销售管理,强化风险提示和信息披露,大力整治虚假宣传、误导销售、霸王条款等问题;推动健全金融纠纷多元化解机制;加强金融知识宣传教育,引导树立长期投资、价值投资、理性投资和风险防范意识;依法保障金融消费者自主选择、公平交易、信息安全等基本权利。

(7)完善金融安全网和风险处置长效机制。加快出台金融稳定法;建立完整的金融风险处置体系;区分常规风险、突发风险和重大风险,按照责任分工落实处置工作机制;金融稳定保障基金、存款保险基金及其他行业保障基金要健全职能,充分发挥市场化、法治化处置平台作用。

(8)加快金融监管数字化、智能化转型。积极推进监管大数据平台建设,完善风险早期预警模块;逐步实现行政审批、非现场监管、现场检查、行政处罚等各项监管流程的标准化、线上化;完善监管数据治理,有效保护数据安全;加强金融监管基础设施建设,优化网络架构和运行维护体系。

金融管理工作具有很强的政治性、人民性,我们要深刻领悟"两个确立"的决定性意义,自觉践行"两个维护",埋头苦干,守正创新,坚定不移地推进金融治理体系和治理能力现代化。

【思考】

(1)为何我国金融监管的重点举措要体现在案例中的八个方面?

(2)结合我国金融监管现状,谈谈你对进一步提高金融监管水平的看法。

资料来源:https://m.gmw.cn/baijia/2022-12-14/36234663.html.

# 第八章
# 金融市场与金融工具

**JINRONGXUE**

## 学习目标

掌握金融市场的构成要素与功能。
掌握金融市场的分类。
掌握金融工具的含义与特征。
掌握货币市场与资本市场金融工具的特点与功能。
了解金融衍生工具的特点与功能。
掌握货币市场和资本市场的构成。
了解金融衍生产品市场的构成。

## 导入案例

### 中国特色现代资本市场之路

建设中国特色现代资本市场，是新征程上的重大使命和任务。对于资本市场，党的二十大明确要求"健全资本市场功能，提高直接融资比重"，为未来资本市场改革发展指明了方向，对于推进资本市场制度完善和结构优化、更好地服务实体经济高质量发展具有重要意义。

党的二十大以来，中国证监会深入学习党的二十大精神和习近平总书记关于金融工作的重要论述，提出要坚持"两个结合"，加快建设中国特色现代资本市场。2023年6月8日，中国证监会主席易会满在陆家嘴论坛上围绕坚定不移走好中国特色现代资本市场发展之路、更好助力中国式现代化进行了三个方面的阐述。

一、更加精准高效支持科技创新，助力现代化产业体系建设

当前，我国正处于新一轮科技革命、产业变革和经济发展方式转型的历史交汇期。加快实现高水平科技自立自强，对于中国式现代化发挥着基础性、战略性支撑作用。资本市场具有独特的风险共担、利益共享机制，更加契合科技创新企业"迭代快、风险高、轻资产"等特征，能够有效促进创新资本形成，赋能科技成果转化，在完善公司治理、激发企业家精神、畅通"科技—产业—金融"良性循环等方面发挥着关键作用。中国证监会将深入贯彻落实创新驱动发展战略，坚守科创板、创业板、北交所的差异化、特色化定位，探索建立覆盖股票、债券和私募股权的全方位全周期产品体系，持续完善上市公司股权激励、员工持股等制度机制，促进创新链、产业链、资金链、人才链深度融合，适时出台资本市场进一步支持高水平科技自立自强的政策措施。

二、坚持投融资协调发展，更好地服务居民多元化金融需求

近年来，我国居民财富持续增长，资产配置结构趋于多样化，对资本市场提升服务能力提出了更高要求。中国证监会将从自身职能出发，坚持敬畏市场、尊重规律，牢记保护投资者合法权益的根本职责，坚持投融资改革协同推进，为居民资产配置创造相协调的市场环境和生态。具体要做到以下三个方面：一是全力为投资者提供真实透明的上市公司；二是持之以恒强化长期投资、价值投资；三是始终注重促进投融资动态平衡。

三、坚守监管主责主业，牢牢守住风险底线

监管是中国证监会的法定职责、第一职责。中国证监会将主动适应资本市场新形势、新特点，推动监管理念、方式和手段与时俱进，不断提高科学监管、分类监管、专业监管、持续监管的能力和水平，坚决维护资本市场"三公"秩序和保护投资者合法权益，牢牢守住不发生系统性金

融风险的底线。一是要突出监管全覆盖;二是要继续统筹开放与安全;三是要着力提升监管效能;四是要坚持稳预期、守底线。

**【思考】**
资本市场对国家经济发展有什么作用?你知道哪些资本市场工具?

资料来源:https://baijiahao.baidu.com/s?id=1768104354996093166&wfr=spider&for=pc.

## 第一节 金融市场概述

### 一、金融市场的定义与特点

#### (一)金融市场的定义

金融市场是指进行金融交易的场所和各种金融工具交易行为的总和。金融市场作为各种金融工具交易的场所,既包括特定的有组织的交易场所,如银行和其他金融机构的营业厅,各类有价证券的营业部、交易所,也包括非特定的无组织的场外交易场所;既包括具体有形的交易场所,也包括无形的交易场所,即利用现代技术设施建立起来的交易网络。

#### (二)金融市场的特点

金融市场相对于产品市场和要素市场而言,具有以下几个特点。

第一,交易对象具有特殊性。金融市场实际交易对象是货币资金,是一种特殊的商品。尽管在市场上直接的交易对象是以金融工具(也称为金融资产)为主的金融产品,但金融工具不过是货币资金的交易载体而已,所以双方交易的是金融产品所代表的货币资金。

第二,金融市场上供求双方的交易关系不仅仅是买卖关系,而且是一种借贷关系和委托代理关系,是以信用为基础的资金的使用权和所有权的暂时分离或有条件的让渡。

第三,金融市场的交易往往不受时间、场所的限制。在当今信息化时代,随着通信技术和互联网的飞速发展,任何时间、任何地点都可以实现交易,金融市场无形化发展的趋势越来越明显。

第四,金融市场的价格机制已经成为整个国民经济价格体系的基础。不论是要素市场还是产品市场,其市场价格体系都必须参考金融市场价格而变化。例如,利率、汇率和某些衍生金融工具价格的变动都会通过成本机制影响要素或产品的价格,进而影响整个经济社会的资源配置。

### 二、金融市场的构成要素

#### (一)金融市场的主体

金融市场的主体即金融市场的参与者。如果按交易关系划分,可以分为两大类:一类是资金的需求者,另一类是资金的供给者。资金的需求者与供给者并不是截然分开的,大多数金融市场的交易者既是资金的需求者,也是资金的供给者。金融市场的参与者如果按经济部门来划分,通常包括居民、企业和政府部门。

### (二)金融市场的客体

金融市场的客体就是金融市场的交易对象。表面上看,金融市场以金融工具为主要的交易对象,但实质上金融市场真正的交易对象是货币资金,人们在金融市场上交易的最终目的是取得货币资金,投向商品生产和流通领域,金融工具只是货币资金融通的载体而已。

### (三)金融市场中介

金融市场中介是指在金融市场上充当交易中介,从事交易或促使交易完成的组织、机构或个人。金融市场中介是金融市场上资金供应者与需求者之间的桥梁,在信息不完全的市场中,金融中介机构可以克服直接融资信息不对称的问题,为不同的资金供应者和需求者服务,促进顺利、高效地实现资金融通。

### (四)金融市场价格

金融市场上的交易价格与商品市场上的交易价格在表现形式上是不一样的。商品市场上的交易价格体现的是商品的价值;而金融市场上的交易价格分为两种:一是借贷资金的交易价格,即利率;二是金融工具交易的买卖价格或转让价格。

## 三、金融市场的功能

### (一)集中和配置资金

这是金融市场最基本的功能。金融市场利用多样化工具把居民、企业、政府部门、金融机构等闲置、分散、小额的资金聚集起来,并通过竞争机制促使资金流向最需要的地方,帮助实现资金调剂。在良好的市场环境和价格信号引导下,可以实现资源的最优配置。

### (二)分散和转移风险

金融市场的参与者通过买卖金融资产转移或者接受风险,利用组合投资可以分散那些投资于单一金融资产所面临的非系统性风险。金融市场的发展可以促使金融资产多样化、投资选择多样化和金融风险分散化。

### (三)降低交易成本

金融市场能通过专业金融机构和咨询机构降低交易的搜寻成本和信息成本。搜寻成本是指寻找合适的交易对手而产生的成本。信息成本是在评估金融资产价值的过程中所发生的成本,包括取得交易对象信息以及同交易对象进行信息交换所需的成本。

## （四）价格发现

金融市场的竞争性交易机制使得金融工具的价格能够反映其内在价值。在有效的金融市场中，价格是由供求关系决定的，而供求关系又受到宏观经济形势、政府经济政策、企业基本面等方面因素的影响。因此，金融市场的价格发现功能有助于投资者评估资产价值，引导资金流向。

## （五）提供流动性

金融市场的存在可以帮助金融资产的持有者将资产售出、变现，因而发挥提供流动性的功能。尽管金融市场中所有产品的交易市场都具有提供流动性的功能，但不同的金融产品市场的流动性是不同的，这取决于产品的期限、品质等。

## （六）经济调节

金融市场不仅反映经济的运行状况，还为宏观经济管理提供了工具和手段。首先，金融间接调控体系必须依靠发达的金融市场传导出中央银行的政策信号，通过金融市场的价格变化引导各微观经济主体的行为，从而实现货币政策的调整意图。其次，发达的金融市场体系内部，各个子市场之间存在高度相关性。如货币市场的变化会迅速在资本市场中得到反映，通过资本市场的行情变化可以进一步扩大货币政策的影响范围。随着各类金融机构更加广泛地加入金融市场运行，中央银行间接调控的范围和力度将会伴随金融市场的发展而不断加强。

## 四、金融市场的分类

金融市场是一个庞大的市场体系，根据不同的标准，可从不同的角度进行分类，见表8-1。

表8-1 金融市场的主要分类

| 标志 | 主要分类 | 构成/说明 |
|---|---|---|
| 交易期限 | 货币市场 | 同业拆借、短期证券、商业票据、定期存单 |
| | 资本市场 | 股票、债券、证券投资基金 |
| 市场功能 | 一级市场 | 新证券发行：筹资功能 |
| | 二级市场 | 已发行证券买卖：流动性功能｜发行价格决定 |
| 组织形式 | 场内市场 | 通过证券交易所进行证券交易 |
| | 场外市场 | 在证券交易所之外进行证券交易 |
| 交割期限 | 现货市场 | 成交后立即交割，或3个营业日内交割 |
| | 期货市场 | 先成交，后交割（按约定的价格、数量和标的） |
| 融资方式 | 直接金融市场 | 通过直接融资方式直接从资金盈余者那里融通资金 |
| | 间接金融市场 | 通过银行等金融中介机构进行资金融通 |
| 交易范围 | 国内金融市场 | 金融交易的范围仅限于一国之内 |
| | 国际金融市场 | 金融资产的交易跨越国界进行 |

续表

| 标志 | 分类 | 构成/说明 |
|---|---|---|
| 交易标的 | 证券市场 | 各种证券的发行、交易场所 |
| | 外汇市场 | 在国际上从事外汇买卖，调剂外汇供求 |
| | 黄金市场 | 集中进行黄金买卖和金币兑换 |
| | 保险市场 | 保险商品交换关系的总和 |
| 核心技术 | 传统金融市场 | 主要开展存款、贷款和结算三大传统金融业务 |
| | 互联网金融市场 | 以互联网技术为核心技术 |

## 第二节 金融工具

### 一、金融工具的含义与特征

#### （一）金融工具的含义

金融工具(Financial Instruments)，也称资产或金融产品，是指资金短缺者向资金剩余者借入资金时出具的、具有法律效力的票据或证券，是一种能够证明金融交易金额、期限、价格的书面文件。金融工具通常是有偿还期限的。偿还期限是指借款人从拿到借款开始，到借款全部还清为止所经历的时间。各种金融工具在发行时一般都具有不同的偿还期，如一张标明6个月后支付的汇票，偿还期是6个月。

#### （二）金融工具的特征

**1. 流动性**

流动性是指金融资产在转换成货币时，其价值不会蒙受损失的能力。某种金融工具流动性的大小，实际上包括两个方面的含义：一是它能不能方便地自由变现；二是在变现过程中价值损失的程度，即交易成本的大小。金融工具如果具备下述两个特点，就可能具有较高的流动性：第一，发行金融资产的债务人信誉高，在以往的债务偿还中能及时、全部履行其义务；第二，债务的期限短，受市场利率的影响很小，变现时遭受亏损的可能性也很小。

**2. 风险性**

风险性是指投资于金融工具的本金是否会遭受损失的风险。风险可分为两类：一类是债务人不履行债务的风险，这种风险的大小主要取决于债务人的信誉以及债务人的经济实力；另一类是市场的风险，这是金融资产的市场价格随市场利率的变化而变动的风险。当利率上升时，证券的市场价格就下跌；当利率下跌时，证券的市场价格就上涨。证券的偿还期越长，其价格受利率变动的影响越大，一般来说，本金安全性与偿还期成反比，即偿还期越长，其风险越大，安全性越小;本金安全性与流动性成正比,与债务人的信誉也成正比。

3. **收益性**

收益性是指给金融工具的持有者带来收益的能力。金融工具收益性的大小,是通过收益率来衡量的。收益率是指投资于金融工具的收益与投入本金的比率,有三种计算方法:名义收益率、即期收益率、平均收益率。名义收益率是指金融工具的票面收益与票面金额的比率。即期收益率是指年收益额对金融工具当期市场价格的比率。平均收益率是综合考虑即期收益率和资金损益后的收益率,与前两种收益率相比,它能更准确地反映投资者的收益情况,因而是投资者考虑的基本参数。

## 二、金融工具的类型

### (一)按照融资期限的长短来划分

按照融资期限的长短来划分,可以将金融工具分为货币市场金融工具和资本市场金融工具。

货币市场金融工具一般指偿还期限在1年以下的金融工具,也称短期金融工具,如商业票据、短期公债、大额可转让定期存单、回购协议等。

资本市场金融工具是指偿还期限在1年以上的金融工具,也称长期金融工具,如股票、公司债券、中长期公债等。

### (二)按照资金融通的方式来划分

按照资金融通的方式来划分,可以将金融工具分为直接金融工具和间接金融工具。

直接金融工具是指最后的贷款人与最后的借款人之间进行的直接融资活动所使用的工具,金融工具的发行者就是最后的贷款人或最后的借款人,如商业票据、股票、债券等。

间接金融工具是指金融机构在最后贷款人和最后借款人之间充当中介,进行间接融资活动所使用的金融工具,其发行者是金融中介机构,如银行存单、银行券、人寿保险单和银行票据等。

### (三)按照发行基础划分

按照发行基础来划分,可以将金融工具分为基础金融工具和衍生金融工具。

基础金融工具又称原生金融工具或传统金融工具,是指在实际信用活动中所发行的能证明债权债务关系或所有权关系的合法凭证,主要有商业票据、股票、债券、基金等。基础金融工具是金融市场上使用最广泛的工具,主要依靠自身收益定价,是引导资金进入产业领域的媒介。

衍生金融工具是指建立在基础金融工具或基础变量之上,其价格随基础金融工具的价格(或数值)变动的派生金融产品。基础产品是一个相对的概念,不仅包括基础金融工具(如债券、股票、银行定期存款单等),也包括基础的变量(如利率、汇率、各类价格指数、通货膨胀率等)。衍生金融工具一般以合约的形式出现,主要有金融期货合约、金融期权合约、互换合约、远期利率协议等。

## 三、货币市场金融工具

### (一)票据

票据是承诺或命令付款的短期支付凭证。票据的签发有法定格式,具有以下四个特征。

(1)流通性。它是指票据可以通过背书转让或交付转让的方式进行流通,并且在到期之前可以以贴现方式变现。记名票据可以背书转让,不记名票据无须背书就可以转让。

(2)无因性。它是指持票人对票据债务人提示票据、要求其履行债务时,不负责证明出票原因,到期债务人须无条件付款。假如到期票据有关内容出现问题,一般由债务人负无限责任,背书人负连带责任。

(3)自偿性。它是指票据往往对应于商品生产和销售,随着产销过程的完成,形成销售收入后,可以用收入来偿还票据债务。

(4)完全性。它是指票据属于一种以支付一定金额为目的的有价证券,票据所表示的权利与票据融为一体,票据的签发意味着权利的产生,票据的转移意味着权利的转移,行使票据权利则必须出示票据。

票据按照出票人的不同可以划分为商业票据和银行票据。商业票据是由工商企业签发的,由工商企业之间商品交易形成的短期无担保债务凭证,又分商业汇票和商业本票。商业票据一般期限比较短,商品性较强。银行票据则是银行基于银行信用签发的短期支付凭证,主要有支票、银行汇票等。银行票据多为支付凭证,用于资金的划拨结算。下面重点介绍一下汇票、本票和支票。

#### 1. 汇票

汇票是由出票人签发的,要求受票人按指定日期向收款人(持票人)无条件支付一定款额的支付命令书。按照出票人不同,可将汇票分为商业汇票和银行汇票。

商业汇票产生于企业之间商品交易中的延期支付,是由债权人(卖方企业)向债务人(买方企业)签发的支付命令书,命令债务人在约定的期限内支付一定款项给持票人或第三人。通常,出票人在签发汇票的同时,还会附上货运清单。因此,这类汇票也称为跟单汇票。

银行汇票是汇款人将款项交存当地银行,再由当地银行签发的要求异地往来银行在一定时间内无条件支付给持票人汇款金额的支付命令书。通常,银行汇票不附任何单据,因此也称光票。

> **补充阅读 8-1**

**汇票在商业交易中的使用**

老张开了一家面粉加工厂,把小麦加工成面粉出售。王老板经营一家馒头加工厂,把面粉加工成各种馒头制品。王老板打算向老张采购500吨面粉,货款150万元。王老板碍于流动资金有限,但刚好在A银行有授信额度,手头又有50万元现金,于是王老板向A银行申请开立银行承兑汇票。A银行基于王老板和老张之间的真实贸易背景,以及王老板自身企业经营情况,同意开立银行承兑汇票,金额150万元,期限6个月,保证金比例为30%。A银行给老张承诺在6个月后无条件支付这笔货款。

## 2. 本票

本票是出票人签发的按指定时间向持票人无条件支付一定金额的票据,即由债务人向债权人发出的保证按指定时间无条件付款的书面承诺。本票有两个当事人:一是出票人,即债务人;二是收款人,即债权人。按出票人的身份不同,本票可分为银行本票和商业本票。银行本票是银行开出的向持票人无条件支付一定金额的票据,主要用途是为了代替现金。商业本票一般是由规模大、信誉好的企业为了筹集短期资金而发行的票据,需有金融机构担保,也称为短期债券。根据付款期限的不同,本票又可分为即期本票和远期本票。即期本票是见票即付的本票,远期本票是必须到约定日期才可付款的本票,所以,远期本票又称为期票。

## 3. 支票

支票是活期存款人向银行签发的,要求银行从其活期存款账户上无条件支付一定金额给持票人或指定人的书面凭证。支票原本用于同城票据交换地区内的单位和个人之间的款项支付和结算,自 2007 年 6 月 25 日起,支票实现了全国通用,异城之间也可使用支票进行支付和结算。支票是一种支付凭证,也具有出票人、收款人和付款人三个基本关系人。支票种类很多,有记名支票(或称抬头支票)和不记名支票(也叫来人支票),现金支票和转账支票(也叫划线支票)等。在发达国家,支票是最普遍的支付工具,既可用于大额支付,也可用于小额支付。按照我国的规定,我国支票分为四种:支票上印有"现金"字样的为现金支票,只能用于支取现金而不能转账;支票上印有"转账"字样的为转账支票,只能用于转账而不能支取现金;支票上未印有"现金"或"转账"字样的为普通支票,既可用于转账,也可用于支取现金;如果在普通支票的左上角划两条平行线,则为划线支票,只能用于转账而不能支取现金。

## (二)信用证

信用证是金融机构尤其是商业银行承诺付款的凭证,它是指一家银行对受益人发出的函件,说明该银行授权另一家银行在函件规定的条件下,把一定金额的款项付给受益人或函件指定人,也是一种支付工具。信用证主要包括旅行信用证和商业信用证。

旅行信用证又称货币信用证,是一种可多次使用的异地支付凭证。旅行者在出发前将款项存在银行,银行开出旅行信用证,旅行者可以凭借旅行信用证向指定的所在地银行取款。随着信用卡的普及,旅行信用证现在已很少使用。

商业信用证是一种主要用于国际结算的付款承诺书,它是由商业银行受客户委托开出的,证明客户有支付能力并保证支付的信用凭证。客户申请开立信用证时,往往必须在银行存入相当金额的保证金。商业信用证与承兑汇票一起使用,形成现在非常普遍的国际信用证结算方式。

## (三)信用卡

信用卡也称贷记卡,是一种非现金交易付款的方式,是银行向个人和单位发行的卡片,持卡人凭此向特约单位购物、消费和向银行存取现金,卡片正面印有发卡银行名称、有效期、号码、持卡人姓名等内容,卡片背面有芯片、磁条、签名条等。信用卡由银行或信用卡公司依照用户的信用度与财力发给持卡人,持卡人持信用卡消费时无须支付现金,待账单日时再进行还款。信用卡相比普通银行储蓄卡(也称借记卡,不能透支)来说,最大的优势就是可以在卡里没有现金的情况下进行透支消费,并可享有 20~56 天的免息期,按时还款则利息分文不收。

> **补充阅读 8-2**

**2022 年中国信用卡市场发展概况**

中国信用卡市场是中国个人金融服务市场中成长较快的产品线之一。截至 2022 年底,我国信用卡和借贷合一卡数量为 7.98 亿张,较上年末减少 0.02 亿张,同比下降 0.28%;我国人均持有信用卡和借贷合一卡 0.57 张,与上年持平。2022 年,全国信用卡行业发卡量持续低迷,信用卡交易金额、贷款金额分化加剧,有的银行甚至出现明显负增长。

信用卡发卡量有所下降,主要是受到 2022 年信用卡新规的影响。2022 年 7 月,中国银保监会、中国人民银行发布《关于进一步促进信用卡业务规范健康发展的通知》,提出 31 个"不得"、1 个"严禁"及 74 个"应当",如不得简单地以发卡数量、客户数量等作为考核指标,睡眠信用卡占比不得超过 20% 等,全面加强信用卡业务监管。该文件对信用卡业务发展产生了重大和深远的影响,推动信用卡业务从"跑马圈地"的粗放发展阶段迈入专业精细的高质量发展阶段。

除了政策影响,信用卡业务已经跨过了快速增长的阶段。由于信用卡相关资产质量承压,大中型银行对信用卡业务的发展重点已从扩大规模转向结构优化,注重提升客群质量。展望未来,随着信用卡业务运营对大数据、人工智能等新技术的要求越来越高,商业银行需要构建起强大的科技服务和数据服务能力,满足人民群众多样的支付结算和消费信贷需求,数字化转型是大势所趋。

## (四)国库券

国库券是财政部门为弥补财政赤字而发行的短期国债。它具有流动性高、风险小、投资方便和收益较高等特点,是将流动性与收益性协调较好的信用工具。因国库券的债务人是国家,其还款保证是国家财政收入,所以它几乎不存在信用风险,是金融市场上风险最小的信用工具,因此又称为金边债券。国库券的收益性相对较高,是因为其利率往往设定为与同期储蓄存款利率一致,但可免除利息税。中国国库券期限最短的为一年,而西方国家国库券品种较多,一般分为 3、6、9、12 个月四种,其面额起点各国不一。国库券采用不记名形式,无须经过背书就可以转让流通。

## (五)大额可转让定期存单

大额可转让定期存单是由商业银行发行的一种存款人在银行存款的证明,是定期存款单的一种。其特点为:

(1)不记名;

(2)可转让,未到期的存单可自由转让、买卖,在市场上流通;

(3)面额大,金额固定,如美国的最低面额为 10 万美元,一般都在 50 万美元以上,有的高达 100 万美元;

(4)期限短,存款期平均为 4 个月左右,最低为 7 天,最高一般在一年以内;

(5)利率形式灵活、利率水平高,其利率有固定、浮动各种形式,一般高于同期的传统定期存款单利率。

> 补充阅读 8-3

### 2015年我国商业银行发行首批大额存单

大额存单是由银行业存款类金融机构面向非金融机构投资人发行的记账式大额存款凭证。我国工商银行、农业银行、中国银行、建设银行、交通银行、浦发银行、中信银行、招商银行、兴业银行等9家银行于2015年6月15日起发行首批大额存单。

首批大额存单期限以1年以内(含)为主,个人大额存单起点金额为30万元,机构投资人认购的大额存单起点金额为1 000万元,期限包括1个月、3个月、6个月、9个月、1年、18个月、2年、3年和5年共9个品种。9家银行发行的大额存单利率多为在同期存款基准利率基础上上浮40%,一年期收益率多定在3.15%。

值得注意的是,虽然叫"大额可转让存单",但9家银行推出的大额存单均无法转让。由于全国银行间拆借中心的第三方平台尚未开发完成,因此暂时无法实现转让。

自大额存单产品推出以来,其发行进展顺利,市场反应良好。为进一步推动大额存单市场发展,逐步扩大金融机构负债产品市场化定价范围,有序推进利率市场化改革,中国外汇交易中心于2015年7月30日发布公告称,决定扩大大额存单发行主体范围,即由市场利率定价自律机制核心成员扩大到基础成员中的全国性金融机构和具有同业存单发行经验的地方法人金融机构及外资银行,机构个数由9家扩大至102家。随着发行主体的增多,大额存单市场将逐渐呈现差异化竞争格局。中小银行为了竞争业务,将以更高的利率进行大额存单的发行,投资者收益将会提高。

## 四、资本市场金融工具

### (一)股票

股票是股份公司在筹集资本时向出资人发行的股份凭证,代表着其持有者(即股东)对股份公司的所有权。同一类别的每一份股票所代表的公司所有权是相等的。每个股东所拥有的公司所有权份额的大小,取决于其持有的股票数量占公司总股本的比重。股票一般可以通过买卖方式有偿转让,股东能通过股票转让收回其投资,但不能要求公司返还其出资。股东与公司之间的关系不是债权债务关系。股东是公司的所有者,以其出资额为限对公司负有限责任,承担风险,分享收益。

**1. 股票的特征**

股票具有如下特征。

(1)不可偿还性。股票是一种无偿还期限的有价证券,投资者认购了股票后,不能要求退股,只能到二级市场卖给第三者。从期限上看,只要公司存在,它所发行的股票就存在,股票的期限等于公司存续的期限。

(2)参与性。股东有权出席股东会,选举公司董事会,参与公司重大决策。股东参与公司决策的权利大小,取决于其所持有的股份的多少。

(3)收益性。股东凭其持有的股票,有权从公司领取股息或红利,获取投资收益。股息或红利的大小,主要取决于公司的盈利水平和盈利分配政策。股票的收益性,还表现在股票投资者可获得价差收入或实现资产保值增值。

(4) 流通性。股票的流通性是指股票在不同投资者之间的可交易性。流通性通常以可流通的股票数量、股票成交量以及股价对交易量的敏感程度来衡量。可流通股数越多,成交量越大,价格对成交量越不敏感(价格不会随着成交量一同变化),股票的流通性就越好,反之就越差。通过股票的流通和股价的变动,可以看出人们对于相关行业和上市公司的发展前景和盈利潜力的判断。

(5) 风险性。股票在交易市场上有自己的市场行情和市场价格。由于股票价格受到诸如公司经营状况、供求关系、银行利率、大众心理等多种因素的影响,其价格波动有很大的不确定性。价格波动的不确定性越大,投资风险也越大。因此,股票是一种高风险的金融产品。

### 2. 股票的分类

1) 按股东权益的不同划分

按股东权益的不同,可以将股票划分为普通股股票和优先股股票。

普通股股票是股份公司发行的无特别权利的股票。它是最基本、最重要的股票种类。普通股的股东彼此之间具有相同的权利内容,即均等的利益分配权以及对企业经营的参与权。优先股是相对于普通股而言的,它是指享有优先于普通股股票分取公司收益和剩余财产的股票。

优先股股东享有分配公司收益和剩余财产的优先权,同时,其股东权利也受到一些限制。与普通股相比,优先股的特点主要有:股息事先确定,不随公司盈利多少而变化;股利分配先于普通股(先支付债券利息,再支付优先股股利,最后才是普通股红利);在公司破产清算时,对剩余财产的分配顺序先于普通股。优先股股东一般没有选举权和被选举权,对股份公司的重大经营无投票权。

2) 按票面上是否记载股东姓名划分

按票面上是否记载股东姓名,可以将股票划分为记名股票和无记名股票。

记名股票在票面记载股东的姓名,同时也在股份公司的股东名册上登记。这类股票在转让时必须到股份公司办理过户手续,否则,即使已经买了股票,也不能行使股东权利。

无记名股票在票面上不记载股东姓名,股票的实际持有人就是股份公司的股东,谁得到股票,谁就可以行使其股权。对于无记名股票的发行,各国掌握得都比较严,一般都是记名股票。

3) 按公司业绩划分

按公司业绩,可以将股票划分为蓝筹股和垃圾股。

蓝筹股是指一些信誉卓著、资本雄厚、经营效果好、事业处于稳定上升阶段的大公司发行的股票。这类股票一般都在证券交易所挂牌上市,安全性、流动性、收益性都较高,被众多人看好,人们乐于接受,因此又被称为"热门股"或"绩优股"。

垃圾股指的是业绩较差的公司的股票。这类上市公司或者由于行业前景不好,或者由于经营不善等,有的甚至进入亏损行列。其股票在市场上的表现萎靡不振,股价走低,交易和投机不活跃,年终分红也差。投资者在考虑选择这些股票时,要有比较强的风险意识,切忌盲目跟风投机。

4) 按经济周期对股价的影响划分

按经济周期对股价的影响,可以将股票划分为周期性股票、成长性股票和防守性股票。

周期性股票是指经营受经济周期波动影响较大的公司所发行的股票。由于经济周期的作用,公司盈利也呈波动状态。当经济周期处于繁荣时期,该类股票的收益高,市场价格上升;当经济萧条时,该类股票的收益低,市场价格下降。如钢铁企业、水泥企业、制造企业、纺织企业等发行的股票,就是典型的周期性股票。

成长性股票是正处于飞速发展时期的公司所发行的股票。这类公司大都是一些高新技术产业或新型商业模式创新产业的领军者,公司业绩和股价在未来有较高增长潜力,且受经济周期影响很小。

防守性股票是指事业发展比较平稳的公司所发行的股票。这类股票受经济周期影响较小,收益比较可靠、稳定,风险不大,适合不愿冒风险的投资者。当外部条件好时,这类股票的收益可能比其他股票为低;但当外部条件不好时,这类股票的收益要比其他股票为高。这类公司大都处于那些生产生活必需品的行业和部门,如食品、医药、公共事业、交通、水电、通信等部门。

5) 我国股票分类的特殊性

按投资主体划分,我国将股票分为国家股、法人股、个人股和外资股。国家股又称国有股,是指有权代表国家的政府机构以国有资产直接投资所形成的股份。法人股是指由法人单位以其可支配的资产进行投资而形成的股份。个人股是指由个人投资者以其合法资产进行投资所形成的股份,个人投资者包括社会公众个人和公司内部职工。外资股是由港澳台地区以及外国的投资者投资所形成的股份。

按发行、流通和结算的货币不同,股票又划分为人民币股票和人民币特种股票。人民币股票是以人民币发行、计价、流通和结算的股票,又称人民币A种股票,A股由国内投资者和经证监会批准的境外投资者(QFII)认购和买卖,在国内上市和流通。人民币特种股票是以人民币标明面值,以外币发行、计价、流通和结算的股票,人民币特种股票依其发行和上市地点不同又分为B股、H股、N股、S股、L股。在国内发行和上市的人民币特种股票称为B种股票,B股分别在深、沪交易所上市,深圳用港币进行交易,上海用美元进行交易。除B股以外,人民币特种股票还有几种是境内公司在境外发行、由境外投资者用外币购买的股票,H股是在香港证券联合交易所上市的港元股票,N股是在美国纽约证券交易所上市的美元股票,S股是在新加坡交易所上市的新加坡元股票,L股是在伦敦交易所上市的英镑股票。

按股本募集方式不同,股票可分为公开股票与内部股票。公开股票是指向社会投资者公开募集形成的股票,这部分股票经批准后可以在证券交易所公开挂牌交易,所以又称为流通股。内部股票是指股份公司成立时向特定投资者私募发行形成的股票,包括国家股、法人股和职工内部股。根据国家以前的规定,内部发行形成的国家股、法人股不能上市流通,而职工内部股在股份公司上市三年后除了高管人员持有的股票之外可以上市流通。1998年以后组建的上市公司已不允许向内部职工发行股票,但是一些由国有企业改组为股份公司的上市公司仍然保留有大量不上市流通的国家股和法人股,给中国股票市场发展造成巨大障碍,是当时中国股票市场的一个制度性缺陷。2005年4月以来开展的股权分置改革就是为了彻底解决这个问题,运用对价的方法解决非流通股股东与流通股股东在利益上的矛盾,实现国家股和法人股上市流通。

### 补充阅读 8-4

#### 我国的股权分置改革

股权分置是指A股市场上的上市公司股份按能否在证券交易所上市交易,区分为非流通股和流通股。上市公司股东所持有的向社会公开发行的股份,可以在证券交易所上市交易,称为流通股,主要成分为社会公众股;而公开发行前的另一部分股份暂不上市交易,大多为国有股和法人股,称为非流通股。这种同一上市公司股份分为流通股和非流通股的股权分置状况,为中国内地证券市场所独有。

截至2004年底,我国上市公司的总股本为7 149亿股,其中国家股占非流通股的74%,占总股本的47%。股权分置的制度安排使证券市场丧失了许多应有的功能,严重阻碍了证券市场的持续稳定发展。股权分置的危害主要表现在三个方面:第一,扭曲了证券市场的定价机制,难以实现证券市场的价格发现功能,影响股票定价预期;第二,导致公司治理缺乏共同的利益基础,是对公司治理结构的破坏;第三,严重影响着我国证券市场资源配置的效率。

2005年6月开始的上市公司股权分置改革,就是通过非流通股股东和流通股股东之间的利益平衡协商机制消除A股市场股份转让制度性差异的过程,可以看作为非流通股上市交易做出的制度安排。股权分置改革为市场定价机制的完善创造了基础条件,使证券交易价格能够动态反映企业的市场价值。通过市场定价,评价企业经营状况,从而对经营者产生外部的约束,为真正市场化的收购兼并和资产重组提供了目标和动力。同时,股权分置改革有利于国有企业的改革重组和国有经济布局的战略调整,保障投资者的切身利益和上市公司的长远发展,对中国证券市场健康发展有极大的推动作用。

## (二)中长期债券

### 1. 债券的含义

债券是政府、金融机构、企业等主体直接向社会借债筹措资金时,向投资者发行的承诺按规定利率支付利息并按约定条件偿还本金的债权债务凭证。

债券包含了以下四层含义:
(1)债券的发行人(政府、金融机构、企业等机构)是资金的借入者;
(2)购买债券的投资者是资金的借出者;
(3)发行人(借入者)需要在一定时期还本付息;
(4)债券是债权的证明书,具有法律效力。

根据偿还期限的不同,债券可分为长期债券、中期债券和短期债券。偿还期限在1年以下的为短期债券,期限在1年或1年以上、10年以下(包括10年)的为中期债券,期限在10年以上的为长期债券。中长期债券是资本市场金融工具,短期债券则是货币市场金融工具。中国国债的期限划分与上述标准相同。但中国企业债券的期限划分与上述标准有所不同。中国短期企业债券的偿还期限在1年以内,偿还期限在1年以上、5年以下的为中期企业债券,偿还期限在5年以上的为长期企业债券。中长期债券的发行者主要是政府、金融机构和企业。发行中长期债券的目的是获得长期稳定的资金。中国政府发行的债券主要是中期债券,集中在3~5年这段期限。

### 2. 债券的要素

债券票面上基本标明的内容要素有:票面价值(包括币种和票面金额)、还本期限和方式、利率和付息方式、发行者的名称和地址、发行的日期和编号、发行者的印记和法定代表人的签章、审批机关批准发行的文号和日期等。

### 3. 债券的特征

债券具有如下几项特征。

(1) 偿还性。债券一般都规定有偿还期限,发行人必须按约定条件偿还本金并支付利息。

(2) 流通性。债券一般都可以在流通市场上自由转让。

(3) 安全性。与股票相比,债券通常规定了固定利率,与企业绩效没有直接联系,收益比较稳定,风险较小。此外,在企业破产时,债券持有者享有优先于股票持有者对企业剩余资产的索取权。

(4) 收益性。债券的收益性主要表现在两个方面:一是债券可以给投资者定期或不定期地带来利息收入;二是投资者可以利用债券价格的变动,买卖债券赚取差额。

### 4. 债券的分类

1) 按发行主体划分

按发行主体,可以将债券划分为政府债券、金融债券、公司债券。

政府债券是政府为筹集资金而发行的,主要包括国债、地方政府债券等,其中最主要的是国债。国债因其信誉好、利率优、风险小,又被称为"金边债券"。

金融债券是由银行和非银行金融机构发行的债券。金融机构一般拥有雄厚的资金实力,信用度较高,因此,金融债券往往有良好的信誉。在我国,金融债券主要由政策性银行发行。

公司债券是企业依照法定程序发行、约定在一定期限内还本付息的债券。企业发行公司债券,一般用于筹措长期资金、扩大经营规模,特别是在西方国家,公司债券的期限多在10年以上。

2) 按是否有财产担保划分

按是否有财产担保,可以将债券划分为抵押债券和信用债券。

抵押债券是以企业财产作为担保的债券,一旦债券发行人违约,信托人就可将担保品变卖处置,以保证债权人的优先求偿权。

信用债券是不以任何公司财产作为担保、完全凭信用发行的债券。这种债券由于其发行人的绝对信用而具有坚实的可靠性,政府债券属于此类债券,一些公司也可发行这种债券,即信用公司债。

3) 按债券形态划分

按债券形态,可以将债券划分为实物债券、记账式债券、凭证式债券。

实物债券又称无记名债券,以实物债券的形式记录债权。其券面标有债券面额、债券利率、债券期限、债券发行人全称、还本付息方式等各种债券票面要素,可上市流通。

记账式债券是指投资者持有的债券登记在证券账户中,投资者只获得证明其债权的收据或报表的债券。其并无实物形态,利用账户通过电脑系统完成债券发行、交易及其兑付的全过程。

凭证式债券的形式是债权人认购债券的收款凭证,而不是债券发行人制定的标准格式的债券。它是一种储蓄债券,利息比储蓄高,通过银行发行,从购买之日起计息,但不能上市流通。

4) 按是否可转换为公司股票划分

按是否可转换为公司股票,可以将债券划分为可转换债券和不可转换债券。

可转换债券是指在特定时期内可按某一固定的比例转换成普通股的债券,它具有债务与权益双重属性,属于一种混合性筹资方式。可转换债券的利率通常低于不可转换债券。若转换成功,在转换前发行企业达到了低成本筹资的目的,转换后又可节省股票的发行成本。

不可转换债券是指不能转换为普通股的债券,又称为普通债券。

5) 按付息的方式划分

按付息的方式,可以将债券划分为零息债券、定息债券、浮息债券。

零息债券,也叫贴现债券,是指债券券面上不附有息票,在票面上不规定利率,按规定的折扣率以低于债券面值的价格发行,到期按面值支付本息的债券。

定息债券,也称固定利率债券,是将利率印在票面上并按期向债券持有人支付利息的债券,该利率不随市场利率的变化而调整,因而固定利率债券可以较好地抵御通货紧缩风险。

浮息债券,又称浮动利率债券,其利率可随市场利率变动而调整,通常根据市场基准利率加上一定的利差来确定,通常是中长期债券。

6) 按是否能够提前偿还划分

按是否能够提前偿还,可以将债券划分为可赎回债券和不可赎回债券。

可赎回债券是指在债券到期前发行人可按事先约定的赎回价格收回的债券。公司发行可赎回债券,主要是考虑到公司未来的投资机会和回避利率风险等问题,以增加公司资本结构调整的灵活性。

不可赎回债券是指不能在债券到期前收回的债券。

7) 按偿还方式不同划分

按偿还方式不同,可以将债券划分为一次到期债券和分期到期债券。

一次到期债券是发行公司于债券到期日一次偿还全部债券本金的债券。

分期到期债券是指在债券发行的当时就规定有不同到期日的债券,即分批偿还本金的债券。

8) 按计息方式划分

按计息方式不同,可以将债券划分为单利债券、复利债券、累进利率债券。

单利债券指计息时仅按本金计息,所生利息不再加入本金计算下期利息的债券。

复利债券指计息时将前期所生利息并入本金作为下期计算利息的基础,逐期滚动计算利息的债券。

累进利率债券指以利率逐年累进方法计息的债券。累进利率债券的利率随着时间的推移,后期利率比前期利率更高,呈累进状态。

## 补充阅读 8-5

### 熊猫债券

"熊猫债券"是一种外国债券,是指国际多边金融机构在华发行的人民币债券。外国债券是指外国筹资者在一个国家国内市场以发行所在国货币为面值的一种债务工具。根据国际惯例,国外金融机构在一国发行债券时,一般以该国最具特征的吉祥物命名,如境外机构在美国发行的美元债叫作"扬基债券",境外机构在日本发行的日元债叫作"武士债券",境外机构在英国发行的英镑债叫作"猛犬债券",境外机构在韩国发行的韩元债叫作"阿里郎债券"。

2005年10月,国际金融公司(IFC)和亚洲开发银行(ADB)分别获准在我国银行间债券市场分别发行人民币债券11.3亿元和10亿元,这是中国债券市场首次引入外资机构发行主体,也是中国债券市场对外开放的重要举措和有益尝试。根据国际惯例,我国将国际多边金融机构首次在华发行的人民币债券命名为"熊猫债券"。

自2005年国际开发机构发行首批熊猫债券以来,发行人类型逐渐扩展至境外主权政府、境外企业法人,发行条件及配套要求逐渐完备。从2016年开始,随着我国进一步推进人民币国际化的动作,熊猫债券也迎来了快速发展。2023年1—10月,境内市场熊猫债券发行量超过1 200亿元。

### (三)证券投资基金

证券投资基金是指通过公开发售基金份额募集资金,由基金托管人托管,资金由基金管理人管理和运作,维护基金份额持有人的利益,以资产组合方式进行证券投资的一种利益共享、风险共担的集合投资方式。

**1. 证券投资基金的特征**

1)集合理财,专业管理

基金将众多投资者的资金集中起来,委托基金管理人进行共同投资,通过汇集众多投资者的资金,积少成多,有利于发挥资金的规模优势,降低投资成本。基金由基金管理人进行投资管理和运作。基金管理人拥有大量专业的投资研究人员和强大的信息网络,能够更好地对证券市场进行全方位的动态跟踪与分析。将资金交给基金管理人管理,使中小投资者也能享受到专业化的投资管理服务。

2)组合投资,分散风险

为降低投资风险,《中华人民共和国证券投资基金法》规定,基金必须以组合投资的方式进行基金的投资运作。由于投资基金面向社会大众募集资金,能够迅速募集大量资金,容易形成规模效应,一个基金可能掌握数百亿甚至上千亿的资金,可以做到足够数量的组合投资,从而实现分散风险的要求。

3)小额投资,费用低廉

投资基金的本质是把中小投资者的小额资金集中成大的资金进行组合投资,以较少的投资成本获得最大的投资收益。中国的基金单位是1元,投资者可以依据自己的实际经济状况,自由决定购买份额,从而缓解了中小投资者资金少、入市难的窘境。

4)利益共享,风险共担

基金投资人共担风险,共享收益。基金投资收益在扣除由基金承担的费用后的盈余全部归基金投资者所有,并依据各投资者所持有的基金份额比例进行分配。为基金提供服务的基金托管人、基金管理人只能按规定收取一定的托管费、管理费,并不参与基金收益的分配。

5)独立托管,保障安全

基金管理人负责基金的投资操作,不经手基金财产的保管。基金财产的保管由独立于基金管理人的基金托管人负责。这种相互制约、相互监督的制衡机制为投资者的利益提供了重要的保护。

## 2. 证券投资基金的类型

### 1) 按基金的组织形式划分

按基金的组织形式,可以将证券投资基金分为契约型基金和公司型基金。

契约型基金也称为信托型基金,它由基金经理人(基金管理公司)与代表受益人权益的信托人(托管人)之间订立信托契约,由经理人依照信托契约从事对信托资产的管理,由托管人作为基金资产的名义持有人负责保管基金资产。契约型基金的设立法律性文件是信托契约,而没有基金章程。基金管理人、托管人、投资人三方当事人的行为通过信托契约来规范。契约型基金起源于英国,后在新加坡、印度尼西亚等国家十分流行,在我国香港地区也不少见。目前,我国境内的基金都是契约型基金。

公司型基金是依公司法组成,以营利为目的,通过发行股票或受益凭证的方式来筹集资金,将募集的资金投资于有价证券的基金。公司型基金在法律上是具有独立法人地位的股份投资公司。公司型基金依据基金公司章程设立,基金投资者是基金公司的股东,享有股东权,按所持有的股份承担有限责任、分享投资收益。基金公司设有董事会,代表投资者的利益行使职权。公司型基金在形式上类似于一般股份公司,但不同于一般股份公司的是,它委托基金管理公司作为专业的财务顾问或管理公司来经营与管理基金资产。

### 2) 按基金运作方式划分

按基金的运作方式,可以将证券投资基金分为开放式基金和封闭式基金。

开放式基金,是指基金规模不是固定不变的,而是可以随时根据市场供求情况发行新份额或被投资人赎回的投资基金。开放式基金没有固定期限,没有发行规模限制,投资者可随时向基金管理人申购或赎回基金份额,基金规模随之增加或减少。因此,为应付投资者随时赎回兑现,其募集的资金必须保持基金资产的流动性,在投资组合上须保留一部分现金和高流动性的金融工具。绝大多数开放式基金不上市交易,交易在投资者与基金管理人或其销售代理人之间进行;开放式基金的交易价格则取决于每一基金份额净资产值的大小,其申购价一般是基金份额净资产值加上一定的购买费,赎回价是基金份额净资产值减去一定的赎回费,一般在每个交易日连续公布基金份额净资产值;投资者在买卖开放式基金时,要支付申购费和赎回费。

封闭式基金,又称固定型投资基金,是指基金的发起人在设立基金时,限定了基金份额的发行总额,筹足总额后,基金即宣告成立,并进行封闭,在一定时期内不再接受新的投资。封闭式基金有固定的存续期,通常在 5 年以上,一般为 10 年或 15 年;基金规模固定,可在封闭期限内申购赎回,可进行长期投资;买卖价格受市场供求关系的影响,常出现溢价或折价现象;一般每周或更长时间公布一次基金份额净资产值;投资者在买卖时要支付手续费。

### 3) 按投资目标划分

按基金的投资目标,可以将证券投资基金分为成长型基金、收入型基金、平衡型基金。

成长型基金是以追求资本的长期增值为目标的投资基金,其特点是风险较大,获取的收益也较大,适合能承受高风险的投资者。

收入型基金主要投资于可带来现金收入的有价证券,以获取当期的最大收入为目的。其特点是损失本金的风险小,但长期成长的潜力也相应较小,适合较保守的投资者。

平衡型基金是以净资产的稳定、可观的收入及适度的成长为目标的投资基金,其特点是具有双重投资目标,谋求收入和成长的平衡,故风险适中,成长潜力也不是很大。

4) 按投资标的不同划分

按投资标的不同，可以将证券投资基金分为债券型基金、股票型基金、货币市场基金、混合型基金。

债券型基金以债券为主要投资对象。由于债券的年利率固定，因而这类基金的风险较低，适合于稳健型投资者。

股票型基金以股票为主要投资对象。股票型基金可以有不同的风险类型供选择，而且可以克服股票市场普遍存在的区域性投资限制的弱点，此外，还具有变现性强、流动性强等优点。

货币市场基金以货币市场金融工具为投资对象，其投资对象一般期限在一年内，包括银行短期存款、国库券、公司债券、银行承兑票据及商业票据等。货币市场基金通常被认为是无风险或低风险的投资，其收益会随着市场利率的下跌而降低，与债券基金正好相反。

混合型基金同时投资于股票、债券和货币市场等工具，没有明确的投资方向。其风险低于股票基金，预期收益则高于债券基金。它为投资者提供了一种在不同资产之间进行分散投资的工具，适合较保守的投资者。

## 五、金融衍生工具

金融衍生工具(Financial Derivative)是指建立在基础金融工具或基础变量之上，其价格随基础金融产品的价格(或数值)变动的派生金融产品。基础金融工具不仅包括传统金融工具，如债券、股票、银行定期存款单等，也包括基础变量，如利率、汇率、各类价格指数等。金融衍生工具的具体形式是交易双方对基础金融产品在未来某种条件下处置的权利和义务所签订的合约。这种合约可以是标准化的，也可以是非标准化的。标准化合约是指其标的物(基础金融工具)的交易价格、交易时间、资产特征、交易方式等都是事先标准化的，此类合约大多在交易所上市交易；非标准化合约是指以上各项由交易的双方自行约定，具有很强的灵活性。

### (一) 金融衍生工具的种类

金融衍生工具主要分为远期合约、期货合约、期权合约和掉期合约四大类。

远期合约和期货合约都是交易双方约定在未来某一特定时间，以某一特定价格，买卖某一特定数量和质量资产的交易形式。期货合约是期货交易所制定的标准化合约，对合约到期日及其买卖的资产的种类、数量、质量做出了统一规定。远期合约是根据买卖双方的特殊需求由买卖双方自行签订的合约。因此，期货合约的流动性较高，而远期合约流动性较低。

期权交易是买卖权利的交易。期权合约规定了在某一特定时间，以某一特定价格买卖某一特定种类、数量、质量原生资产的权利。期权合同有在交易所上市的标准化合同，也有在柜台交易的非标准化合同。

互换又称掉期，是一种经双方商定在一定时间后彼此交换支付的金融交易，主要有货币互换和利率互换。货币互换是指交易双方交换不同币种、相同期限、等值资金的债务或资产，目的在于避免融资过程中的汇率风险。利率互换是指交易双方在币种相同的情况下，交换不同形式的利率。

## （二）金融衍生工具的特点

第一，零和博弈。零和博弈即合约交易的双方（在标准化合约中由于可以交易，是不确定的）盈亏完全负相关，并且净损益为零，因此称为"零和"。

第二，跨期性。金融衍生工具是交易双方通过对利率、汇率、股价等因素变动趋势的预测，约定在未来某一时间按一定的条件进行交易或选择是否交易的合约。无论哪一种金融衍生工具，都会影响交易者在未来一段时间内或未来某时间点上的现金流，跨期交易的特点十分突出。

第三，联动性。这里指金融衍生工具的价值与基础产品或基础变量紧密联系，其变动遵循一定规则。通常，金融衍生工具与基础变量相联系的支付特征由衍生工具合约所规定，其联动关系既可以是简单的线性关系，也可以表达为非线性函数或者分段函数。

第四，不确定性或高风险性。金融衍生工具的交易后果取决于交易者对基础工具未来价格的预测和判断的准确程度。基础工具价格的变幻莫测决定了金融衍生工具交易盈亏的不稳定性，这是金融衍生工具具有高风险的重要诱因。

第五，高杠杆性。衍生产品的交易采用保证金制度，即交易所需的最低资金只需满足基础资产价值的某个百分比。保证金可以分为初始保证金和维持保证金，并且在交易所交易时采取盯市制度，如果交易过程中的保证金比例低于维持保证金比例，那么投资者将收到追加保证金通知，如果投资者没有及时追加保证金，其将被强行平仓。可见，衍生品交易具有高风险、高收益的特点。

第六，虚拟性。金融衍生产品合约交易的对象是在未来各种条件下处置基础金融工具的权利和义务，如期权的买权或卖权、互换的债务交换义务等构成所谓"产品"，表现出一定的虚拟性。

## （三）金融衍生工具的功能

### 1. 规避风险

规避风险是金融衍生工具被金融企业界广泛应用的初衷所在。金融衍生工具有助于投资者或储蓄者认识、分离各种风险并进行正确定价，使他们能根据各种风险的大小和自己的偏好更有效地配置资金，有时甚至可以根据客户的特殊需要设计出特制的产品。衍生市场的风险转移机制主要通过套期保值交易发挥作用，通过风险承担者在两个市场上的相反操作来锁定自己的利润。

### 2. 投机

投机的目的在于多承担一点风险去获得高额收益。投机者利用金融衍生工具市场中保值者的头寸并不恰好互相匹配对冲的机会，通过承担保值者转嫁出去的风险的方法，博取高额投机利润。还有一类主体是套利者，他们的目的与投机者差不多，但不同的是，套利者寻找的是几乎无风险的获利机会。金融衍生产品市场交易机制和衍生工具本身的特征，尤其是杠杆性、虚拟性特征，使投机功能得以发挥。可是，如果投机活动过盛，也可能造成市场内不正常的价格震荡。当然，正是投机者的存在才使对冲保值者意欲回避和分散的风险有了承担者，金融衍生工具市场才得以迅速发展。

### 3. 价格发现

衍生金融产品市场有众多的交易者，他们之间通过类似拍卖的方式确定交易价格，能够在很大程度上反映市场对衍生金融工具价值的认可程度。而金融衍生产品的基本价值又取决于基础金融工具的价值,因此通过对金融衍生工具的交易,可以影响基础金融工具的现货交易价格。

## 第三节 货币市场

货币市场(Money Market)是指融资期限在 1 年以内,以短期金融工具为交易对象,进行资金融通和借贷的市场。货币市场的特点为:

(1)融资的期限短,最短只有 1 天,甚至数小时,最长也不超过 1 年,较为普遍的是 3~6 个月;

(2)交易的目的主要是解决短期性、临时性资金周转不足问题;

(3)市场参与主体是机构投资者,包括各类金融机构、政府、企业等,个人投资者很难直接参与;

(4)交易金额巨大,动辄数百万、上千万的金额,是资金的批发市场;

(5)风险较小,其交易对象是政府、金融机构及信誉卓著的大公司发行的信用品质较高的短期金融工具,交易主体本身的信誉较高;

(6)市场无形化程度高,货币市场一般没有固定的交易场所,买卖双方通过电话、电传、电脑、互联网等现代化通信方式交易,速度快、成本低;

(7)是中央银行运用货币政策工具调节货币供应量的重要场所。

货币市场按不同的借贷方式和内容可以分为同业拆借市场、票据市场、大额可转让定期存单市场、短期证券市场等子市场。

### 一、同业拆借市场

同业拆借市场又叫同业拆放市场,是商业银行等金融机构之间以货币借贷方式从事短期资金活动时所形成的市场。同业拆借是金融机构同业之间为了平衡其业务活动中资金来源和运用而发生的一种短期资金借贷行为。拆借期限很短,有隔夜、7 天、14 天等,最长不超过 1 年。

#### (一)同业拆借市场的交易类型

同业拆借交易类型多种多样,按照交易方式划分,有信用拆借和抵押拆借;按照融通资金的用途划分,有头寸拆借和同业借贷。其中,头寸拆借是指银行同业之间为了轧平头寸、补足存款准备金或减少超额准备金而进行的短期资金融通活动,一般为日拆;同业借贷一般是指银行间为了调剂临时性、季节性的业务经营资金余缺而进行的资金融通活动,它的期限比较长,从数天到一年不等。

#### (二)同业拆借市场的功能

首先,同业拆借市场为各银行和其他金融机构提供了一种准备金管理的有效机制;其次,同业拆借市场的产生和发展为所有的货币市场交易提供了高效率和低成本的结算机制;最后,同业拆借市场能够及时反映货币市场资金供求的变化。

### (三)同业拆借利率

同业拆借市场有两个利率,即拆进利率和拆出利率。拆进利率表示金融机构愿意借入款项的利率,拆出利率表示金融机构愿意贷出款项的利率。在国际市场上,比较有代表性的同业拆借利率有四种:美国联邦基金利率(FFR)、英国伦敦银行间同业拆借利率(LIBOR)、新加坡银行间同业拆借利率(SIBOR)和中国香港银行间同业拆借利率(HIBOR)。我国境内同业拆借利率的全名叫上海银行间同业拆放利率(Shanghai Interbank Offered Rate, SHIBOR),主要功能是确定银行间互相借钱的利息水平。

同业拆借利率是拆借市场的资金价格,是货币市场的核心利率,也是整个金融市场上具有代表性的利率,能够及时、灵敏、准确地反映货币市场乃至整个金融市场的短期资金供求关系。当同业拆借利率持续上升时,反映资金需求大于供给,预示市场流动性可能下降;当同业拆借利率下降时,情况相反。

> **补充阅读 8-6**

**上海银行间同业拆放利率**

上海银行间同业拆放利率(SHIBOR)自2007年1月4日起开始运行,其以位于上海的全国银行间同业拆借中心为技术平台计算、发布并命名,是由信用等级较高的银行组成报价团自主报出的人民币同业拆出利率计算确定的算术平均利率,是单利、无担保、批发性利率。目前,对社会公布的SHIBOR品种包括隔夜、1周、2周、1个月、3个月、6个月、9个月及1年。有关SHIBOR行情和报价银行团名单等相关信息可通过登录上海银行间同业拆放利率网(www.shibor.org)查询。

## 二、票据市场

票据市场是指以商业票据的发行、担保、承兑、贴现、转贴现、再贴现来实现短期资金融通的市场,包括商业本票市场和商业汇票市场,而商业汇票市场中又包含了票据贴现市场。票据市场是短期资金融通的主要场所,是直接联系产业资本和金融资本的枢纽。作为货币市场的一个子市场,在整个货币市场体系中,票据市场是最基础、交易主体最广泛的组成部分。

### (一)商业本票市场

商业本票最初是由于商品赊购赊销而产生的,是一种商业信用工具。通常,商业本票是在商品交易完成后,由商品买方开出的、卖方持有的票据,在票据到期时票据的持有人向票据的发行人收取现款,也可以在到期日前到票据贴现市场贴现,取得现款。由于这种票据既列明出票人,又列明收款人,所以称为双名票据。

随着信用制度的发展,商业本票的使用不再限于商业信用,逐渐演变成为金融市场上筹措资金的一种工具,即由企业向金融市场发行、筹措短期资金的工具,也就成为融资性商业本票。为了便于流通,融资性商业本票只列明出票人,也就是付款人,不再注明收款人,所以也称单名票据。

商业本票一般是为了解决临时性的资金需要,所以偿还期限短,通常为20天到一个半月;

由于发行者的信用等级高,所以利率比较低。商业本票的面额一般比较大,如美国市场上的商业本票票面金额大都在 10 万美元以上,市场规定只有 10 万美元以上的本票才能上市交易。

企业发行商业本票筹措短期资金,可以免去申请贷款的烦琐手续,又无须进行任何抵押、担保,随要随筹,比较灵活;通过发行本票还可以提高企业的信誉,因为融资性商业本票的发行者必须是具有较高信用等级的大型企业,发行本票相当于做了广告。

融资性商业本票的发行方式通常有两种:一种是发行企业直接发行,这样可以节省中间人费用,但手续较烦琐;另一种是委托交易商代收,工商企业大多数采取这种方式。由于商业本票偿还期短,一般较少转让,二级市场很弱。商业本票没有专门的流通市场,基本上只有发行市场。

商业本票均为贴水发行,即以低于面值的价格出售,到期按面值偿还,商业本票的收益就是折扣,其计算公式为:

$$折扣 = 面值 - 发行价格(成交价格)$$

商业本票的收益率也称贴现率。商业本票年收益率的计算是以 360 天为基础的,其计算公式为:

$$收益率 = \frac{折扣}{发行价格(成交价格)} \times \frac{360}{成交日至到期日的天数}$$

### (二)商业汇票市场

商业汇票市场是指发行和转让商业汇票的场所。

**1. 票据的承兑**

商业汇票必须办理承兑手续才能生效。所谓承兑是指持票人要求债务人签字盖章承诺到期兑付的行为。汇票需要承兑是因为汇票的付款人和付款金额是由出票人单方面记载在票面上的,从法律上讲,票面上标明的付款人和付款金额必须得到债务人或担保人的确认,才能具有法律效力,只有经过债务人、担保人承兑后,才在法律上确定债权人与债务人之间的权利和义务。经过承兑的汇票叫作承兑汇票。承兑汇票分为银行承兑汇票和商业承兑汇票。

银行承兑汇票是由债权人开出的要求债务人付款的命令书。当这种汇票得到银行的付款承诺后,即成为银行承兑汇票。银行承兑汇票作为短期的融资工具,期限一般在 30 天到 180 天,90 天的最为普遍。银行承兑汇票由在承兑银行开立存款账户的存款人出票,对出票人签发的商业汇票进行承兑是银行基于对出票人资信的认可而给予的信用支持。

商业承兑汇票是出票人签发的,委托付款人在指定日期无条件支付确定的金额给收款人或持票人的票据,由银行以外的付款人承兑。商业承兑汇票可以由付款人签发并承兑,也可以由收款人签发后交由付款人承兑。商业承兑汇票的出票人为在银行开立存款账户的法人以及其他组织,与付款人具有真实的委托付款关系。

**2. 票据的流通**

商业汇票的流通形式包括如下两种。

(1)票据的背书转让。转让是将商业汇票的所有权转让给其他人。背书是指持票人为将票据权利转让给他人或将一定的票据权利授予他人行使,而在票据背面记载有关事项并签章的行为。票据的转让可能是多次的,所以可能有多个背书人,在追偿债务时应按转让的相反次序依次追偿。

(2)票据的贴现。贴现是持票人以未到期的汇票向银行兑取现款,银行扣除从贴现日至到期日的利息后,付给持票人现款的行为。票据贴现对于持票人来说,等于提前收回了垫付于商业信用的资金,对银行来说等于向票据的债务人提供了一笔相当于票据金额的贷款。

根据参与主体的不同,票据贴现可以分为贴现、转贴现和再贴现。贴现是指持票人向贴现银行融资;转贴现是指贴现银行向其他商业银行融资;再贴现是指贴现银行向中央银行融资。

### 3. 票据的贴现率及价格的确定

票据的贴现率是商业银行办理贴现时预扣的利息与票面金额的比率。票据贴现率通常比同期贷款利率低。影响票据贴现率的因素主要包括商业银行的盈利目标、经营策略、资金状况、票据贴现期限、票据信用状况、再贴现利率、货币市场利率水平和市场同类产品价格水平等。

贴现额是指票据贴现时银行付给贴现申请人的实付贴现金额,计算公式如下:

$$贴现利息 = 票面金额 \times 贴现率 \times 贴现天数 / 360$$

$$贴现额 = 票面金额 - 贴现利息$$

其中,票据贴现天数是指办理票据贴现日起至票据到期日止的时间。

例如,某企业持有一张 100 万元的银行承兑汇票请求贴现,时间为某年 5 月 20 日,该票据于该年 8 月 20 日到期,当时贴现率为 10.2%,则:

$$贴现利息 = 1\ 000\ 000 \times 10.2\% \times 90 / 360 = 25\ 500(元)$$

$$贴现额 = 1\ 000\ 000 - 25\ 500 = 974\ 500(元)$$

## 三、大额可转让定期存单市场

大额可转让定期存单市场,是指以大额可转让定期存单的发行和流通来实现短期资金融通的市场。由于大额可转让定期存单期限较短,很受投资人欢迎,所以发行市场发达,而转让较少,次级市场不发达。如需转让,通常通过票据经销商实现交易。大额可转让定期存单市场的参与主体由商业银行、货币市场基金、政府、企业和票据经销商组成。世界上大多数国家或地区都禁止银行在流通市场上购回自己发行的且未到期的大额存单,商业银行只能买卖其他银行发行的未到期的大额可转让定期存单。货币市场基金、政府和企业是大额定期存单的主要投资者,它们通过购买大额可转让定期存单为自己手中暂时闲置的大额资金寻求利用渠道,提高资金使用效率。票据经销商一般是大额可转让定期存单的流通市场的中介,它们在买卖双方之间牵线搭桥、沟通信息、促成交易。

我国于 1986 年下半年起由中国银行和交通银行首次发行大额可转让定期存单。1989 年以后,其他银行也相继开始发行大额可转让定期存单。但是,由于对大额可转让定期存单的利率限制,加上二级市场发展严重滞后,这种金融工具的优势不复存在,1996 年 12 月 14 日,中国人民银行下文取消了该项业务。在经历了数次启动与停止发行后,2015 年 6 月 2 日,中国人民银行重新推出了大额存单。大额存单的重启标志着我国利率市场化再下一城,在当时,仅差放开存款利率上限最后一步。

## 四、短期证券市场

### (一)国库券市场

国库券是一国政府发行的期限通常在一年以内的短期债务凭证。国库券市场是发行和流通短期政府债券的场所。

国库券的发行主要采取招标方式,目前,美国、意大利、英国等发达国家都采取这一形式。国库券的发行有折扣发行和面额发行两种。折扣发行也称贴水发行,折扣发行的国库券利息不在券面上标明,而是通过折扣的发行价格反映出来。例如,国库券的面额为1万元,6个月到期,如按九五折发行,那么购买这张国库券的价格就是9 500元,折扣为500元,到第6个月时,可凭这张国库券在中央银行兑付1万元,所以投标竞价指的就是折扣价格,折扣的实质是投资者获取的利息。至于面额发行的国库券,利息由国库券上载明的利率决定,即附息发行,按面额出售,到期一次还本付息或一次还本分次付息。

国库券的流通市场是指国库券买卖、转让交易活动的总称。国库券被认为是安全性最强的信用工具,其利息收益不交所得税,流动性仅次于现金,所以国库券有非常活跃的二级市场。中央银行、商业银行、企业、地方政府、外国政府、个人投资者都是积极的参与者。

### (二)回购市场

回购是指按照交易双方的协议,由卖方将一定数额的证券卖给买方,同时承诺若干日后按约定价格将该种证券如数买回的一种交易方式。回购实质上是一种以证券为质押品的短期融资。在回购协议的首次买卖中,卖出证券的一方是正回购方,首次买入的一方是逆回购方。

回购市场的参加者比较广泛,包括中央银行、商业银行、非银行金融机构、非金融机构(主要是企业),在美国还有州和地方政府参与。回购的对象主要是国债、高品质的企业债券和金融债券。回购的期限分隔夜、定期和连续性三种。隔夜回购是最常见的,融资时间为1个营业日,相当于日拆;也有30天的,最长可达3~6个月,超过30天的回购协议又称为定期回购协议;还可以签订连续性合同,即每天按不同的利率进行连续几天的交易,这种交易称为连续性合约。

在期限相同时,证券回购利率与其他货币市场利率呈现如下结构:国库券利率 < 证券回购利率 < 银行承兑汇票利率 < 大额可转让定期存单利率 < 同业拆借市场利率。

回购交易一般在证券交易所进行,目前我国不仅在上海、深圳、北京三个证券交易所开展了回购交易,全国银行间同业拆借市场也开展了该项业务。我国已推出的回购交易品种包括1天、7天、14天、21天、1个月、2个月、3个月、4个月、6个月、9个月和1年债券等多种回购交易,但交易所回购市场不如银行间债券市场活跃,后者已经成为金融机构短期资金融通的主要场所。

# 第四节 资本市场

资本市场(Capital Market)是指融资工具期限超过1年的长期融资市场。资本市场的融资工具主要包括股票、债券和基金等。与货币市场相比,资本市场的特点主要包括如下几点。

(1) 融资期限长。至少在1年以上,也可以长达几十年,甚至无到期日。例如,中长期债券的期限都在1年以上;股票没有到期日,属于永久性证券。

(2) 流动性相对较差。在资本市场上筹集到的资金多用于解决中长期融资需求,故流动性相对较弱。

(3) 风险大而收益较高。由于融资期限较长,发生重大变故的可能性也大,市场价格容易波动,投资者需承受较大风险。同时,作为对风险的报酬,其收益也较高。在资本市场上,资金供应者主要是储蓄银行、保险公司、信托投资公司及各种基金和个人投资者,而资金需求方主要是企业、社会团体、政府机构等。

资本市场主要包括股票市场和债券市场。

## 一、股票市场

股票市场也称权益市场,是指进行股权证券发行和流通转让的市场。股权证券是股份有限公司给予投资者的以证明其向公司投资并拥有所有者权益的一种所有权凭证。它的典型代表就是股票。

### (一) 股票发行市场

股票发行市场也称股票的一级市场或初级市场,它是指公司直接或间接通过中介机构向投资者出售新发行的股票的市场。所谓新发行的股票,包括初次发行和再发行的股票,前者是公司第一次向投资者出售的原始股,后者是在原始股的基础上增加新的份额。

**1. 股票的发行方式**

1) 按发行对象不同分类

按发行对象不同,可将股票发行分为私募发行与公募发行。

私募发行是指只向少数特定投资者发行股票。这种方式不必事先提供财务资料,也不必向主管部门申报批准,发行手续简单,发行费用较低,但不能公开上市交易,募集资金的数量受到限制。

公募发行是指向市场非特定的投资者公开发行股票。我国证券法规定,只有公募发行的股票才能上市交易。公募发行要求发行者具有较高的信用等级和社会信誉,需符合证券法、公司法等规定的标准,并报证券主管部门批准。公募发行必须委托金融中介机构代理发行,因而发行费用较高,但由于可以扩大发行量,且能上市交易,提高企业知名度,因而受到大多数企业的欢迎。

2) 按发行过程不同分类

按发行过程不同,可将股票发行分为直接发行与间接发行。

直接发行又叫直接招股,是指股份公司自己承担股票发行的一切事务和发行风险,直接向认购者推销、出售股票的方式。直接发行只适用于有既定发行对象或发行风险少、手续简单的股票。

间接发行又称间接招股,是指发行者委托证券发行中介机构出售股票的方式。中介机构办理一切发行事务,承担一定的发行风险并从中提取相应的收益。间接发行适合于社会知名度较高、筹资额大且着急使用资金的公司,有助于公司在短时间内筹集资本,进一步提高知名度,扩大社会影响。

上述这些股票发行方式各有利弊及条件约束,股份公司在发行股票时,可以采用其中的某一方式,也可以兼采几种方式,择优选用。当前,世界各国最普遍的发行方式是公开、间接发行。

**2. 股票的公开发行制度**

股票发行制度是指发行人在申请发行股票时必须遵循的一系列程序化的规范,具体而言,表现在发行监管制度、发行方式与发行定价等方面。股票发行制度主要有三种,即审批制、核准制和注册制。在市场逐渐发育成熟的过程中,股票发行制度也应该逐渐地改变,以适应市场发展需求。

审批制是一国在股票市场的发展初期,为维护上市公司的稳定和平衡复杂的社会经济关系,采用行政和计划的办法分配股票发行的指标和额度,由地方政府或行业主管部门根据指标推荐企业发行股票的一种发行制度。

核准制从审批制向注册制过渡的中间形式,要求发行人在申请发行股票时,不仅要充分公开企业的真实情况,而且必须符合有关法律和证券监管机构规定的必要条件。证券监管机构要对申报文件的真实性、准确性、完整性和及时性进行审查,还要对发行人的营业性质、财力、素质、发展前景、发行数量和发行价格等条件进行实质性审查,并据此做出发行人是否符合发行条件的价值判断和是否核准申请的决定。

注册制又叫"申报制"或"形式审查制",是指政府对发行人公开发行股票事先不做实质性审查,仅对申请文件进行形式审查,发行者在申报申请文件以后的一定时期以内,若没有被政府否定,即可以公开发行股票。证券监管机构的职责是对申报文件的真实性、准确性、完整性和及时性做合规性的形式审查,而将发行公司的质量留给证券中介机构来判断和决定。注册制是市场化程度较高的成熟股票市场普遍采用的发行制度,对发行人、证券中介机构和投资者的要求都比较高。目前,澳大利亚、巴西、加拿大、德国、法国、意大利、荷兰、菲律宾、新加坡、英国和美国等国家,在证券发行上均采取注册制。2023年2月17日,中国证监会发布全面实行股票发行注册制相关制度的规则,自公布之日起施行。证券交易所、全国股转公司、中国结算、中证金融、证券业协会等方面的配套制度规则同步发布实施。

## 思政专栏 8-1

### 股票发行注册制改革全面落地

股票发行制度的改革是中国资本市场改革中至关重要的一环。资本市场经过30多年特别是党的十八大以来的改革发展,在新时代重要历史节点上,全面注册制落地实行,开启了资本市场的全新篇章。2023年4月10日,沪深交易所主板注册制首批企业上市仪式在北京、上海、深圳三地连线举行,江盐集团、海森药业、陕西能源等主板注册制首批10家企业正式上市。这标志着股票发行注册制改革全面落地,中国资本市场改革发展迎来又一个重要里程碑。

全面注册制实施后,更多优质、长期的资金将流向具有创新潜力的重点领域和薄弱环节,加速科技与实体经济产业的融合。中国资本市场服务实体经济的能力也会提升。改革后,直接融资条件得到优化,市场规则制度更加完善,有望带来上市公司结构和投资者结构的积极变化。未来,随着资本市场资源配置效率的提高,中国经济高质量发展的动能也将增强。

资料来源:https://baijiahao.baidu.com/s?id=1762837933007229121&wfr=spider&for=pc.

## (二)股票流通市场

股票流通市场,又称股票的二级市场或次级市场,是已发行股票转让、买卖的市场。与发行市场的一次性行为不同,股票可以在流通市场上不断地进行交易。

二级市场与初级市场关系密切,既相互依存,又相互制约。初级市场提供的证券种类、数量与方式决定着二级市场上流通证券的规模、结构与速度,而二级市场作为证券买卖的场所,对初级市场起着积极的推动作用。组织完善、经营有方、服务良好的二级市场将助力初级市场上所发行的证券实现快速有效的分配与转让,使其流通到其他更需要、更适当的投资者手中,并为证券的变现提供现实的可能。此外,二级市场上的证券供求状况与价格水平等都有力地影响着初级市场上证券的发行。

**1. 股票流通市场组织形式**

1) 场内交易市场

场内交易市场又称证券交易所市场或集中交易市场,是指由证券交易所组织的集中交易市场,有固定的交易场所和交易活动时间,是全国最重要、最集中的证券交易市场。

证券交易所的组织形式分为两类:会员制和公司制。公司制的证券交易所是按公司法组织的自负盈亏的营利性法人团体,其最高权力机构是股东大会,平时由选举产生的董事会负责领导和处理各项事务。会员制的证券交易所是以会员协会形式设立的不以营利为目的的法人团体,只有会员才能入场交易,其最高决策机构是会员大会,最高管理机构是理事会,理事会成员一般由会员大会选举产生或经大多数会员同意产生。

会员制是证券交易所的典型组织形式,也是主要的组织形式。从世界范围来看,欧美等经济发达国家的证券交易所基本上都是采用会员制组织形式。我国的上海、深圳证券交易所均采用会员制,2021年成立的北京证券交易所则采用公司制。

2) 场外交易市场

场外交易是在证券交易所以外进行的证券交易活动。场外市场的特点是交易的品种主要为非上市股票,且品种多、数量大。场外交易市场是一个分散的市场,投资者之间或投资者与证券经纪商、自营商之间可直接商洽交易,场外交易的股票价格由买卖双方协商达成。

场外交易市场包括柜台交易市场、第三市场和第四市场。柜台交易市场是投资者与证券经纪商直接进行交易的市场,通常用于非上市股票的交易。第三市场是在证券交易所之外交易上市股票的市场,其交易主体多为拥有巨额资金的机构投资者。第四市场是指计算机终端联结的在有组织的集体投资者之间直接进行大额交易的证券交易市场,由专门的证券经纪公司安排资金雄厚、规模巨大的投资者通过计算机终端技术进行直接交易,买卖双方通过电脑协商价格,成交迅速,不需要经纪人,从而实现交易的保密性。

### 2. 股票价格指数

股票价格指数是表示多种股票平均价格水平及其变动并衡量股市行情的指标。股票价格经常处于变动之中,为综合反映这些变化,世界各大金融市场都编制股票价格指数,将一定时点上众多的股票价格表现为一个综合的指标。股票价格指数通常以某日股价平均数作为基期平均价,然后将报告期的股价平均价与基期平均价进行比较,再乘以基期的指数值(一般设为100或1 000)。

股票价格指数按照股市涵盖股票数量和类别的不同,可以分为综合指数、成份指数和分类指数三类。综合指数是指在计算股价指数时将某个交易所上市的所有股票市价升跌都计算在内的指数,如纽约证交所综合指数、我国的上证综合指数等。成份指数是指在计算股价指数时仅仅选择部分具有代表性、交易量大、业绩好的股票市值作为标的指数。目前世界大多数的指数都是成份指数,如道琼斯指数、标准普尔指数、伦敦金融时报100指数、上证180指数、深圳成份指数等。分类指数是指选择具有某些相同特征(如同行业)的股票作为目标股计算出来的指数,如房地产指数、金融股指数、工业股指数等。

> **补充阅读 8-7**

#### 世界著名的股票价格指数

道琼斯股票指数是世界上历史最为悠久的股票指数,它是在1884年由道琼斯公司的创始人查理斯·亨利·道开始编制的。最初的道琼斯股票价格平均指数是根据11种具有代表性的铁路公司的股票编制的股票价格平均数。随后,道琼斯股价平均数的样本股逐渐扩大至65种,编制方法也有所改进。现在的道琼斯指数实际上是一组股价平均数,包括工业股价平均数、运输业股价平均数、公共事业股价平均数、股价综合平均数、道琼斯公正市价指数。

《金融时报》股票价格指数的全称是"伦敦《金融时报》工商业普通股股票价格指数",最开始由英国《金融时报》编制和公布,现由《金融时报》和伦敦证券交易所共同拥有的富时集团编制。该股票价格指数包括在英国工商业中挑选出来的具有代表性的30家公开挂牌的公司普通股股票。该股票价格指数以能够及时显示伦敦股票市场情况而闻名于世。

日经平均股价是由日本经济新闻社编制并公布的反映日本股票市场价格变动的股票价格平均数。该指数从1950年9月开始编制,最初根据在东京证券交易所第一市场上市的225家公司的股票算出修正平均股价,当时称为"东证修正平均股价"。1975年5月1日,日本经济新闻社向道琼斯公司买进商标,采用美国道琼斯公司的修正法计算,改称"日经道琼斯平均股价"。1985年5月合同期满,改名为"日经平均股价"。

香港恒生指数是我国香港地区股票市场上历史最久、影响最大的股票价格指数,由香港恒生银行于1969年11月24日开始发表。恒生股票价格指数从香港上市公司中挑选出33家有代表性且经济实力雄厚的大公司的股票作为成份股,当时这些股票占香港股票市值的63.8%,分为四大类:4种金融业股票、6种公用事业股票、9种地产业股票和14种其他工商业股票。

## 二、债券市场

债券市场既是债券发行、交易的场所,也是债券发行和交易市场的统称。一个规范、成熟的债券市场可以为全社会的投资者和融资者提供低风险的投资、融资平台。

### (一)债券发行市场

债券发行市场是资金筹集者为获得资金而发行债券的场所。

#### 1. 债券发行的基本条件

债券发行的基本条件,简称发债标准,是指债券发行者发行债券时所必须达到的证券主管机关制定的发行标准。由于政府和金融机构有较高的信用度,可视作自然符合发行基准,所以许多国家的债券发行基准主要是针对企业制定的。根据我国证券法的规定,公开发行公司债券,应当符合下列条件:

(1)具备健全且运行良好的组织机构;
(2)最近三年平均可分配利润足以支付公司债券一年的利息;
(3)国务院规定的其他条件。

#### 2. 债券的信用评级

债券信用评级是指专门从事信用评级的机构依据一定的标准,对发行债券的公司进行综合的考察、分析,从而确定所发行债券的信用等级的一种制度。债券信用评级的目的是向投资者提供有关债券发行者的资信、债券发行质量以及购买债券可能承担的风险等方面的参考。

世界上发达的市场经济国家都有比较有影响的证券评级机构,目前国际公认的信用评级机构有美国的穆迪投资者服务公司、标准普尔公司,加拿大的债务级别服务公司,英国的惠誉国际评级公司(原为艾克斯特尔统计服务公司的一部分,现已独立),以及日本的评级与投资信息公司等。目前,穆迪、标准普尔和惠誉三大评级机构在国际信用评级市场中占据了主导地位,它们发布的信用评级结果对全球金融市场和投资者具有重要影响。这些评级机构的评级结果通常被广泛应用于债务市场、证券市场和金融衍生品市场,以确定借款人的信用状况和风险水平。证券评级机构根据对债券的发行质量、债券发行公司的资信以及债券投资者所承担的投资风险等方面的评价,将债券划分为若干等级。表8-2是美国标准普尔公司和穆迪投资者服务公司评定公司债券的等级划分标准。

表8-2 美国评级公司评定公司债券的等级划分标准

| 标准普尔 | 穆迪 | 性质 | 级别 | 说明 |
| --- | --- | --- | --- | --- |
| AAA | Aaa | 投资性 | 最高级 | 信誉最高,债券本息支付无问题 |
| AA | Aa | 投资性 | 高级 | 有很强的支付本息的能力 |
| A | A | 投资性 | 中上级 | 仍有较强的支付能力,但在经济形势发生逆转时,较为敏感 |
| BBB | Baa | 投资性 | 中级 | 有一定的支付能力,但在经济形势发生逆转时,较上述级别更易受影响 |

续表

| 标准普尔 | 穆迪 | 性质 | 级别 | 说明 |
|---|---|---|---|---|
| BB | Ba | 投机性 | 中下级 | 有投机因素,但投机程度较低 |
| B | B | 投机性 | 投机级 | 投机的 |
| CCC-CC | Caa | 投机性 | 投机级 | 可能不还的 |
| C | Ca | 投机性 | 投机级 | 不还,但可以收回很少一点 |
| DDD-D | C | 投机性 | 投机级 | 无收回的可能 |

### (二)债券流通市场

债券流通市场,又称债券二级市场,指已发行债券买卖转让的市场。

**1. 债券交易市场的类型**

1) 证券交易所

债券进入证券交易所内挂牌交易,首先必须经过审核和批准。证券交易所的上市管理比较严格,除了国债和交通运输、电信电话、钢铁、水电等有关国计民生的行业内大型国有企业的债券外,大多数债券很难获准在交易所内上市。我国上海、深圳证券交易所分别规定,国债可豁免上市申请、审查等事项,但金融债券、企业债券则必须向交易所提出上市申请,债券获准上市后,才可在证券交易所内上市交易。客户买卖债券,均须委托具有交易所会员资格的证券商进行交易。

2) 场外交易市场

场外交易是指在交易所以外进行的交易的总称,其交易市场又可分为店头市场或柜台交易市场、第三市场、第四市场等。债券的场外交易十分发达,大部分公司债券和政府债券都在场外交易市场进行交易。柜台交易是不通过交易所而通过证券公司进行的面对面的买卖;第三市场交易的对象是未在交易所挂牌上市的债券或已上市但不足一个成交批量的债券;第四市场专指机构投资者和很富有的个人投资者进行对手交易的市场。

**2. 债券的交易方式**

债券的交易方式主要包括如下几个方面。

(1) 现货交易:是指交易双方在成交后的三个交易日内完成交割的交易方式。

(2) 期货交易:是指交易双方在交易成功后,按照期货合约规定的价格、数量,在远期进行交割的交易方式。

(3) 期权交易:也称选择权交易,是指预先支付一定期权费后,便可以取得在一定时期内按约定的价格和数量买进或卖出某种债券的权利。

(4) 信用交易:又称保证金交易或垫头交易,是指投资人凭自己的信誉,通过缴纳一定数额的保证金取得经纪人信任,并委托经纪人买进或卖出某种债券的交易方式。

### 思政专栏 8-2

#### 从党的二十大报告看资本市场发展

党的二十大就新时代、新征程党和国家的事业发展作出战略部署,强调"高质量发展是全面建设社会主义现代化国家的首要任务""坚持把发展经济的着力点放在实体经济上"。具体来看,党的二十大报告为深化资本市场改革指明了方向。

一、健全资本市场功能,深化金融服务实体经济

党的二十大报告提出:"健全资本市场功能,提高直接融资比重。"健全资本市场功能最重要的是进一步发挥资本市场要素资源配置功能,坚持金融服务实体经济的宗旨,完善适应不同类型、不同发展阶段企业差异化融资需求的多层次资本市场体系,拓宽服务的覆盖面,提高配置效率和服务质量。二十大报告同样关注薄弱环节微观主体的发展,强调优化企业发展环境,尤其强调民营经济的重要地位,着重提及支持中小微企业发展。

二、资本市场发展不平衡,影响金融资源配置效率

我国多层次资本市场仍处于建设完善阶段,有待优化改进。我国金融支持实体经济以间接融资为主,直接融资比重相对较低。在直接融资中,股权融资和债权融资也存在发展不平衡的情况。

(一)市场规模:股债市场融资存在一定的不平衡

过去 10 年,伴随着经济高速发展,我国股票市场和债券市场快速扩容,市场规模均升至全球第二,投融资功能显著增强,不过实体经济在股债两个市场的融资情况有所不同:过去 10 年间,信用债市场的扩张速度稍高于股票市场,但从绝对规模来看,信用债市场存量规模仅为股票市场的三分之一左右,股债融资规模存在差异,服务实体经济的深度有所不同。

(二)融资结构:不同市场内部资金流向存在不平衡

近年来,资本市场主体融资渠道逐渐拓宽。不同类型企业在股债市场的融资表现出差异化特征,股债市场内部资金流向并不平衡。在股票主板之外,新三板、创业板、科创板的推出和北交所的设立,扩大了市场对中小企业融资服务的覆盖面。目前,近 5 000 家 A 股上市公司中,有六成以上为民营企业;新三板挂牌公司超过 6 600 家,在支持创新型中小企业再融资方面起到了积极作用。

在信用债市场,国家持续推进债券产品的多样化建设,设立科创债、中小企业集合债、双创债等创新品种,优化融资服务机制,加大对重点领域和薄弱环节的支持力度。信用债融资分化明显,九成以上的资金流向国有企业,民营企业获得融资占比低,且融资资金主要向头部民企聚集。

(三)市场流动性:信用债交易活跃度低于股票交易

过去 10 年,我国股票市场成交数量整体上不断增长。相较于股票市场,信用债市场流动性较弱,交易活跃度上升程度明显低于股票市场,单月成交额在 3.1 万亿元至 6 万亿元之间,流动性不高。

(四)投资者结构:信用债投资者结构仍有优化空间

股票市场投资者大致分为一般法人、个人投资者、专业机构、外资四大类,其中,一般法人和个人投资者是最主要的投资者,二者持股市值合计占比约为市场的 80%。在股票市场的投

资者中,散户比重高,机构比重低。在我国债券市场中,商业银行长期占主导地位,投资者多元化程度有待提升。信用债投资者结构呈现出扁平化特征,尚未形成按照风险识别、承担、处置能力合理分层的投资者结构,投资者结构仍有优化的空间。

三、股债并举提高直接融资能力,推动资本市场高质量发展

为深入贯彻党的二十大精神,解决资本市场资源配置失衡的问题,应股债结合双管齐下,从扩大实体经济融资、扶持中小企业融资发展、强化民企融资支持等角度提高直接融资能力。与此同时,应持续完善跨境投融资渠道,提升我国资本市场的国际影响力。第一,要扩大实体经济有效融资,强化重点领域直接融资支持;第二,要优化资本市场资源配置,扶持中小企业融资发展;第三,要以创新融资工具为抓手,强化对民企融资的精准支持;第四,要推进资本市场高水平对外开放,完善跨境融资渠道。

【思考】

结合上面的资料,你认为我国资本市场应该如何实现高质量发展?

资料来源:https://www.financialnews.com.cn/zq/zj/202211/t20221117_259577.html。

## 第五节 金融衍生产品市场

### 一、金融衍生产品交易的方式

#### (一)场内交易

场内交易又称交易所交易,指所有的供求方集中在交易所进行竞价交易的交易方式。交易所事先设计出标准化的金融合同,由投资者选择与自身需求最接近的合同和数量进行交易。交易所向交易参与者收取保证金,同时负责进行清算和承担履约担保责任。所有的交易者集中在一个场所进行交易,可以形成流动性较高的市场。期货交易和部分标准化期权交易都属于这种交易方式。

#### (二)场外交易

场外交易又称柜台交易,指交易双方直接成为交易对手的交易方式。这种交易方式有许多形态,可以根据每个使用者的不同需求设计出不同内容的产品,场外交易不断产生金融创新。由于每个交易的清算交割都是在交易双方之间进行,市场监管难度较大,因此要求交易双方具有较高的信誉。掉期交易和远期交易是具有代表性的柜台交易的衍生产品。

### 二、金融远期市场

金融远期市场是以远期金融合约为主要交易对象的市场。金融远期市场是适应规避现货

交易风险的需要而产生的,存在远期市场,就可以找到锁定未来产品价格的机会。

远期合约是非标准化合约,它不在交易所交易,而是在金融机构之间或金融机构与客户之间通过谈判后签署。因此,在远期市场中,双方可以就交割地点、交割时间、交割价格、合约规模、标的物的品质等细节进行谈判,以便尽量满足双方的需要。远期市场灵活性较大,这是远期市场的主要优势。但远期市场也有明显的缺点:首先,由于远期交易没有固定的、集中的交易场所,不利于信息交流和传递,不利于形成统一的市场价格,市场效率较低;其次,由于每份远期合约千差万别,这就给远期合约的流通造成较大不便,因此远期合约的流动性较差;最后,远期合约的履约没有保证,当价格变动对一方有利时,对方有可能无力或无诚意履行合约,因此远期市场的违约风险较高。

### 三、金融期货市场

金融期货市场就是以金融期货合约为主要交易金融工具的市场。金融期货市场是资本交易市场发展到一定程度的产物。20世纪70年代,为了规避资本市场上金融资产价格剧烈波动的风险,利率、股票和股票指数、外汇等金融期货相继推出。到20世纪80年代,期货市场具有的杠杆效应又吸引了大量的投机者,投机者的加入大大推动了金融期货市场的发展,如今金融期货市场成为现代资本市场不可缺少的重要组成部分。

金融期货是指在期货交易所内达成的规定交易双方在未来某一特定时间按约定价格交割某一特定金融商品的标准化合约。金融期货合约的标准化特点,使得金融期货合约的交易必须在专门的期货交易所进行,因此金融期货合约没有场外市场,只有交易所市场。在交易所内参与金融期货交易的主体包括金融期货投资者、结算机构、经纪公司。

### 四、金融期权市场

金融期权市场是指金融商品或以金融期货合约为标的物的期权交易的场所。金融期权是赋予购买者在规定期限内按双方约定的价格或执行价格购买或出售一定数量某种金融资产的权利的合约。期权是一种选择权,是买卖某特定商品的选择权利,既然是选择权,也意味着可以根据需要放弃行使这一权利,期权合约的购买者须向卖方支付一定数额的期权费。

期权这种衍生工具的最大魅力,在于可以使期权买方将风险锁定在一定范围内。因此,期权是一种有助于规避风险的理想工具,也是投机者理想的操作手段。对于看涨期权的买方来说,当市场价格高于执行价格时,他会行使买的权利;当市场价格低于执行价格时,他会放弃行使权利,所亏不过限于期权费。对于看跌期权的买方来说,当市场价格低于执行价格时,他会行使卖的权利;反之则放弃权利,所亏也仅限于期权费。因此,期权对于买方来讲,可以实现有限的损失和无限的收益;对于期权的卖方来说则刚好相反,损失无限而收益有限。

### 五、金融互换市场

金融互换市场是指由金融互换交易而形成资金融通的市场。金融互换是两个或两个以上当事人按照商定条件,在约定的时间内交换一系列现金流的合约。互换合约最早出现在1979

年的伦敦,但一开始并没有引起市场的充分重视。1981 年,所罗门兄弟公司促成了世界银行和 IBM 公司的一项货币互换,成为互换市场发展的里程碑;同年,利率互换出现在伦敦;第二年,利率互换被引进美国。从此,互换市场迅速成长起来。至今,互换在场外交易的衍生工具中仍然占据着一个重要的位置。

由于金融互换往往是交易双方直接协商而定的,因此没有交易所市场。参与互换的主体往往是大的金融机构、企业和投机商人。他们进行互换的目的是投资套利、利用比较优势降低成本。互换包括利率互换和货币互换两种基本类型。

一、选择题

1. 下列金融工具中属于间接融资工具的是(　　)。
   A. 可转让大额定期存单　　　　　　B. 公司债券
   C. 股票　　　　　　　　　　　　　D. 政府债券
2. 短期金融市场又称为(　　)。
   A. 初级市场　　　　　　　　　　　B. 货币市场
   C. 资本市场　　　　　　　　　　　D. 次级市场
3. 长期金融市场又称为(　　)。
   A. 初级市场　　　　　　　　　　　B. 货币市场
   C. 资本市场　　　　　　　　　　　D. 次级市场
4. 一张差半年到期的面额为 2 000 元的票据,到银行得到 1 900 元的贴现金额,则年贴现率为(　　)。
   A.5%　　　　　B.10%　　　　　C.2.56%　　　　　D.5.12%
5. 下列属于优先股股东权利范围的是(　　)。
   A. 选举权　　　B. 被选举权　　　C. 收益权　　　　D. 投票权
6. 金融工具的价格与其盈利率和市场利率分别呈现(　　)变动关系。
   A. 反方向、反方向　　　　　　　　B. 同方向、同方向
   C. 反方向、同方向　　　　　　　　D. 同方向、反方向
7. 货币市场最基本的功能是(　　)。
   A. 调剂余缺,满足短期融资需要　　B. 为各种信用形式的发展创造条件
   C. 为政策调控提供条件和场所　　　D. 有利于企业重组
8. 一年以内的短期政府债券称为(　　)。
   A. 货币债券　　　　　　　　　　　B. 公债券
   C. 政府货币债券　　　　　　　　　D. 国库券
9. 同业拆借市场利率常被当作(　　),对整个经济活动和宏观调控具有特殊的意义。
   A. 基准利率　　　　　　　　　　　B. 公定利率
   C. 浮动利率　　　　　　　　　　　D. 市场利率
10. 从本质上说,回购协议是一种(　　)协议。
    A. 担保贷款　　　　　　　　　　　B. 信用贷款

C. 抵押贷款 D. 质押贷款

11. 回购协议的标的物是( )。
A. 政府债券 B. 中央银行债券
C. 金融债券 D. 有价证券

12. 票据到期前,票据付款人或指定银行确认票据记明事项,在票面上做出承诺付款并签章的行为称为( )。
A. 贴现 B. 再贴现 C. 转贴现 D. 承兑

13. 英文缩写 LIBOR 指的是( )。
A. 全国证券交易自动报价系统 B. 全国统一的同业拆借市场网络系统
C. 伦敦同业拆放利率 D. 平滑异同移动平均线

14. "证券市场是经济的晴雨表",这是因为( )。
A. 证券市场走势滞后于经济周期
B. 证券市场走势比经济周期提前
C. 证券市场走势与经济周期在时间上完全吻合
D. 证券价格指数能事后反映经济周期

## 二、简答题

1. 金融市场有哪些基本功能?
2. 什么是金融工具?其基本特征是什么?
3. 货币市场的金融工具有哪些?
4. 优先股与普通股的主要区别是什么?
5. 按发行主体划分,债券可以分为哪些种类?
6. 证券投资基金的特征是什么?
7. 简述金融衍生工具的特点。

## 案例分析题

### 中航油事件

中国航油(新加坡)股份有限公司(以下简称中航油)成立于1993年,由中央直属大型国企中国航空油料控股公司控股,总部和注册地均位于新加坡。公司从单一的进口航油采购业务逐步扩展到国际石油贸易业务,并于2001年在新加坡交易所主板上市,成为中国首家利用海外自有资产在国外上市的中资企业。公司经营的成功为其赢得了声誉,2002年,公司被新交所评为"最具透明度的上市公司",并且是唯一入选的中资公司。

中航油通过国际石油贸易、石油期货等衍生金融工具的交易,其净资产从1997年的16.8万美元增加到2004年的1.35亿美元,增幅高达800倍。但2004年11月,中航油因误判油价走势,在石油期货投机上亏损5.5亿美元。这一事件被认为是著名的"巴林银行悲剧"的翻版:10年前,在新加坡期货市场上,欧洲老牌的巴林银行因雇员违规投机操作,令公司损失13亿美元并导致被一家荷兰银行收购。曾经在7年间实现资产增值800倍的海外国企中航油,缘何在短短几个月内就在期货投机市场上背负5.5亿美元的巨债?

2003年底,由于中航油错误地判断了油价走势,调整了交易策略,卖出了买权并买入了卖权,导致期权盘位到期时面临亏损。为了避免亏损,中航油新加坡公司在2004年1、6、9月先后进行了三次挪盘,即买回期权以关闭原先盘位,同时出售期限更长、交易量更大的新期权。数次挪盘导致风险呈指数级数扩大,直至公司不再有能力支付不断高涨的保证金,最终导致破产。中航油能够在7年间实现净资产增幅800倍,到巨亏5.5亿美元,都是缘于"创新"及对衍生金融工具的使用。

【思考】

(1)谈谈金融衍生工具的特点。

(2)分析中航油破产的原因。

# 第九章
# 货币供求与均衡

JINRONGXUE

理解货币需求的概念,区分名义货币需求与实际货币需求。

掌握关于货币需求的理论观点。

了解影响我国货币需求的因素。

掌握货币层次的划分。

掌握货币供给的形成机制,区分货币乘数与存款派生倍数。

掌握货币均衡与失衡的定义,以及货币供求与社会总供求平衡和失衡的关系。

掌握通货膨胀的定义、度量及类型。

理解通货膨胀的成因、经济效应及治理对策。

理解通货紧缩的成因及治理对策。

### 大萧条时期的美国货币供给

1929—1933 年,美国银行持有的超额准备金从 2 500 万美元增加到超过 20 亿美元,现金对存款的比率从 17% 增长到 33%,货币供给在 1929—1933 年因为超额准备金和现金对存款比例的上升而下降了三分之一,货币乘数也因而下降,可货币供给下降绝对不是任何一个反萧条者所希望看到的现象。为什么会发生这些变化?

在大萧条不断恶化的时期,借款者无法偿还贷款,存款者则因为担心银行倒闭而不敢将钱存到银行,实力雄厚的银行也找不到更多的有吸引力的贷款。为了获得公众的信任,银行必须保持较高的流动性,即持有较多的超额准备金。而人们对银行体系失去了信心,纷纷从银行提取资金,从而增加了自己手中现金的持有量。

20 世纪 30 年代,美联储是有可能通过降低法定存款准备金率或者增加总储备来减缓或者消除货币供给的下降趋势的。美联储本来应该通过公开市场购入操作或者以最后借款人的角色向银行贷款来提供额外的准备金。如果那样,美联储就可以通过增加基础货币来抵消货币乘数下降的影响。这些行动只要数目足够大,就完全能够阻止货币供给的减少。然而,美联储并没有按照上面所说的那样及时采取行动。因此,它经常被批评为加重了大萧条。事实上,美联储反而是提高了法定存款准备金率,因为它相信这会有助于恢复和维持公众对银行系统的信心。

当然,今天人们对于什么因素能够影响货币供给以及它对经济体系重要性的了解,比在大萧条时期要多得多。

【思考】

货币供给对经济发展会产生什么影响?中央银行如何决定货币供给量?

## 第一节 货币需求

### 一、货币需求概述

#### (一)货币需求的含义

在经济生活中,货币是各个经济主体从事正常的经济活动所必不可少的条件,一定的经济活动必然伴随着对一定的货币的需求。社会各部门(个人、企业、单位和政府)在经济活动中必须持有一定的货币,才能去开展市场交易、支付费用、偿还债务、从事投资或保存价值等,由此产生了对货币的需求。货币需求是指经济主体在既定的收入和财富范围内能够并愿意持有货币的数量。

#### (二)货币需求的分类

**1. 名义货币需求与实际货币需求**

名义货币需求是指经济主体在不考虑价格变动时的货币需求,即直接以现行价格水平或名义购买力表示的货币需求。实际货币需求则是指剔除了物价变动因素后的货币需求,即用货币的实际购买力表示的货币需求数量,它表现为名义货币需求量所能够购买到的实际商品和劳务数量。

**2. 微观货币需求与宏观货币需求**

微观货币需求是指微观经济主体即个人、家庭、企业、单位在既定的收入水平、价格水平、利率水平和其他经济条件下,根据自身的经济利益所确定的货币需求量。宏观货币需求是从宏观经济角度进行分析、研究而得到的一个国家在一定时间内与经济发展、商品流通相适应的货币需求量。微观货币需求量是宏观货币需求量的构成基础,宏观货币需求量是微观货币需求量的总括。

### 二、货币需求理论

货币需求理论研究什么因素决定了流通中货币的客观需求量,探讨具体的货币需求量计量模式。在几种具有代表性的货币需求理论中,剑桥方程式、凯恩斯货币需求模型、弗里德曼货币需求函数从微观角度来分析货币需求,费雪的交易方程式、马克思的货币必要量公式则从宏观角度来分析货币需求。

#### (一)马克思的货币必要量理论

马克思的货币需求理论也称货币必要量理论。按照马克思的论述,流通中必需的货币量是实现流通中待售商品价格总额所需的货币量。用公式可以表示为:

执行流通手段职能的货币量 = 商品价格总额 / 单位货币流通速度

以 $M$ 表示执行流通手段职能的货币量,$Q$ 表示流通的商品数量,$P$ 表示商品平均价格,$V$ 表示货币流通速度,则有公式:

$$M = PQ/V$$

此公式既表达了货币需求量的决定因素,即流通的商品量、价格水平和货币流通速度,也表达了这三个因素的变动与货币需求量变动的关系:货币需求量与商品数量、价格水平进而与商品价格总额成正比;货币需求量与货币流通速度成反比。

需要说明的是,此公式成立的前提是金币(或金属货币)流通。其论证逻辑是:商品价格取决于商品价值和黄金价值,商品价值决定于生产过程之中,而商品价格是在流通领域之外决定的,商品是带着价格进入流通的;商品价格有多大,就需要有多少金币来实现它;商品与金币交换后,商品退出流通,金币却留在流通之中,一枚金币流通几次就可使相应几倍价格的商品出售。所以,商品价格总额是一个既定的值,必要的货币量是根据这一既定值确定的。

在分析了金币流通条件下流通中的货币数量规律之后,马克思概括了纸币的流通规律:"纸币的发行限于它象征地代表的金(或银)的实际流通的数量。"这样,纸币投入越多,每一单位纸币所能代表的金量越少,即纸币贬值,物价就上涨。于是,在纸币流通条件下,纸币数量的增减成为商品价格涨跌的决定因素。也就是说,货币流通量决定于流通中商品价格总额和货币流通的平均速度这一规律,不仅适用于金属货币流通,也适用于纸币流通和信用货币的流通。

## (二)古典货币需求理论——传统货币数量论

古典经济学家在 19 世纪末 20 世纪初发展起来的传统货币数量论,其对货币需求的影响因素和数量关系的解释,是货币需求最基本的思想和理论渊源。

### 1. 现金交易数量论——费雪方程式

美国经济学家欧文·费雪在 1911 年出版的那本颇有影响的《货币的购买力》一书中,对古典货币数量论做了清晰的阐述。费雪的现金交易方程式如下:

$$MV = PT$$

式中:$M$ 表示一定时期内流通中的货币平均量;$V$ 代表货币的流通速度;$P$ 为交易中各类商品的平均价格;$T$ 为各种商品的交易量。

上述交易方程式表明,一定时期内以当年价格水平表示的商品交易价值总额应该恒等于购买这些商品的货币总量。货币流通速度 $V$ 由制度因素决定,因而在短期内不变,可以视之为常数;$T$ 是由产出决定的,它总是与产出量保持固定的比例,在充分就业的条件下,$T$ 也是大体稳定的。由于 $V$ 和 $T$ 都与货币数量的变动无关,因此只有 $P$ 与 $M$ 的关系最相关,两者的关系可以表示为:

$$P = MV/T$$

上式表明,货币数量 $M$ 的任何变动,必然带来物价水平 $P$ 正比例的相应变动,或者说价格水平的变动来自货币数量的变动。此即货币数量论的观点。

将上式变形,可以得到相应的货币需求量表达式:

$$M = PT/V$$

从形式上看,费雪的现金交易方程式与马克思的货币需求量公式区别不大。但两者的含义截然不同,费雪特别强调货币数量变化对商品价格的影响,而马克思则强调商品价格对货币数量的决定作用。

**2. 现金余额数量论——剑桥方程式**

现金余额数量论由剑桥学派的经济学家提出,属于剑桥学派的货币需求理论。英国剑桥学派创始人阿尔弗雷德·马歇尔在1923年出版的《货币、信用与商业》一书中系统地提出了现金余额数量论。马歇尔非常重视微观主体行为对货币需求的影响,他认为,决定人们持有多少货币的因素有个人财富水平、利息率的变化以及持有货币可能拥有的便利等。

马歇尔的观点由他的学生庇古加以系统化并用方程式表达出来,即剑桥方程式:

$$M = KPY \quad 或 \quad P = M/KY$$

式中:$M$ 为名义货币总需求;$Y$ 代表总收入,即实际生产总量;$P$ 代表价格水平;$K$ 是以货币形式保存的财富占名义总收入的比例,即名义所得与货币量的比例。

剑桥方程式的贡献在于把货币看作一种资产,是人们持有财富的一种资产形式。它指出,货币资产在总财富中所占的比率,取决于持有货币资产的机会成本和人们对各种资产收益的预期。它开始重视研究人们为什么持有货币资产,从而开创了从微观经济主体的持币动机、持币行为的角度研究货币需求的先河,这是对货币需求理论的重大贡献。

剑桥方程式是费雪方程式的变形与发展,它们之间的区别在于以下几点。

(1) 费雪方程式重视货币作为媒介的功能,认为人们需要货币是为了便于交换;而剑桥方程式强调货币的价值贮藏功能,认为货币是具有充分流动性的价值贮藏工具,不仅交换需要货币,而且持有货币也是持有资产的一种形态。

(2) 与费雪方程式不同,剑桥方程式以收入 $Y$ 代替了交易量 $T$,以个人持有货币需求对收入的比率 $K$ 代替了货币的流通速度。因为剑桥方程式是以个人货币需求作为考虑问题的出发点的,其自变量当然是收入而不是社会的交易量,相应地也就必然有一个新的系数 $K$ 来代替 $V$。

(3) 费雪方程式重视影响交易的金融及经济制度等因素;而剑桥方程式重视持有货币成本与持有货币满足程度的比较,重视预期和收益等不确定性因素。

(4) 费雪方程式没有明确地区分名义货币需求与实际货币需求,所以,交易次数、交易量以及价格水平都影响到货币的需求;而剑桥方程式的货币需求是实际的货币需求,它不受物价水平的影响,因为物价变动只能影响名义货币需求。需要说明的是,如果孤立地把费雪方程式和剑桥方程式进行对比,只要把 $K$ 变换为其他形式,并强调交易总量与收入之间所存在的紧密相关关系,那就很容易把这两个方程混同起来。由于两个方程式均旨在剖析货币需求,因而有很多相通之处。但必须看到,两个方程式解析同一问题的思路有异,相对于费雪方程式而言,剑桥方程式反映的思路更广,它将货币需求理论的研究向前推进了一步。

## (三)凯恩斯货币需求理论

凯恩斯在早期曾是现金余额说的拥护者和剑桥学派的重要代表人物。但随着他的《货币论》在1930年出版,他对传统经济学进行了新的思考和评价,并提出了很多疑问。到1936年他所著的《就业、利息和货币通论》出版时,他已经完全超越了传统的新古典学派经济理论,提出了他的货币需求理论——流动性偏好理论。他认为,货币需求是人们特定时期能够而且愿意持有的货币量；人们之所以需要持有货币，是由于存在流动性偏好的心理倾向。所谓流动性偏好，就是人们在心理上偏好流动性，愿意持有流动性强的货币的欲望。因为与其他资产相比，货币具有最充分的流动性和灵活性，货币需求的实质就是流动性偏好。

#### 1. 货币需求的三种动机

凯恩斯认为，人们的货币需求动机主要有三个，即交易动机、预防动机和投机动机。

（1）交易动机，是指人们为进行日常交易而产生的持有货币的愿望，又可分为个人收入的动机和企业营业的动机，其强度大小主要取决于收入的多少和收入间隔的正常长度。

（2）预防动机，是指人们为应付不测之需而产生的持有货币的愿望。人们在生活中常会遇到一些未曾意料到的、不确定的支出和购物需求，因此需保持一定量的货币以应付这种不确定性和购买需求。对个人来说，如应付失业、患病等意外支出的需要；对企业而言，如应付原材料突然涨价等意外支出的需要。这类为应付不测之需的需求称为货币的预防性需求。

（3）投机动机，是指人们为选择有利的机会进行债券投机活动从中获利的愿望或动机。货币是最具流动性的资产，持有货币则可以随时根据市场行情的变化进行债券投机活动而获利。出于投机动机而产生的货币需求称为货币的投机需求。

#### 2. 凯恩斯货币需求函数模型

凯恩斯认为，交易动机货币需求与预防动机货币需求是收入的增函数，而投机动机货币需求是利率的减函数，并以此建立了货币需求函数式：

$$M = M_1 + M_2 = L_1(Y) + L_2(r) = L(Y, r)$$

上式中，$M$ 表示总的货币需求，可分解为两部分：满足交易动机和预防动机的货币需求 $M_1$，满足投机动机的货币需求 $M_2$。$Y$ 表示收入，$r$ 表示利率，$L$ 表示流动性偏好即货币需求函数，$L_1$ 表示 $M_1$ 与 $Y$ 的函数关系，$L_2$ 表示 $M_2$ 与 $r$ 的函数关系。

凯恩斯认为，货币的交易动机和预防动机需求取决于经济发展状况和收入状况。货币的投机需求主要受人们对未来利率变动预期的影响。按照凯恩斯的思想，预期的无理性导致预期缺乏科学性，从而货币投机需求的变动常常是剧烈且变幻莫测的，有时候甚至会走向极端而呈现不规则的变化。凯恩斯在他的《就业、利息和货币通论》中列举了这种极端的情况：当利率水平降到一定低的水平后，几乎所有的人都会预期未来利率不会继续下降，也就是说未来的债券价格不会继续上升。每个人从收益和风险的角度考虑，都不会持有任何债券，所有的资产都以货币形式存在。一旦发生这种情况，货币需求就脱离了利率递减函数的轨迹，流动性偏好的绝对性使货币需求变得无限大，失去了利率弹性。我们称这现象为"流动性陷阱"，这时金融货币当局无论怎样扩大货币供给，都不会使利率进一步下降，货币政策从而丧失了有效性。

### （四）弗里德曼货币需求理论

从 20 世纪 50 年代开始，经济形势发生了变化，大规模经济萧条现象已不是世界经济的主要问题，通胀成为经济中的头号难题。到 70 年代，简单的通胀又被更复杂的"滞胀"问题所代替。这种经济环境和背景的转变，在经济理论上反映为货币数量说的复兴。但是这种学说采用了理论分析与实证研究相结合的方式，与古典学派大不相同，所以称之为"新货币数量说"或"货币主义"，这一理论主要是由美国芝加哥大学经济学教授米尔顿·弗里德曼和他的同事们发展起来的。

弗里德曼一方面继承了凯恩斯视货币为一种资产的观念,在此基础上把传统的货币数量说改为货币需求函数;另一方面基本上肯定了传统货币数量说的长期结论,即货币量的变化反映于物价变动上。货币量变化从长期而论只能影响总体经济中货币部门的名义量,如物价、名义利率、名义所得等,但不能影响实际部门真实的量,如就业量、实际所得或产量、实际利率、生产率等。1956年,弗里德曼发表了《货币数量论:一种重新表述》一文,标志着现代货币数量论的诞生。弗里德曼把货币需求看作一种资产选择行为进行分析,但没有像凯恩斯主义者那样把资产的范围只局限在货币和债券上,而是将债券、股票以及各种实物资产都纳入货币的可替代性资产。弗里德曼没有着重分析人们的持币动机,而是对影响人们持有货币的经济因素进行了深入、细致的分析。他从消费者选择理论出发,把货币看作一种商品,认为人们的实际货币需求由三个因素(收入、机会成本和效用)决定,并建立了货币需求的函数模型:

$$M_d / P = f[y, w, r_m, r_b, r_e, (1/P)(d_p/d_t); u]$$

式中:$M_d/P$ 表示实际货币需求;$y$ 表示恒常收入,用来代表财富;$w$ 表示非人力财富占总财富的比例;$r_m$ 是货币预期的名义报酬率;$r_b$ 表示债券的名义报酬率,包括资本利得;$r_e$ 是股票的名义报酬率,也包括资本利得;$(1/P)(d_p/d_t)$ 表示商品价格的预期变化率,即实物资产的预期名义收益率;$u$ 表示其他影响货币需求的因素。影响货币需求变动的因素具体含义如下。

### 1. 总财富

弗里德曼把货币看作人们持有财富的一种形式。个人所持有的货币量受其总财富限制。总财富包括人力财富和非人力财富。由于总财富难以直接计算,因此,他提出用"恒常收入"这一概念来代替财富(也称持久性收入)。所谓恒常收入,是指人们在较长时期内所能取得的平均收入,它区别于带有偶然性的即时性收入,是一种比较稳定的收入。由于恒常收入易于计算,且具有稳定性,因而可以避免即时性收入受偶然因素影响而使货币需求函数不稳定的现象。

### 2. 财富构成

财富构成指人力财富与非人力财富的比例。人力财富是指个人在将来获得收入的能力,即人的生产能力,又叫人力资本。非人力财富即物质资本,指生产资料及其他物质财富。

### 3. 货币和其他资产的预期收益

人们持有多少货币,在很大程度上取决于货币与其他资产收益大小的比较。

### 4. 影响货币需求的其他因素

人们对货币的"嗜好"程度也会影响货币需求。如果人们把货币看成是"必需品",那么货币需求对收入的弹性为1或小于1;如果人们把货币看作"奢侈品",则货币需求对收入的弹性就会大于1。此外,人们对未来经济稳定性的预期也会影响货币需求。

弗里德曼的货币需求函数最主要的特点就是强调恒久性收入对货币需求的主导作用。他认为,货币需求也像消费需求一样,主要由恒久性收入决定。从长期看,货币需求必定要随恒久性收入的稳定增加而增加,由于恒久性收入在一个经济周期内不会发生较大幅度的变化,故货币需求也是稳定的。弗里德曼认为,货币政策的首要任务是防止货币本身成为经济波动的主要源泉,货币当局应避免剧烈地和反复无常地改变货币政策的宏观调节方向,只有这样,才能给经济提供一个稳定成长的条件。

## 三、影响我国货币需求的因素分析

### （一）收入水平或财富规模

随着我国经济规模以及人均收入的增加，货币需求总量呈同方向变动，而经济货币化的过程也促进了货币需求的增加。

### （二）价格水平和预期物价变动率

价格水平和货币需求尤其是交易性货币需求之间呈同方向变动关系。当前我国价格改革正在向纵深推进，各种资源类产品的价格普遍呈上涨趋势，其传导效应以及劳动力成本的不断上升，都加强了居民对未来物价上涨的预期，也增加了居民的货币需求。

### （三）利率

大量实证研究表明，我国的货币需求对利率已经具有显著弹性。随着金融资产日渐丰富，利率引导居民在货币与其他资产形式之间进行选择，由此影响货币需求。例如，2006年股市处于大牛市时，出现了大量存款"搬家"的现象；而近年来股市低迷，人们则更倾向于选择银行存款或持有现金。

### （四）货币流通速度

从动态的角度考察，一定时期的货币总需求是指该时期货币的流量。而流量又不外是货币平均存量与货币流通速度的乘积。现假定用来交易的商品与劳务总量不变，如果货币流通速度加快，则可以减少现实的货币总需求；反之，如果货币流通速度减慢，则必然增加现实的货币需求量。因此，货币流通速度与货币总需求呈反向变动的关系。在不考虑其他因素的条件下，二者之间的变化存在固定的比例关系。

### （五）其他因素

影响我国货币需求的其他因素有信用发展状况，金融机构技术手段的先进与否、服务质量的优劣和经济社会发展总体形势等。例如，20世纪90年代以来，国家改变了居民养老、医疗和教育由政府包揽的体制，实现了居民养老、医疗和教育的市场化和社会化，给居民造成了一定的压力，居民不得不更多地持有货币以应对未来的不确定性。随着国家逐步重视民生，加大社会保障支出，居民的预防性货币需求也会减少。又比如，互联网金融的发展大大增加了交易的便利性，加快了货币流通速度，有利于降低货币需求。

> 补充阅读 9-1

**不同时期我国宏观经济中货币的需求变化**

我国在不同时期、不同经济发展模式下的货币需求相差甚远。从计划经济转向市场经济带来的经济制度的变迁，更是从根本上影响经济发展的方向和模式，进而影响不同经济主体的持币动机,并对货币需求的变化起着决定性的作用。制度变迁和模式改变作为一个潜在且关键的解释变量影响着货币需求。

一、计划经济体制下我国的货币需求

新中国成立后不久,我国在顶层设计上采用计划经济体制,政府将计划手段运用于经济运行的全过程,并对生产要素参与生产过程和产品分配进行高度集中的管控,价格受到政府严格的管制,物价被控制在较低的水平。这一阶段的企业、居民等微观经济主体的货币需求表现为交易性需求。

在货币需求主要由商品流通所决定的时代,货币需求与商品供给之间存在一个相对合理的比例,我国具有鲜明时代特征的8∶1经验公式由此产生。该公式根据正常年份的货币流通量,运用倒推法,首先计算出正常年份的货币流通速度,然后根据公式即可计算出预期的货币需求量。

二、经济体制改革时期我国的货币需求

20世纪80年代,我国经济体制由计划经济体制逐渐转变为"计划经济为主、市场经济为辅"的体制,市场供求状况逐渐改善,对不同经济主体的货币需求选择产生了颠覆性的影响。

(一)经济体制改革对居民货币需求的影响

从交易性需求来看,国民收入水平大幅提升,扩大了交易性货币需求规模。

从预防性需求来看,由于居民对未来的收支结构变化等不确定因素的担忧,居民更倾向于进行预防性储蓄。同时,社会保障体制的社会化改革在增加居民收入的同时,也增加了居民对预防性货币的需求。

从投资性需求来看,随着居民收入的增加及金融意识的逐步增强,货币的资产性需求得到了极大的提高,居民投资组合选择范围扩大,资产负债结构也日益丰富。

此外,随着社会财富逐步向国民集聚,国民可支配收入占比提升,对货币预防性和投资性的动机加深,个人货币需求逐步从外生货币供给机制向内生机制转变。

(二)企业改革对货币需求的影响

1983年,以放权让利为核心的企业改革开始实施,企业的货币需求随之大幅增加。

从交易性需求的角度来看,企业对于生产性运营资金的需求与日俱增,企业在日常经营中面临的交易性货币需求增加。

从预防性需求的角度来看,企业面临的市场风险剧增,为了更好地应对不确定情况,预防性货币需求增加。

从资产性需求的角度来看,企业空余可支配收入增加,并逐渐开始持有债券与实物资产,而其间的货币需求也随着利率、证券收益率和预期通货膨胀率等各种市场因素的变动而不断受到影响。随着企业的银行存款迅速增多,市场竞争加剧,为了提高自身竞争力,大多数企业选择了扩大生产经营规模以增加市场占有率的粗放型经营模式,企业的投资欲望变得十分强烈。但在渐进式改革对企业放权让利的同时,并没有建立起相应的约束机制,在一段时期内导致缺乏成本与风险约束的投资规模盲目扩大,对货币产生了大量的非理性需求,造成企业商业信用活动中的违约拖欠现象日益严重,导致了改革以来的数次通货膨胀。

可见,经济的释能与政府的放权虽然极大促进了市场的自主性,货币的需求量迅速扩大,由此推动了经济增长,但是货币需求的无节制扩大会带来负面效应,企业的超常货币需求极有可能导致日益严重的"三角债"等现象。因此,如何把握合适的企业货币需求十分重要。

(三)经济体制改革对政府货币需求的影响

随着市场化改革的推进,居民和企业的货币需求基本上自主决定,政府参与直接生产经营活动的程度大幅削弱,这意味着货币需求不再受政府的统一支配与强制安排,而是基于市场化运作机制的影响而变动。

同时,在经济体制转轨过程中,政府在经济活动中的角色由计划者转变为参与者,会产生诸如职能性、行政性等货币需求动机。通常情况下,当政府出现财政赤字时,为刺激经济增长、扩充财库,政府会产生扩张性货币需求动机,从而加大对税收政策的调控力度,强制性征收部分税收,以实现国民收入的再分配;不仅如此,政府还会行使行政管理职能,结合实际情况灵活调整支出,以合理控制经济走势。

扩张性需求动机会通过货币流通作用于不同的经济领域,如果政府的作用方向是商业领域,那么商品市场的产品价格深受影响;如果政府的作用方向是金融领域,那么金融市场的价格会发生波动。

(四)收入分配体制改革对货币需求的影响

改革开放以后,居民部门收入大幅跃升,个人货币需求也随之日益扩大,逐渐成为货币需求的主体。对于居民部门来说,不仅交易性、预防性的货币需求与收入同方向增长,而且由于金融市场不发达,兼具安全性、流动性、盈利性的证券资产相对缺乏,居民最理性的资产选择仍然是持有货币性资产,致使居民的货币需求也随着收入的增加而增长。

价格体制改革也会对货币需求产生影响。在向市场经济转轨的过程中,价格体制改革使政府放松对价格的管制,价格在经济活动中逐步发挥调节作用,使得交易性货币需求大幅增加。

资料来源:https://baijiahao.baidu.com/s?id=1746715762823808811&wfr=spider&for=pc。

# 第二节　货币供给

## 一、货币供给与货币供给量

### (一)货币供给

货币供给是指某一国或货币区的银行系统向经济体中投入、创造、扩张(或收缩)货币的金融过程。它主要涉及货币供给的变量及其层次、货币供给的控制机制与控制工具、货币供给与货币收支、货币供给量的决定机制等问题。

### (二)货币供给量

货币供给量一般是指由政府、企事业单位、社会公众等持有的,由银行体系所供给的债务总量。货币供给量有广义和狭义之分,狭义的货币供给量即 M1,广义的货币供给量为 M2。研究货币供给量的目的是使银行体系实际提供的货币量与社会经济总体对货币的需求量保持一致,为经济的稳定增长创造条件。

## 二、货币供给的层次划分

### (一)货币层次划分的标准

货币层次的划分,是把流通中的货币按一定的标准进行相关排列,划分成若干层次,并用符号代表各层次内容的一种技术方法。货币层次的划分是以金融资产的流动性为标准进行的。金融资产的流动性是指金融资产在不受损失或少受损失的前提下,及时转化为现实购买力的能力。

### (二)货币层次划分的方法

由于各个国家经济发展水平不同,社会民众的生活习惯不同,金融体制、信用制度的特点也不同,甚至一个国家不同时期的具体情况也会发生变化,所以不同国家的货币层次的划分是有区别的,同一国家不同时期的货币层次划分也往往会随情况变化而调整。

国际货币基金组织货币层次的划分统计口径是:

M0 = 银行体系以外的现钞和铸币;

M1 = M0 + 商业银行的活期存款 + 其他活期存款;

M2 = M1 + 准货币。

我国参照国际货币基金组织的划分口径,把货币供给层次划分如下:

M0 = 流通中的现金;

M1 = M0 + 银行活期存款;

M2 = M1 + 企业定期存款 + 储蓄存款 + 证券公司客户保证金。

### (三)划分货币层次的意义

货币层次的划分具有重要意义。首先,货币层次的划分,使货币供给的计量有科学的口径。其次,处于不同层次的货币,流动性不同,划分货币供给层次可以考察具有不同流动性的货币供给量对经济的影响。最后,不同层次的货币供给形成机制、特性不同,调控方式也不同,划分货币供给层次有利于有效地管理和调控货币供给量。

将金融资产流动性作为货币层次的划分标准,主要是因为金融资产的流动性程度不同,其流通周转次数就不同,由此形成的货币购买力及对整个社会经济活动的影响也就不同。按流动性划分货币供给量的层次,有助于金融管理当局掌握不同层次货币的运行态势,按不同层次货币对经济的不同影响,采取不同的措施进行调控并确定调控的重点。

## 三、货币供给的形成机制

在二级银行制度下,货币供给是通过中央银行和商业银行两级货币创造机制来完成的。二级银行制度即由中央银行和以商业银行为主体的金融机构共同组成的国家银行体系。在这种体制下,中央银行是发行的银行、银行的银行、政府的银行,一般不与个人、企业、单位直接发生信用关系,只与商业银行等金融机构及政府发生信用关系,是公众货币的直接供给者。在二级银行制度下,中央银行和商业银行在货币供给过程中的地位和作用是不同的。

虽然中央银行在货币供给的形成中起决定作用,但最终还是要通过微观基础(即居民、企业及商业银行)的反应才能起作用。所以我们首先要分析各微观主体的经济行为与货币供给量之间的关系。

## (一)居民持币行为与货币供给

当居民普遍增加现金即通货持有量的时候,通货对活期存款的比率会提高;反之,这个比率会下降。这个比率通常被简称为通货比,用符号 $C/D$ 表示。对居民持币行为从而对通货比产生影响的因素主要有四个方面。

### 1. 财富效应

当一个人的收入或财富大量增加时,通常情况下,他持有现金的增长速度会相应降低;反之亦然。这说明,一般情况下,通货比与财富和收入的变动呈反方向变化。

### 2. 预期报酬率变动的效应

居民持有的现金是不产生利息的,因此它们的货币报酬率为零;储蓄存款有利息收益,那就是货币报酬率大于零。假若只存在现金和储蓄存款两种金融资产,显然,储蓄存款利率变动与通货比率之间呈负相关关系。实际上,在现金和储蓄存款之外还存在其他一些资产,如国债、企业证券等,其他资产价格或收益率的变动也会间接地影响通货比率。例如,证券或债券的收益率提高了,如果人们的现金持有量不变,而储蓄存款由于相对收益水平下降而减少,那么通货比率就会相对提高。

### 3. 金融危机

假若出现了银行信用不稳定的苗头,居民就会大量提取存款,通货比因而会增大。

### 4. 非法经济活动

逃避法律监督的非法经济活动倾向于用现金进行交易。所以,非法经济活动的规模与通货比呈正相关关系。

## (二)企业行为与货币供给

在市场经济中,企业所有者或经营者在筹集资金和运用手中的货币资本进行投资或资产选择时,常常与居民遵循共同的规则。但是,表征企业行为对货币供给影响特点的,是它们对资本进而贷款的需求。一般来说,主要有两方面的影响因素。

### 1. 经营规模的扩大与收缩

企业扩大经营规模需要补充资本,补充资本的投入一般要求从补充货币资本开始。如果企业对货币资本的投入靠的是自身的积累,这不需要补充贷款;反之,则需要追加贷款。追加贷款,就不能不影响货币供给。

### 2. 经营效益的高低

一般来说，不管是经营管理不善，还是整个经济比例、结构有问题，都会造成资金周转率降低，信贷资金占用时间延长，在相同的产出水平下会相对增加对贷款的需求，从而增加货币供给量；反之，则会减少对于增加货币供给量的压力。

## （三）商业银行与货币供给

在二级银行制度下，商业银行的存款创造活动是货币供给形成机制中的重要层次，具有特别重要的地位。商业银行区别于其他金融机构的最重要特征在于，只有商业银行才能经营活期存款业务，因而商业银行可以通过其业务经营活动（吸收活期存款及发放贷款等）进行多倍存款扩张，并形成存款货币供给量。下面介绍商业银行创造存款货币的原理和过程。

### 1. 有关存款货币创造的几个基本概念

有关存款货币创造的基本概念包括存款货币、原始存款、派生存款等。

(1) 存款货币，指存放在商业银行、使用支票可以随时提取的活期存款。

(2) 原始存款，指商业银行吸收现金存款和中央银行对商业银行贷款而形成的存款。

(3) 派生存款，相对于原始存款而言，指由商业银行用转账方式发放贷款、办理贴现或投资等业务活动引申出来的存款，又叫衍生存款。

### 2. 存款货币的创造过程

我们可以通过一个简单的例子来说明商业银行是如何在其业务经营过程中创造出派生存款的。

为了便于阐述，我们先提出如下几个假设。

(1) 没有现金漏损。支付清算系统全部通过转账结算，即借款人从银行取得贷款，全部以转账方式办理支付，没有现金漏出。

(2) 超额存款准备金为零。在部分准备金制度下，每家商业银行对吸收的存款按10%的法定存款准备金率提取法定准备金以后，余额全部用来发放贷款，而不保留超额准备金。

(3) 银行客户将其全部货币收入都存入活期存款账户，而不增加定期存款和储蓄存款。

存款货币创造过程如下。

(1) 假设一客户将1 000元现金存入甲银行，这1 000元存款就成为原始存款。在部分准备金制度下，甲银行就需要在这1 000元中保留10%，即100元作为准备金，其余900元可全部贷出。此时，甲银行的T型资产负债表如表9-1所示。

表9-1　甲银行资产负债表

单位：元

| 负债 | | 资产 | |
|---|---|---|---|
| 准备金 | 100 | 现金存款 | 1 000 |
| 贷款 | 900 | | |
| 总额 | 1 000 | 总额 | 1 000 |

(2) 甲银行贷出900元以后，取得这批贷款的客户将这笔钱用于支付，而收款人又将这笔款项全部存入了乙银行。按照前面的假设，乙银行的T型资产负债表如表9-2所示。

表9-2　乙银行资产负债表

单位：元

| 负债 | | 资产 | |
|---|---|---|---|
| 准备金 | 90 | 现金存款 | 900 |
| 贷款 | 810 | | |
| 总额 | 900 | 总额 | 900 |

(3)同样,当乙银行贷出810元之后,取得这笔贷款的客户将这笔款用于支付,而收款人又将这笔款全部存入丙银行。同样,按前面的假设,可得到丙银行的资产负债表如表9-3所示。

表9-3　丙银行资产负债表

单位：元

| 负债 | | 资产 | |
|---|---|---|---|
| 准备金 | 81 | 现金存款 | 810 |
| 贷款 | 729 | | |
| 总额 | 810 | 总额 | 810 |

依次类推,直到整个银行体系都没有超额准备金存在。在这个过程中,每一家银行都在创造存款,这个过程可以从表9-4中反映出来。

表9-4　商业银行存款货币创造过程

单位：元

| 银行 | 活期存款 | 准备金 | 贷款 |
|---|---|---|---|
| 甲银行 | 1 000 | 100 | 900 |
| 乙银行 | 900 | 90 | 810 |
| 丙银行 | 810 | 81 | 729 |
| 丁银行 | 729 | 72.9 | 656.1 |
| …… | …… | …… | …… |
| 总计 | 10 000 | 1 000 | 9 000 |

从表9-4可知,当银行根据经验按存款的一定比例(假设是10%)提取法定准备金,1 000元的存款可使有关银行共贷出9 000元贷款和吸收包括最初1 000元存款在内的10 000元存款。从先后顺序来说,1 000元是最初的存款,9 000元是由于有了最初的存款才产生的。因此,我们把最初的存款称为"原始存款",把在此基础上扩大的存款称为"派生存款"。

如果以 $\Delta D$ 表示包括原始存款在内的经过派生后的存款总额,以 $\Delta R$ 表示原始存款或准备存款的初始增加额,以 $\Delta L$ 表示在原始存款基础上发放的贷款累计总额——派生存款总额,以 $r_d$ 表示法定存款准备金率,则

$$\Delta D = \Delta R \cdot 1/r_d$$

$$\Delta D \cdot r_d = \Delta R$$

$$\Delta L = \Delta D - \Delta R$$

对于银行存款货币创造机制所决定的存款总额,其最大扩张倍数称为存款派生倍数,也称为派生乘数或派生系数。它是法定存款准备金率的倒数。若以 $K$ 代表存款派生倍数,则有下式:

$$K = \Delta D / \Delta R = 1 / r_d$$

这里的 $K$ 值只是原始存款能够扩大的最大倍数,实际过程中的扩张倍数往往达不到这个值。

### 3. 影响存款派生倍数的其他因素

在理想条件下,影响存款派生倍数的因素只有法定存款准备金率。但是,在实际经济生活中,存款派生倍数还要受以下三个因素的限制。

1) 现金漏损

客户在取得贷款以后,往往不会将其全部转为存款,而是要提取一部分现金,从而使这一部分现金流出银行系统,出现所谓的"现金漏损"。当出现现金漏损时,银行系统可以用于发放贷款的资金减少,所以存款派生倍数也必然缩小,银行创造存款货币的能力下降。现金漏损额与活期存款总额之比称为现金漏损率,也称提现率,以 $c$ 表示,其计算公式如下:

$$c = 现金漏损额 / 活期存款总额$$

2) 银行持有的超额准备金

在现实生活中,银行并不会把上缴法定存款准备金后的余额全部都用来发放贷款,而是要保留一部分超额准备金以满足客户提现及增发贷款之需,这部分超额准备金也会退出商业银行的存款创造过程,使存款派生倍数缩小。银行超过法定要求持有的准备金与活期存款总额之比称为超额准备金率,以 $e$ 表示,其计算公式如下:

$$e = 超额准备金 / 活期存款总额$$

3) 部分活期存款转为定期存款

在现实生活中,有一部分活期存款会转为定期存款。在西方国家,金融监管当局对于两种存款分别规定了不同的法定准备金率,活期存款的法定存款准备金率一般高于定期存款,所以部分活期存款转为定期存款使两种存款的比例发生变化时,必然会使商业银行的法定准备金总额发生变动,从而使商业银行可用资金发生相应变化,进而对其派生能力产生影响。该因素对商业银行派生能力的影响可表示为:

$$r_t \cdot (D_t / D) = r_t \cdot t$$

式中:$t$ 是定期存款 $D_t$ 占活期存款 $D$ 的比例,$r_t$ 是定期存款法定准备金率。

综合考虑以上三个因素的影响,存款派生倍数可以修正为:

$$K = D / R = 1 / (r_d + r_t \cdot t + c + e)$$

商业银行存款的倍数收缩过程与扩张过程相对称,其原理是一样的。

### 4. 商业银行存款派生与中央银行信用的关系

从以上分析可知,通过商业银行存款派生过程投放到流通中的存款货币数量,首先取决于商业银行所能获得的原始存款数量,其次取决于由法定准备金率、超额准备金率、现金漏损率、定期存款比例等因素决定的原始存款派生倍数。前面在介绍商业银行存款创造原理时,曾假定商业银行原始存款的增加仅来自吸收现金存款。实际上,吸收现金存款不可能成为商业银行增加原始存款的主要来源。因为从全社会和整个银行体系来看,社会公众持有的现金量是基本稳定的,每天商业银行既能吸收客户的现金存款,同时又要满足客户提取现金的需要,这"一进一出"从较长时间来看出入不大。商业银行扩大超额准备金的主要来源实际上是中央银行所提供的信用,商业银行所能获得的中央银行提供的信用的数量和最终通过派生机制创造的存款货币数量是"源"与"流"的关系。"源"是中央银行提供的"银行货币","流"是商业银行提供的"公众货币","公众货币"是在"银行货币"的基础上经过倍数扩张后形成的。这就涉及现代货币供给形成机制的另一个层次:中央银行在货币供给机制中的地位和作用的问题。

### (四)中央银行与货币供给

中央银行是现金的发行者与管理者,又是商业银行的最后贷款人,所以商业银行所能获得的原始存款的数量归根到底都是由中央银行提供的。中央银行向商业银行提供的货币是一种特殊的货币,被称为银行货币,也称基础货币。

#### 1. 基础货币

基础货币,也称强力货币,因其具有使货币供给总量成倍放大或收缩的能力,又被称为高能货币(High-powered Money),它是中央银行发行的债务凭证,表现为公众持有的通货($C$)和商业银行的存款准备金($R$),用 $B$ 表示基础货币,则有 $B = C + R$。基础货币是中央银行通过其资产业务提供的,是整个商业银行体系借以创造存款货币、实现存款倍数扩张的基础。

存款准备与现金这两者联系紧密,不能截然分开。作为存款货币创造基础的准备存款,是既因现金的提取而会减少、又因现金的存入而会增多的准备存款。而准备存款的存在,既是现金进入流通的前提——无准备存款则无法取得现金,又是现金回笼的归宿——实实在在的现金并不因回笼而消失,而是转化为准备存款形态。

这里需要着重指出的是,中央银行扩大资产业务并不是以负债业务的增加为前提的,中央银行并不像商业银行一样必须先吸收存款,有了增加的资金来源以后才能发放贷款,而是先扩大资产的规模,再形成等额的负债。其原因就是中央银行有发行货币的特权,而且这种创造货币的能力从技术上来说是无限的,只是要受稳定币值这一货币政策目标的制约。

#### 2. 货币乘数

基础货币可以引出数倍于自身的可为流通服务的信用货币。把货币供给量与基础货币相比,其比值就是货币乘数(Money Multiplier)。用 $M_s$ 代表货币供给,$B$ 代表基础货币,$m$ 代表货币乘数,则可列出下式:

$$M_s = m \cdot B$$

货币乘数是指货币供给量相对于基础货币的倍数,或者说是基础货币每增加或减少一个单位所引起的货币供给量增加或减少的倍数。基础货币虽然是由通货,即处于流通中的现金 $C$ 和存款准备 $R$ 这两者构成,但两者在货币乘数中的作用并不一样。处于流通中的现金 $C$ 虽然是创造存款货币不可或缺的根据,但就它本身的量而言,中央银行发行多少就是多少,不可能有倍数的增加。而引起倍数增加的只是存款准备 $R$。因此,基础货币 $B$ 与货币供给量 $M$ 的关系可用图 9-1 表示。

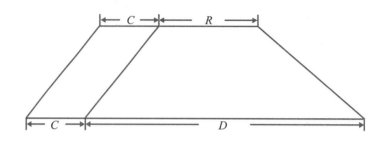

**图 9-1 基础货币与货币供给量**

在图 9-1 中, $C+R$ 是基础货币, $C+D$ 是货币供给,所以有:

$$m = (C+D)/(C+R)$$

如果把这个式子中分子、分母的各项均除以 $D$,则成为:

$$m = (C/D+1)/(C/D+R/D)$$

式中: $C/D$ 称为通货-存款比,这个比率的大小取决于私人部门的行为,包括个人与公司; $R/D$ 称为准备-存款比,这个比率的大小取决于存款货币银行的行为。这两个比率决定乘数的大小,再加上基础货币,即决定货币供给量。而基础货币的多少,从一定意义上说取决于中央银行的行为。

货币乘数与存款派生倍数是两个不同的概念,货币乘数反映的是基础货币与货币供给量之间的倍数关系,即 $m = M1/B$(将货币供给量界定为狭义的货币供给量 M1);而存款派生倍数 $k$ 反映的是商业银行的原始存款与活期存款的倍数关系。

以下介绍货币乘数 $m$ 的推导过程。

因为 $M1 = C+D$, $B = C+R$,所以 $m = M1/B = (C+D)/(C+R)$。又因为, $E$ 为商业银行超额准备金, $r_d$ 为商业银行活期存款法定准备金率, $r_t$ 为商业银行定期存款法定准备金率, $D$ 为商业银行活期存款, $D_t$ 为商业银行定期存款,代入货币乘数 $m$,则有:

$$m = (C+D)/(C+E+r_d \cdot D + r_t \cdot D_t)$$

将上式右侧的分子、分母同时除以 $D$,可得:

$$m = (C/D+1)/[C/D+E/D+(r_d \cdot D)/D + r_t \cdot D_t] = (c+1)/(c+e+r_d+r_t \cdot t)$$

如果将货币的定义扩大为广义货币供给量 M2,则广义货币乘数 $m_2$ 的推导过程如下:

$$m_2 = (C+D+D_t)/(C+R) = (C+D+D_t)/(C+E+r_d \cdot D + r_t \cdot D_t) = (1+c+t)/(c+e+r_d+r_t \cdot t)$$

用以上公式计算的货币乘数,只是基础货币在理论上最大的扩张倍数。在现实经济生活中,货币乘数要受到贷款需求和商业银行贷款意愿的影响,因而比理论货币乘数小。例如,在经济停滞和利润下降的情况下,即使银行愿意多贷款,企业也可能因为对投资前景悲观而不愿意贷款;再如在经济过热、通货膨胀的情况下,即使企业贷款需求高涨,但商业银行在中央银行紧缩政策的指导下,可能因为担心贷款风险而不愿意多发放贷款。这都会使货币乘数不能有效发挥作用,从而使可能的派生规模并不一定能够全部实现。

## 四、货币供给的内生性与外生性

关于货币当局与货币供给数量变动之间的关系,经济学家们总是用"货币供给究竟是外生变量还是内生变量"这样的命题来概括。

内生变量,又叫非政策性变量,是指在经济机制内部由纯粹的经济因素所决定的变量,不为政策所左右。外生变量,又称政策性变量,是指在经济机制中易受非经济因素影响,由政策决策人控制,并用作实现其政策目标的变量。

支持货币供给内生性的学者认为,货币供给量是一个内生变量。中央银行不能完全直接控制货币供给量,货币供给的变动是由经济体系内各经济主体的行为所共同决定的,中央银行对货币供给的控制只能是相对的。从金融领域来看,一方面,商业银行的存款和资产规模要受到储户存款的资产偏好和银行贷款、投资机会的影响;另一方面,其他非银行金融机构存款创造能力也会随着其贷款融资活动的增加而提高,而社会公众资产偏好导致的资产结构又是现实经济运行经常调整变化的结果,这就使货币供给的变化具有内生性。支持货币供给的内生性并不等于否认中央银行控制货币供给量的有效性,只不过货币资产与其他金融资产之间、商业银行的货币创造能力与非银行金融机构的货币创造能力之间的替代性会大大降低中央银行对货币供给量的控制效应。

支持货币供给外生性的学者认为,货币供给量主要是由经济体系以外的货币当局即中央银行决定的,是经济系统运行的外生变量,中央银行可通过发行货币、规定存款与储备比率等方式来控制货币供给量。因而,中央银行只要确定了经济发展所需的合理货币需求量,然后再适量供给货币,货币供需就能实现均衡。如果货币需求量是合理的,则当货币失衡时,完全可以由中央银行通过政策手段的实施加以矫正。强调货币供给的外生性并不否认经济系统中实际经济活动对货币供给量决定的影响,只是表明实际经济活动对货币供给量决定的影响远不如中央银行对货币供给量决定的影响那么强。

综合来看,货币供给是融内生性和外生性于一体的复合变量。首先,货币供给形成的源头——基础货币由中央银行直接控制。其次,在现代中央银行体制和部分准备金制度下,决定货币供给量的因素,不仅包括货币当局的政策变量,还包括其他经济因素(例如商业银行、社会公众的偏好和资产选择等),尤其是货币乘数,这更是一个由多重经济主体操作、受到多重因素影响的复杂变量。

### 思政专栏 9-1

**为高质量发展提供金融支撑**

2023年是全面贯彻落实党的二十大精神开局之年,经济工作必须牢牢把握高质量发展这个首要任务。2023年3月,中国人民银行行长易纲在国务院新闻办新闻发布会上表示,要贯彻落实党中央决策部署,为经济高质量发展营造适宜的货币金融环境,提升金融服务实体经济的能力和质效,强化金融稳定保障体系,深化金融改革。

第一,营造适宜货币金融环境。精准、有力实施好稳健的货币政策,首要是保持币值稳定。币值稳定有两层含义,第一层含义是物价稳定,第二层含义是汇率基本稳定。除了保持币值稳定,促进经济增长是货币政策的另一个重要目标。

第二,全力支持经济高质量发展。从总量上看,一方面,保持流动性合理充裕;另一方面,保持信贷合理增长。央行下一步将综合运用多种货币政策工具,保持流动性合理充裕、广义货币和社会融资规模增速与名义经济增速基本匹配,保持人民币汇率在合理均衡水平上的基本稳定。

第三,优化金融供给结构。推动高质量发展,要坚持以推进供给侧结构性改革为主线,具体到金融领域,就是要提高供给质量、优化供给结构,提升金融服务实体经济的质效,更好地支持重点领域和薄弱环节。

第四,提升金融监管效能。推动高质量发展,主攻方向是提高供给质量,根本途径是深化改革。央行接下来将加强和完善现代金融监管,强化金融稳定保障体系,深化中小金融机构改革,持续防范化解金融风险,牢牢守住不发生系统性风险的底线。

资料来源:https://baijiahao.baidu.com/s?id=1760476185674195765&wfr=spider&for=pc.

## 第三节 货币均衡与失衡

### 一、货币均衡与失衡的含义

货币均衡是指在一定时期内货币供给量与国民经济正常发展所必要的货币需求量基本相适应的货币流通状态。若以 $M_d$ 表示货币需求量,以 $M_s$ 表示货币供给量,货币均衡可以表示为:$M_d = M_s$。而货币失衡则是指货币供给超过或者满足不了货币需求,即 $M_d \neq M_s$。

正确理解货币均衡必须把握以下四点。

(1)货币均衡不能机械地理解为 $M_d$ 与 $M_s$ 绝对相等。因为货币供给量对货币需求具有一定的弹性或适应性,即"货币容纳量弹性"。货币容纳量弹性利用货币资产、金融资产、实物资产间的相互替代效应和货币流通速度的自动调节功能,使货币供给量可在一定幅度内偏离货币需求量。

(2)货币均衡是一个动态的过程。货币均衡并不要求在某一具体时点上货币供给与货币需求完全相等,它允许短期内货币供求不一致,但长期内应大体一致。这是因为,一方面,货币供给量对货币需求量的偏离要受市场自我调节机制的约束,使货币供求的失衡趋向新的均衡;另一方面,货币当局执行货币政策就是为了实现货币供求的均衡,在货币政策实施过程中,货币当局会不断地采取调控货币需求与货币供给的措施,使货币供给向货币需求收敛。

(3)货币均衡是货币供需作用实现的一种状态。货币均衡是指货币供给与货币需求的大体一致,而非货币供给与货币需求数量上的完全相等,即货币供求完全相等是一种偶然现象。

(4)货币均衡也不能简单地理解为 $M_d$ 与 $M_s$ 自身相适应,还必须联系社会总供给与社会总需求来分析。货币均衡也要求货币供给与需求在结构上实现均衡。

## 二、货币供求与社会总供求平衡、失衡的关系

在现代经济中,货币均衡是指社会总供求均衡条件下的货币均衡,或者说社会总供求的均衡是国民经济的最终均衡,它意味着货币市场和商品市场都实现了均衡。

在货币经济中,所有供给(商品和劳务)的目的,均为获取等值的货币,以做进一步的购买,并进行连续的生产和消费过程,表现为商品和劳务的供给与货币需求的联系。货币的供给,又会在一定程度上形成对商品和劳务的需求。这种联系表现为:

$$AS \rightarrow M_d$$
$$AD \rightarrow M_s$$

式中:$AS$ 为社会总供给,即在一定时期内一国实际生产的可供生产消费和生活消费的生产成果的总和;$AD$ 为社会总需求,即在同一时期内该国实际发生的具有支付能力的社会总需求。

由于总供给与总需求之间存在密切的联系,并且总需求更多地制约总供给的变化,而货币供给从根本上说受制于货币需求,因此,上述关系可进一步表述为图9-2。

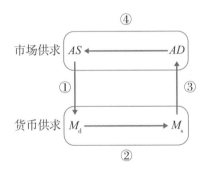

**图9-2 货币供求与社会总供求的关系**

在国民经济总体均衡的条件下,图9-2包含两层平衡关系,即 $M_s = M_d$,$AD = AS$。在主导关系中,$AS \rightarrow M_d$ 及 $M_s \rightarrow AD$ 具有客观性和必然性:货币的客观需求量是由商品和劳务的供给量所决定的,因为有多少商品和劳务,就需要有与其价值相等的货币量与之相交换;而货币的供给量现实地形成了人们对产品的购买力。因此,货币供求均衡代表了商品市场的供求均衡。

反之,货币供求失衡也必然导致商品市场的供求失衡,而货币供求失衡往往是由货币供给方引起的。原因是:$M_s$ 与 $M_d$ 是两个性质截然不同的经济变量,正如现代货币主义的货币供给理论所认为的,$M_s$ 是一个活跃的因素,它由中央银行控制和操作,反映的是货币当局的意志和判断,因而带有主观因素;而 $M_d$ 是一个相对稳定的量,主要由收入、利率、制度、技术、习惯等经济因素所决定,一般不受中央银行货币政策的影响,因而属于内生变量;所以货币供求失衡往往是人为干预的结果或货币政策失误的结果。如果 $M_s > M_d$,则会使 $M_s$ 所决定的 $D$ 大于 $S$;如果 $M_s < M_d$,则会使 $M_s$ 所决定的 $D$ 小于 $S$。所以,从总体来看,国民经济失衡首先是由货币失衡引

起的,货币市场的不均衡导致商品市场的不均衡,这种关系实际上说明了经济学上的一个命题,即社会总供求出现各种不均衡状态,都是在货币经济这一特定环境中发生的。尽管货币供求失衡不一定是社会总供求失衡的内部原因,却是必要的外部条件。在商品流通完全以物物交换的方式进行时,社会总供给与社会总需求永远是平衡的,供给必然同时创造出对它的全部需求,一切需求都直接来源于需求者自身的供给,两者不仅在价值上是相等的,而且在时空上也是同步进行的。

当出现因货币供求失衡导致的社会总供求的失衡以后,经济会通过两个途径重新恢复均衡:一是货币供大于求,这种情况发生在社会有闲置资源的前提下,一方面会使总需求扩大,另一方面超量的货币供给量会促使闲置的生产要素有机组合起来,形成新的生产力,从而在社会总供给增加的基础上与社会总需求达到平衡;二是货币投放过多,这种情况发生在没有闲置资源的条件下,货币供大于求导致的社会总需求增加只会拉动物价上涨,从而使商品市场和货币市场在新的价格水平上达到新的均衡。

# 第四节 通货膨胀

## 一、通货膨胀的定义

通货膨胀是指在信用货币制度下,流通中的货币数量超过经济实际需要而引起的货币贬值和物价水平全面而持续的上涨。定义中的物价上涨一般指物价水平在一定时期内持续普遍的上升过程,或者是货币价值在一定时期内持续的下降过程。

## 二、通货膨胀的类型

### (一)按通货膨胀的程度不同划分

1. 爬行式的通货膨胀

爬行式的通货膨胀也称温和的通货膨胀,即物价水平每年按一定的比率缓慢而持续地上升。目前人们普遍认为,通货膨胀率在3%以内,是社会可以承受的,属于正常的物价上升。这一程度的通货膨胀一般不会对社会经济生活造成重大影响,反而对经济的发展和国民收入的增加都有积极的刺激作用,并可以看作实现充分就业的必要条件。

2. 温和式的通货膨胀

温和式的通货膨胀是指价格总水平上涨比爬行式高,但又不是很快,具体百分比没有统一比率,一般情况是在3%以上、两位数以内的水平。这种类型的通货膨胀一般不会对社会经济生活造成重大影响。大多数国家都经历过这种通货膨胀。

### 3. 奔腾式的通货膨胀

奔腾式的通货膨胀通常指物价上涨率在两位数以上,且发展速度很快。这一程度的通货膨胀已经对经济和社会产生重大影响,甚至会出现挤提银行存款、抢购商品等引发市场动荡的现象,如果不坚决控制,就会导致物价进一步大幅上升,酿成恶性通货膨胀的后果。

### 4. 恶性通货膨胀

恶性通货膨胀也称超级通货膨胀,指物价上涨特别猛烈,且呈加速趋势,开始成倍增长。这一程度的通货膨胀已经严重地破坏了正常的经济生活秩序,开始动摇社会安定的基础,最后容易导致整个货币制度的崩溃。这一程度的通货膨胀多发生在处于战争、社会变革、政治动荡时期的国家和地区。如一战后的德国、1948年的中国和20世纪80年代的巴西都出现过类似的情况。

## (二)按通货膨胀的表现形式划分

### 1. 公开性通货膨胀

公开性通货膨胀表现为价格总水平明显地、直接地上涨,这是市场经济条件下通货膨胀的一般表现形式。由于在市场经济发达的国家价格很少受限制,当货币供给超过货币需求、社会总需求大于社会总供给时,就直接地、明显地表现为物价的上升。

### 2. 隐蔽性通货膨胀

隐蔽性通货膨胀也称压抑性通货膨胀,政府往往通过价格控制、定量配给以及其他的一些措施来抑制物价的上涨。从表面上看,货币工资没有下降,物价总水平也未提高,但居民实际消费水准下降了。此时,商品供不应求的现实通过准价格形式表现出来,如黑市、排队、凭证购买、有价无货、价格不变但质量下降。这主要是因为当经济中已经积累了难以消除的总需求大于总供给的压力时,政府依然采取管制和冻结物价、对商品销售进行价格补贴、对购买行为进行限量控制等措施,使通货膨胀的压力不能通过物价上涨释放出来。在排斥市场经济、实行单一行政计划管理体制时期的苏联及东欧各国,以及在改革开放以前和改革初期实行"价格双轨制"时的中国,都存在过隐蔽性的通货膨胀。

## (三)按市场对通货膨胀的预期划分

### 1. 预期性通货膨胀

预期性通货膨胀是指在通货膨胀发生之前,人们已意识到通货膨胀将会出现,而且有可能预测到它的发展趋势和程度。在预期通货膨胀将发生时,人们为了避免经济损失,会在各种交易、合同、投资中把预期通货膨胀率计算在内,从而导致物价与工资的螺旋式上升。

### 2. 非预期性通货膨胀

非预期性通货膨胀,是指人们对未来通货膨胀无法加以正确预测,既不能确定其是否出现,也不能确定其上涨幅度,但是未来通货膨胀又真实发生了,从而导致对收入和财富的再分配。

# 三、通货膨胀的度量

通货膨胀的严重程度是通过通货膨胀率这一指标来衡量的,而通货膨胀率一般以物价上涨率来反映,物价指数是测度通货膨胀率的依据。物价指数是指报告期商品价格与基期商品价格的比率,通货膨胀率 = 物价指数 − 1,即物价上涨率。物价指数多以样本商品或劳务的价格为基础,采用加权平均方法计算。

通货膨胀率的计算公式为:

当期通货膨胀率 =(当期物价水平 − 上一期物价水平)/ 上一期物价水平 × 100%

然而,使用不同的物价指数计算出来的同一时期的通货膨胀率是不同的。常用的反映物价变动的指数有消费者价格指数、生产者价格指数、国民生产总值平减指数。

### (一)消费者价格指数

消费者价格指数(Consumer Price Index, CPI)是一个反映居民家庭一般所购买的消费商品和服务价格水平变动情况的宏观经济指标。它是度量一组代表性消费商品及服务项目的价格水平随时间而变动的相对数,用来反映居民家庭购买消费商品及服务的价格水平的变动情况。居民消费价格统计调查的是社会产品和服务项目的最终价格,这同人民群众的生活密切相关,同时在整个国民经济价格体系中也具有重要的地位。它是进行经济分析和决策、价格总水平监测和调控及国民经济核算的重要指标,其变动率在一定程度上反映了通货膨胀或通货紧缩的程度。一般来讲,物价全面地、持续地上涨就被认为发生了通货膨胀。

### (二)生产者价格指数

生产者价格指数(Producer Price Index, PPI)与消费者价格指数不同,主要的目的是衡量企业购买的一篮子物品和劳务的总费用。由于企业最终要把它们的费用以更高的消费价格的形式转移给消费者,所以,通常认为生产者价格指数的变动对预测消费者价格指数的变动是有用的。生产者价格指数用来衡量生产者在生产过程中所需采购品的物价状况,因而这项指数包括了原料、半成品和最终产品等(美国约采用3 000种东西)三个生产阶段的物价资讯。它是消费者物价指数(以消费者的立场衡量财货及劳务的价格)之先声。

我国的生产者价格指数共调查八大类商品:燃料、动力类;有色金属类;有色金属材料类;化工原料类;木材及纸浆类;建材类,含钢材、木材、水泥;农副产品类;纺织原料类。

### (三)国民生产总值平减指数

国民生产总值平减指数(GNP Deflator)是按当年价格计算的国民生产总值与按不变价格计算的国民生产总值的比率。它可以反映全部生产资料、消费品和劳务价格的变动。

以国民生产总值平减指数度量通货膨胀,优点是它所包括的范围广,除了包括消费资料及劳务的价格水平之外,还包括生产资料的价格,能够全面反映社会总体价格水平的变动趋势。但由于计算国民生产总值平减指数的工作量大、资料较难收集且统计数字发布滞后,通常每年只公布一次,很难及时描述通货膨胀的程度和变化趋势。

## 四、通货膨胀的成因

从某种意义上讲,导致通货膨胀的直接原因只有一个,即货币的失衡,也就是货币供给过多。用过多的货币供给量与既定的商品和劳务量相对应,必然导致货币贬值、物价上涨,出现通货膨胀。究其深层原因,主要有需求拉上、成本推进、结构因素以及供给不足、预期不当、体制制约等数种,不同的原因反映为不同的学说。

## (一)需求拉上型通货膨胀

社会总需求超过社会总供给,从而导致物价上涨,这种通货膨胀称为需求拉上型通货膨胀。在现实生活中,供给表现为市场上的商品和劳务,需求则体现在用于购买和支付的货币上。因此,需求拉上型通货膨胀又被通俗地表述为"过多的货币追逐过少的商品"。若总供给不变,则价格水平的上涨就只能归因于需求的过度扩张。事实上,总供给并不总是一成不变的。如果投资的增加引起总供给以同等规模增加,物价水平可以保持不变;如果总供给不能以同等规模增加,物价水平上升会较缓慢;如果总供给丝毫也不增加,则需求的拉动将完全作用到物价上。

## (二)成本推进型通货膨胀

进入20世纪70年代后,西方发达国家普遍经历过高失业和高通货膨胀并存的"滞胀"局面。这种情况下的通货膨胀显然无法通过需求过度理论来加以解释。因为,按照上述理论,只有在达到充分就业水平之后,才会出现由于总需求过大产生的通货膨胀。因此,许多经济学家转而从供给方面去寻找通货膨胀的根源,提出了"成本推动"的通货膨胀理论,即认为通货膨胀的原因在于成本上升引起了总供给曲线的上移。在一个封闭经济中,货币工资在劳动生产率和价格水平均未提高前率先自动上升,或者其他生产投入品或要素价格因市场垄断力量的存在而上升,导致生产成本提高、价格上涨。其中,由于提高工资而引致的生产成本增加称为工资推进型通货膨胀,由于生产要素价格垄断而导致的生产成本增加称为利润推进型通货膨胀。

### 1. 工资推进型通货膨胀理论

工资推进型通货膨胀理论,是以存在强大的工会组织从而存在不完全竞争的劳动市场为假定前提的。在一些发达国家,工会的力量十分强大,它们作为垄断性的组织,与雇主集体议定工人工资水平,使得工人有可能获得高于均衡水平的工资。并且由于工资的增长率超过劳动生产率,企业就会因人力成本的加大而提高产品价格以维持盈利水平。这样,过高的工资推动总供给曲线上移,从而形成工资推进型通货膨胀。在此情况下,由于价格的上涨又会部分或全部抵消工资的上涨,工会就会继续要求提高工资,工资提高又引起物价上涨,从而形成西方经济学家们所谓的"工资-价格螺旋"。这种理论特别强调两点:一是货币工资率的上涨一定要超过劳动生产率的增长,否则就不是工资推进型通货膨胀;二是工会的力量,从这个角度来说,即使存在货币工资率的上涨超过劳动生产率增长的情况,也不能完全肯定发生了工资推进型通货膨胀,原因是有可能这种工资的上涨并不是由于工会发挥了作用,而是由于劳动力市场出现严重的供不应求而产生的。

### 2. 利润推进型通货膨胀理论

利润推进型通货膨胀理论认为,由于一些垄断经济组织控制了某些重要原材料的生产和销售,它们为了获得高额的垄断利润而操纵价格,使价格的上涨速度超过成本支出的增加速度,如果这种行为的作用大到一定程度,就会形成利润推进型通货膨胀。比较典型的例子是在1973—1974年,石油输出国组织(OPEC)将石油价格提高了4倍;到1979年,石油价格被再次提高。这两次石油提价对西方发达国家经济产生了强烈的影响,以致人们惊呼出现了"石油危机"。各种使成本上升的因素还可能交织在一起,使通货膨胀进一步加剧。

### (三)供求混合型通货膨胀

供求混合型通货膨胀理论认为,虽然从理论上可区分需求拉上型与成本推进型通货膨胀,但在现实经济生活中,需求拉动与成本推动常常是混合在一起的,任何单方面的作用只会暂时引起物价上涨,并不能引起物价总水平的持续上涨,只有总需求与总供给互相推动,才会导致通货膨胀的发生,即"拉中有推,推中有拉"。例如,通货膨胀可能从过度需求开始,但由于需求过度所引起的物价上涨促使工会要求提高工资,因而转化为成本推动的因素。另外,通货膨胀也可以从成本方面开始,如迫于工会的压力而提高工资等。但是,如果不存在需求和货币收入的增加,这种通货膨胀过程是不可能持续下去的。因为工资上升会导致失业增加或产量减少,结果将会导致"成本推进"的通货膨胀过程终止。可见,"成本推进"只有加上"需求拉上",才有可能产生一个持续性的通货膨胀。现实经济中,这样的论点也得到了论证:当均衡就业量处于严重的低水平时,则往往会引出政府的需求扩张政策,以期缓解矛盾。这样,成本推进与需求拉上并存的供求混合型通货膨胀就成为经济生活的现实。需求与成本的共同作用,必然演化成"螺旋式"混合型通货膨胀。

### (四)结构型通货膨胀

在总需求和总供给处于平衡状态时,经济结构、部门结构方面的因素发生变化,也可能引起物价水平的上涨,这种通货膨胀就被称为结构型通货膨胀。具体又可分为三种。

#### 1. 需求转移型通货膨胀

由于社会对产品和服务的需求结构不是一成不变的,在总需求不变的情况下,一部分需求转移到其他部门,劳动力和生产要素却不能及时转移。这样,原先处于均衡状态的经济结构可能因需求的变动而出现新的失衡。在那些需求增加的行业,价格和工资将上升;在另一些需求减少的行业,由于价格和工资刚性的存在,却未必会发生价格和工资的下降。从总体上来看,最终将导致物价的上升。

#### 2. 部门差异型通货膨胀

部门差异型通货膨胀是指经济部门(如产业部门和服务部门)之间由于劳动生产率、价格弹性、收入弹性等方面存在差异,但货币工资增长率趋于一致,加上价格和工资的向上刚性,从而引起总体物价上涨。许多西方经济学家相信,工人对相对实际工资的关心要超过对绝对实际工资的关心。因此,货币工资的整体增长水平便与较先进部门一致,结果就是落后部门的生产成本上升,并进而推动总体价格水平上升。还有一种情况是由"瓶颈"制约而引起的部门间差异。如在有些国家,由于缺乏有效的资源配置机制,资源在各部门之间的配置严重失衡,有些行业生产能力过剩,另一些行业如农业、能源、交通等部门却严重滞后,形成经济发展的"瓶颈"。当这些"瓶颈"部门的产品价格因供不应求而上涨时,便引起包括生产过剩部门在内的其他部门的价格上涨。

### 3. 北欧型通货膨胀

北欧型通货膨胀是由北欧学派提出的,它以实行开放经济的小国为探讨背景。在这些国家,经济部门可以分为开放的经济部门和不开放的经济部门,由于小国一般只能在国际市场上充当价格接受者的角色,世界性通货膨胀就会通过一系列机制首先传递到它们的开放经济部门,进而带动不开放经济部门,最后导致价格总体水平上升。

## 补充阅读 9-2

### 中国货币流通速度的阶段走势与新情况

**一、我国货币流通速度呈阶段性下降态势**

中国的广义货币流通速度呈不断下降趋势,可分为三个阶段。

一是持续走低阶段。1990—2003 年间,GDP/M2 从 1.23 降至 0.62,降幅近 50%。这一阶段中国货币流通速度持续走低,主要是经济的货币化进程对新增货币产生了稀释作用。随着我国经济和金融发展,人均可持有的资产价值不断增加;此外,金融复杂程度的提升,令人们可以选择多样化金融业务持有资产,造成适应需求的货币供给量不断增加,以 GDP/M2 衡量的货币流通速度不断下降。

二是稳中有降阶段。2003 年后,中国的货币流通速度降幅减缓,且在 2007 年和 2010 年前后出现货币流通速度的走升,物价显著抬高。在国际金融危机冲击下,2008 年 11 月,中国启动"四万亿量化宽松救市",增加货币供给,刺激实体经济需求,货币流通速度自 2008 年的 0.67 快速降至 2009 年的 0.57。同时,中国 CPI 显著抬升,同年 2—4 月均在 8% 以上,此后回落。2012 年后,中国货币流通速度缓慢走低,但并未再次出现严重的物价上涨。2015 年,中国的货币流通速度首次降至 0.5 以下,达 0.495。

三是相对稳定阶段。2015—2022 年间,中国的货币流通速度走势相对稳定。在通货膨胀压力下,英国和欧洲大陆国家等不得不跟随美联储的节奏执行紧缩货币政策,以遏制高通胀。而中国选择了偏宽松的货币政策,以促进经济平稳增长,走出了独立稳健的道路。因此,中国货币流通速度未出现明显波动,物价也维持稳定。2022 年,国际地缘冲突加剧与疫情持续发酵,中国经济增速走低。为促进经济增长,我国执行合理充裕的货币政策,全年 M2 同比增长月均值为 11.2%,货币流通速度降至 0.5 左右。

**二、货币流通速度整体处于下降趋势的原因**

第一,经济货币化进程对货币流通速度走低的影响。经济的货币化进程,主要是指从纯粹的实体经济运行逐渐演变为实体经济和货币经济的交融运行。随着经济货币化程度加深,各种金融工具不断发展,信用得到普及,需要越来越多的货币支撑,导致经济体的货币流通速度走低。大多数发达经济体已于 20 世纪中期完成了经济货币化进程。

第二,虚拟经济与金融深化对货币流通速度走低的影响。当虚拟经济不断发展时,需要更多货币以支持业务交易、价值衡量等。实体经济增长放缓时,仍会有很大部分货币供给增加被虚拟经济部门所吸收,也不会导致货币超发。金融市场交易规模的扩大,也会导致广义货币量相对于实体经济的比例不断提高,货币流通速度下降。

第三,数字经济对货币流通速度的影响。数字化时代的到来,对日常经济金融活动产生了极大影响。数字信息技术革新了生产与交易方式,降低了交易成本,提高了资源利用率,促进了商业模式创新等,对经济增长有促进作用,也带来了更多货币需求与供给。当数字信息技术对经济增长的促进作用大于所需的货币量时,便能对GDP/M2产生正向影响,反之则有负向影响。

资料来源:http://news.sohu.com/a/709586515_522914.

## 五、通货膨胀的经济效应

### (一)收入分配效应

在通货膨胀时期,人们的名义货币收入与实际货币收入之间会产生差异,只有剔除物价的影响,才能看出人们实际收入的变化。当人们忽视货币实际购买力的变化,而仅仅满足于货币名义价值(如名义收入)时,通常称为货币幻觉(Money Illusion)。在通货膨胀下,由于货币贬值,名义货币收入的增加往往并不意味着实际收入的等量增加,有时甚至是实际收入不变乃至下降。如果满足于名义收入的增加却忽视币值的变化,那就是货币幻觉起作用。

由于社会各阶层收入来源极不相同,因此,在物价总水平上涨时,有些人的收入水平会下降,有些人的收入水平反而会提高。这种由物价上涨造成的收入再分配,就是通货膨胀的收入分配效应。

在发达的工业化国家,大多数人是依靠工资或薪金过活的,工资收入差不多就是他们的全部收入。在物价持续上涨的时期,工薪劳动者的收入只有每隔一段时间才会做一定幅度的调整,以使工资的提高与物价上涨大体保持同步,维持实际收入水平。但这种通货膨胀条件下的定期工资调整只有依靠强大的工会力量才能做到,否则,工资的增长常会落后于物价上涨。货币工资的增长相对于物价上涨的滞后时间越长,遭受的通货膨胀损失相应地也就越大。此外,以利息和租金形式取得收入的人,在通货膨胀中受到的损害也会比较严重。与此同时,只要工资相对于物价的调整滞后,企业的利润就会增加,那些从利润中分取收入的人都能得到好处。

### (二)资产结构调整效应

资产结构调整效应也称财富分配效应。一个家庭的财富或资产由两部分构成:实物资产和金融资产。许多家庭同时还有负债,如汽车抵押贷款、房屋抵押贷款和银行消费贷款等。因此,一个家庭的财产净值是它的资产价值与债务价值之差。

在通货膨胀环境下,实物资产的货币值大体上随通货膨胀率的变动而相应升降。有的实物资产货币值增长的幅度高于通货膨胀率,有的则低于通货膨胀率;同一种实物资产,在不同条件下,其货币值的升降较通货膨胀率也时高时低。金融资产则比较复杂。在金融资产中,股票占相当大份额,其行市是可变的,在通货膨胀环境下一般会呈上升趋势。但影响股市的因素极多,在通货膨胀环境下,股票绝非稳妥的保值资产形式,尽管有些股票会使其持有者获得大大超出保值的收益。至于涉及货币债权债务的各种金融资产,其共同特征是有确定的货币金额,这样,名义货币金额并不会随通货膨胀的发生而变化。显然,物价上涨,实际的货币额减少;物价下跌,实际的货币额增多。在这一领域,防止通货膨胀损失的办法,通常是提高利息率或采用浮动利率。但在严重的通货膨胀条件下,这样的措施也往往难以弥补损失。

正是由于以上情况,单个家庭的财产净值在通货膨胀环境下往往会发生很大变化。一般地说,小额存款人和债券持有人最易受到通货膨胀的打击。

### (三) 通货膨胀与经济增长

通货膨胀与经济增长到底是怎样一种关系,大体上有以下三类观点。

#### 1. 促进论

促进论认为通货膨胀具有正的产出效益。持有这一观点的人认为,资本主义经济长期处于有效需求不足、实际经济增长率低于潜在经济增长率的状态。因此,政府可以实施通货膨胀政策,用增加赤字预算、扩张投资支出、提高货币供给增长率等手段来刺激有效需求,促进经济增长。

#### 2. 促退论

促退论正好和促进论相反,认为通货膨胀会损害经济增长。这种理论假说认为,无论温和的、急剧的或恶性的通货膨胀都是一种病态的货币现象,必然会损害经济增长,所不同的仅仅是破坏程度而已。

#### 3. 中性论

中性论认为通货膨胀对经济增长既无正效应,也无负效应。这种理论认为,在一定时间内,社会公众会基于以往经验形成对物价上涨的预期,进而做出合理的行为调整,因此,通货膨胀各种效应的作用就会相互抵消。

### (四) 恶性通货膨胀与社会经济危机

以上所分析的通货膨胀效应,都是以它的严重程度保持在一定限度之内为假定前提的。当物价总水平的持续上涨超过一定界限从而形成恶性通货膨胀时,就有可能引发社会经济危机。

第一,恶性通货膨胀会使正常的生产经营活动难以进行。在物价飞涨时,产品销售收入往往不足以弥补必要的原材料成本开支;同时,地区之间物价上涨幅度极不均衡也是必然现象,这就会造成原有商路的破坏和流通秩序的紊乱;迅速上涨的物价,使债务的实际价值下降,如果利息率的调整难以弥补由物价上涨造成的货币债权损失,正常的信用关系也会极度萎缩。恶性通货膨胀只是投机盛行的温床,而投机是经济机体的严重腐蚀剂。

第二,恶性通货膨胀会引起突发性的商品抢购和挤兑银行的风潮。它所造成的收入再分配和人民生活水准的急剧下降则会导致阶级冲突的加剧。这一切的后果往往是政治的动荡。

第三,最严重的恶性通货膨胀会危及货币流通自身:纸币流通制度不能维持;金银贵金属会重新成为流通、支付的手段;经济不发达地区则会迅速向经济的实物化倒退。

所以,各国政府在未遇到特殊政治麻烦的情况下,总是把控制通货膨胀作为自己的施政目标之一。

## 六、通货膨胀的治理对策

通货膨胀会破坏社会生产,扰乱流通秩序,引起分配不公,导致社会动乱和政局不稳,因而引起世界各国的高度重视。各国政府都在积极寻求治理通货膨胀的良策,并且已经积累了许多经验。主要的治理措施有以下几种。

## （一）紧缩性货币政策

由于通货膨胀是纸币流通条件下出现的经济现象，引起物价总水平持续上涨的主要原因是流通中的货币量过多。因此，各国在治理通货膨胀时，所采取的重要措施之一就是紧缩货币政策，即中央银行抽紧银根，通过减少流通中货币量的办法以提高货币购买力，减轻通货膨胀压力。掌握货币政策工具的中央银行一般采取以下措施。

(1) 出售政府债券。这是执行公开市场业务的一种方法，中央银行在公开市场上出售各种政府债券，就可以缩减货币供给量，抑制货币供给量潜在的膨胀，这是最重要且经常被采用的一种政策工具。

(2) 提高贴现率或再贴现率，以影响商业银行的贷款利息率，这势必带来信贷紧缩和利率上升，有利于控制信贷的膨胀。

(3) 提高商业银行的法定准备金率，以减少商业银行放款，从而减少货币供给。

(4) 直接提高利率，紧缩信贷。利率的提高会增加使用信贷资金的成本，借贷就将减少，同时可以吸收储蓄存款，减轻通货膨胀压力。

## （二）紧缩性财政政策

压缩财政支出的办法是削减财政投资的公共工程项目，减少各种社会救济和补贴，使财政收支平衡。紧缩性财政政策主要包括以下措施：

(1) 削减政府支出，包括减少军费开支和政府在市场上的采购；

(2) 限制公共事业投资和公共福利支出；

(3) 增加赋税，以抑制私人企业投资和个人消费支出。

## （三）收入政策

收入政策是对付成本推进型通货膨胀的有效方法。贯彻紧缩性收入政策可采取以下三种方式。

(1) 确定工资－物价指导线，以限制工资和物价的上升。这种指导线是由政府当局在一定年份内允许总货币收入增加的一个目标数值线，即根据统计的平均劳动生产率的增长，政府当局估算出货币收入的最大增长限度，而每个部门的工资增长率应等于全社会劳动生产率的增长。只有这样，才能维持整个经济中每单位产量的劳动成本的稳定，因而预定的货币收入增长就会使物价总水平保持不变。

(2) 工资管制（或冻结工资），即控制全社会职工货币工资增长总额和幅度，或规定职工工资在若干时期内的增加必须固定在一定水平上的强制性措施。管制或冻结工资被认为可以降低商品成本，从而减轻成本推进型通货膨胀的压力。这是通货膨胀相当严重时采取的非常措施，但正是因为通货膨胀严重，人民收入及生活水平持续下降，从而冻结或管制工资措施实施起来更为困难。

(3) 以纳税为基础的收入政策。这是指通过一种对过多地增加工资的企业按工资增长超额比率征以特别税款的办法来抑制通货膨胀。一般认为，实行这种税收罚款办法，可以使企业有所约束，拒绝工资超额提高，从而降低工资增长率，减缓通货膨胀率。

### (四)供给政策

供给学派认为,通货膨胀和经济波动都是由产品供给不足引起的,因此,治理通货膨胀,摆脱滞胀困境,治本的方法在于增加生产和供给。要增加生产和供给,关键措施是降低税率,促进生产发展。

### (五)价格政策

通过反托拉斯限制价格垄断,这是价格政策的基本内容。价格垄断有可能出现定价过高和哄抬物价的现象,为了治理通货膨胀,就必须限制价格垄断。

## 第五节 通货紧缩

### 一、通货紧缩的定义

对于通货紧缩的含义,与通货膨胀一样,在国内外还没有统一的认识,从争论的情况来看,大体可以归纳为以下三种。

第一种观点认为,通货紧缩是经济衰退的货币表现,必须具备三个基本特征:一是物价的普遍、持续下降;二是货币供给量的连续下降;三是有效需求不足,经济全面衰退。这种观点被称为"三要素论"。

第二种观点认为,通货紧缩是一种货币现象,表现为价格的持续下跌和货币供给量的连续下降,即所谓的"双要素论"。

第三种观点认为,通货紧缩就是物价的全面持续下降,被称为"单要素论"。

从上面的介绍可以看出,尽管对通货紧缩的定义仍有争论,但对于物价的全面持续下降这一点,几乎没有争议。

一般来说,"单要素论"的观点对于判断通货紧缩发生及其治理更为科学。这是因为,通货紧缩反映物价的变动态势,价格的全面、持续下降表明单位货币所反映的商品价值在增加,是货币供给量相对不足的结果,货币供给不足可能只是通货紧缩的原因之一,因此,"双要素论"的货币供给下降的界定,将会缩小通货紧缩的范围。而"三要素论"中的经济衰退,一般是通货紧缩发展到一定程度的结果,用经济衰退的出现来判断通货紧缩就太晚了。根据"单要素论"的观点,判断通货紧缩的标准只能是物价的全面持续下降,其他现象可以作为寻找成因、判断紧缩程度等的依据。

### 二、通货紧缩对社会经济的影响

通货紧缩的危害很容易被人忽视,因为从表面上看,一般价格的持续下跌会给消费者带来一定的好处,在低利率和低物价的情况下,货币的购买力会有所提高。然而,通货紧缩的历史教训令人提心吊胆,这就是20世纪30年代全球经济大危机。通货紧缩会加速实体经济进一步紧缩,因此,它既是经济紧缩的结果,又反过来成为经济进一步紧缩的原因。通货紧缩一旦形成,如果不能及时处理好,可能会带来如下一系列问题。

### (一)通货紧缩可能形成经济衰退

通货紧缩是经济衰退的加速器。由于通货紧缩增加了货币的购买力,人们倾向于保留更多的储蓄,进行更小的支出,尤其是耐用消费品的支出。这样,通货紧缩使个人消费支出受到抑制。与此同时,物价的持续下跌会提高实际利率水平,即使名义利率下降,资金成本仍然较高,致使企业投资成本昂贵,投资项目变得越来越没有吸引力,企业因而减少投资支出。此外,商业活动的萎缩会造成更低的就业增长,并形成工资下降的压力,最终造成经济衰退。

### (二)通货紧缩会加重债务人的负担

在通货紧缩情况下,企业负债的实际利率较高,而且产品价格出现非预期下降,收益率也随之下降,企业进一步扩大生产的动机会随之下降。企业生产停滞,其归还贷款的能力有所减弱,这便使银行贷款收回面临更大的风险。而银行资产的质量变化,使得个人更倾向于持有现金,从而可能出现"流动性陷阱"。如果企业持续降低产品价格而且产量难以保证时,企业就会减少就业岗位、减少资本支出,消费者因此产生的第一反应是减少消费。这样,降低成本成为企业共同防护的手段,竞争导致价格下跌、再下跌,从而推动通货紧缩进一步加剧。

### (三)通货紧缩使消费总量趋于下降

初看起来,通货紧缩对消费者是一件好事,因为消费者只需支付较低的价格便可获得意愿的商品。但是,在通货紧缩的情况下,就业预期、价格和工资收入、家庭资产趋于下降。消费者会因此而缩减支出、增加储蓄。正是在通货紧缩条件下,工人如果要得到同样多的收入,就得工作更长的时间。综合来说,通货紧缩使消费总量趋于下降。

### (四)通货紧缩容易使银行业产生大量不良资产

通货紧缩可能使银行业面临困境。当银行业面临一系列系统恐慌时,一些资不抵债的银行会因存款人"挤兑"而被迫破产。

## 三、通货紧缩的治理

通货紧缩是经济健康运行的顽敌,通货紧缩的治理有时比通货膨胀的治理更难。由于在通货紧缩条件下,一般物价水平低于合理水平,因此,治理通货紧缩的目标就是综合利用各种政策措施,促使一般物价水平上升到合理水平。

### (一)采取积极的财政政策,并进一步发挥货币政策的作用

采取积极的财政政策,扩大财政支出,可以发挥政府支出在社会总支出中的作用,弥补个人消费需求不足造成的总体需求减缓,从而使财政政策起到"稳定器"的作用。稳健的货币政策的核心是从防止通货紧缩、防范金融风险出发,适当增加货币供应量,促进国民经济持续、快速、

健康地发展。同时,货币政策还要与税收政策、对外贸易政策、产业政策密切配合,使各种政策工具实现有机结合。

### (二)调整产业结构,提高经济增长质量

在着力扩大国内需求、刺激经济回升的同时,必须加快经济结构特别是产业结构的调整,使之优化升级,大力提高经济增长质量。这对促使我国经济持续快速发展至关重要。为此,要切实建立起企业优胜劣汰机制,实施资产优化重组,促进产业结构调整;缩小城乡二元结构差距,开拓农村消费市场;加快社会保障制度建设,剥离国有企业办社会的包袱;调整第三产业发展结构,加快第三产业发展。

### (三)规范我国的储蓄-投资转化机制,协调发展金融市场

目前居民的金融资产投资过度集中在储蓄存款,而国有商业银行将这些储蓄转化为有效投资的效率短期内难以提高,因而应该积极发展股票、债券、养老基金、投资基金、保单等金融工具,使居民能在多种金融资产中进行理性的选择,以扩展储蓄-投资转化的渠道。同时,只有银行信贷市场、货币市场和证券市场相辅相成、协调发展,才能为投资者和筹资者提供高效率的市场融资机会,并为解决资金循环不畅问题建立起健全的金融市场机制。

### (四)增加汇率制度的灵活性

固定汇率制度容易导致通货紧缩的输入,使出口面临下降的困难。增强汇率制度的灵活性,可以减轻人民币升值的压力,促使国内物价回升,降低实际利率预期,有利于摆脱通货紧缩的困境。

### (五)完善存款保险制度

在通货紧缩的情况下,金融机构的稳健性受到严峻挑战。要从保持金融体系功能健全出发,完善存款保险制度,保护存款人利益,提高金融机构的抗风险能力,增强金融机构的稳健性,为金融机构实现安全性、流动性和盈利性的统一提供条件。

 复习思考题

**一、选择题**

1. 费雪在其方程式($MV=PT$)中认为,最重要的关系是(　　)。
A.$M$与$V$的关系　　　　　　　　B.$M$与$T$的关系
C.$M$与$P$的关系　　　　　　　　D.$T$与$V$的关系
2. 剑桥方程式重视的是货币的(　　)。
A. 交易功能　　　　　　　　　　B. 资产功能
C. 避险功能　　　　　　　　　　D. 价格发现功能
3. 凯恩斯把用于贮存财富的资产划分为(　　)。
A. 货币与债券　　　　　　　　　B. 股票与债券

C. 现金与存款　　　　　　　　　　　　D. 储蓄与投资

4. 马克思的货币必要量公式是(　　)。
A. $MV=PT$　　　　　　　　　　　　B. $P=MV/T$
C. $M=PQ/V$　　　　　　　　　　　 D. $M=KPY$

5. 凯恩斯的货币需求函数非常重视(　　)。
A. 恒久收入的作用　　　　　　　　　B. 货币供应量的作用
C. 利率的作用　　　　　　　　　　　D. 汇率的作用

6. 弗里德曼的货币需求函数强调的是(　　)。
A. 恒常收入的影响　　　　　　　　　B. 人力资本的影响
C. 利率的主导作用　　　　　　　　　D. 汇率的主导作用

7. 凯恩斯认为,债券的市场价格与市场利率(　　)。
A. 正相关　　　　　　　　　　　　　B. 负相关
C. 无关　　　　　　　　　　　　　　D. 不一定

8. 货币均衡的实现具有(　　)的特点。
A. 绝对性　　　　　　　　　　　　　B. 相对性
C. 长期性　　　　　　　　　　　　　D. 稳定性

9. 下列关于通货膨胀的表述中,不正确的是(　　)。
A. 通货膨胀是物价持续上涨　　　　　B. 通货膨胀是物价总水平的上涨
C. 通货膨胀是纸币流通所特有的　　　D. 通货膨胀是指物价的上涨

10. 通货膨胀时期债权人将(　　)。
A. 增加收益　　　　　　　　　　　　B. 损失严重
C. 不受影响　　　　　　　　　　　　D. 短期内遭受损失,长期收益更大

11. 对于需求拉上型通货膨胀,调节和控制(　　)是关键。
A. 社会总需求　　　　　　　　　　　B. 收入分配
C. 财政收支　　　　　　　　　　　　D. 经济结构

12. 通货膨胀对社会成员的主要影响是改变了原有收入和财富分配的比例。这是通货膨胀的(　　)。
A. 强制储蓄效应　　　　　　　　　　B. 收入分配效应
C. 资产结构调整效应　　　　　　　　D. 财富分配效应

## 二、简答题

1. 试述马克思的货币需求理论。
2. 费雪的交易方程式与剑桥方程式之间的区别是什么?
3. 在凯恩斯货币需求理论中,人们持有货币的三大动机是什么?
4. 为什么研究货币供给时必须对货币供给划分层次?
5. 什么是基础货币?它对货币供给量有什么作用?
6. 为什么中央银行对基础货币具有较强的控制力?
7. 什么是货币乘数?简要分析货币乘数的决定因素。

8. 请列出存款派生倍数的影响因素并说明原因。

### 三、计算题

1. 假设某商业银行的资产负债表如表 9-5 所示。

表 9-5  某商业银行的资产负债表

单位：元

| 资产 | | 负债 | |
|---|---|---|---|
| 准备金 | 10 000 | 现金全款 | 50 000 |
| 贷款 | 40 000 | | |

假定存款客户不提现，不转存定期存款。试问：

(1) 此时存款派生倍数是多少？存款总额又是多少？

(2) 如果中央银行将法定存款准备金率确定为 10%，该银行拥有的超额准备金是多少？

(3) 在法定存款准备金率为 10% 的情况下，如果该银行把 10% 的存款作为超额准备金，存款总额和存款派生倍数会有变化吗？

(4) 在法定存款准备金率为 10% 的情况下，该银行不保留超额准备金，存款总额和存款派生倍数会怎样变化？

(5) 在法定存款准备金率为 10% 的情况下，该银行不保留超额准备金，中央银行向该银行出售 20 000 元政府债券并长期持有，请问存款总额和存款派生倍数会怎样变化？

2. 假设银行体系准备金为 15 000 亿元，公众持有现金 500 亿元。中央银行法定活期存款准备金率为 10%，法定定期存款准备金率为 5%，流通中通货比率为 20%，定期存款比率为 40%，商业银行的超额准备金率为 18%。试问：

(1) 货币乘数是多少？

(2) 狭义货币供给量 M1 是多少？

# 第十章 货币政策

JINRONGXUE

# 第十章 货币政策

了解货币政策的内容。

掌握货币政策的中介目标、最终目标及其相互之间的关系。

掌握货币政策中介目标的作用、选择标准及其应用。

掌握货币政策工具的运用。

理解货币政策的传导机制及效应。

## 美国的量化宽松货币政策

经历过2008年的金融危机之后,美国经济进入了寒冬时期,失业率居高不下,国家经济严重低迷。为了刺激美国经济的发展,使得美国尽快走出金融危机的影响,美国进行了一系列的量化宽松货币政策。

一、启动 QE1(美国首轮量化宽松政策)

2008年11月25日,美联储宣布,将购买政府支持企业(简称 GSE)房利美、房地美、联邦住房贷款银行与房地产有关的直接债务,还将购买由"两房"、联邦政府国民抵押贷款协会(Ginnie Mae)所担保的抵押贷款支持证券(MBS)。这标志着首轮量化宽松政策的开始。

2009年6月至12月,美国纽约银行、高盛集团、摩根大通、花旗银行等先后归还了政府救助资金。2010年,AIG 通过出售旗下保险公司筹到了367亿美元,以偿还纽约联邦储备银行部分贷款。在 QE1 执行期间,在美联储廉价资金支持以及财政部资助下,华尔街金融机构正在恢复元气。

二、启动 QE2(美国第二轮量化宽松政策)

自2010年4月份美国的经济数据开始令人失望、进入步履蹒跚的复苏以来,美联储一直受压于需要推出另一次的量化宽松——第二次量化宽松(QE2)。2010年8月,伯南克在杰克逊霍尔的联储官员聚会中为第二次量化宽松打开了大门。但他同时谨慎地指出,量化宽松不是一个成熟的补救办法。美国联邦储备委员会公开市场委员会(FOMC)宣布,将再次实施6 000亿美元的"量化宽松"计划,美联储购买财政部发行的长期债券,每个月购买额为750亿美元,直到2011年第二季度。QE2 的目的是通过大量购买美国国债,压低长期利率,借此提振美国经济,特别是避免通货紧缩,并降低高达9.6%的失业率。

三、启动 QE3(美国第三轮量化宽松政策)

2012年,美联储再推 QE3,同时,欧洲、日本也相应推出了各自的量化宽松政策,全球再度进入货币膨胀时期,这对于当时正处在经济下行周期的我国来说,可谓喜忧参半。一方面,宽松政策会刺激国外经济体的复苏,有利于我国出口贸易的增长;但另一方面,大宗商品价格的上涨,会间接传导至生产的各个领域,导致国内的通胀压力再度抬头。人民币升值预期有利于减缓当时"热钱"的流出速度,但过度的流动性也使得国内一些调控政策(例如房地产调控)失效。

【思考】

美国三次推出量化宽松货币政策的背景是什么?三次量化宽松货币政策各取得了哪些效果?

资料来源：向松祚．争夺制高点：全球大变局下的金融战略［M］．北京：中国发展出版社，2013．

## 第一节 货币政策概述

### 一、货币政策的定义

货币政策是指中央银行为实现一定的经济目标，采取各种工具调控货币供给量和利率等中介指标，进而影响宏观经济的方针和措施的总和。货币政策是现代市场经济国家最重要的宏观经济调控手段之一，在国家的宏观经济政策中居于十分重要的地位。中央银行在国家法律授权的范围内独立地或在中央政府领导下制定货币政策，并运用其拥有的货币发行特权和各种政策手段，利用其领导和管理全国金融机构的特殊地位，组织货币政策的实施。

### 二、货币政策的内容

货币政策的实施涉及一系列事件，可以主要归为四个方面的问题：货币政策目标、货币政策工具、货币政策传导机制和货币政策效果。这四个方面紧密联系，构成货币政策的有机整体。在制定和实施货币政策时，必须对这一有机整体进行统筹考虑。

货币政策工具经过中介目标到最终目标是一个依次传递的过程，对中央银行而言，这些目标的可控性依次减弱，而从经济分析的角度来看，则宏观性依次增强。

中央银行货币政策的内容结构如图10-1所示。

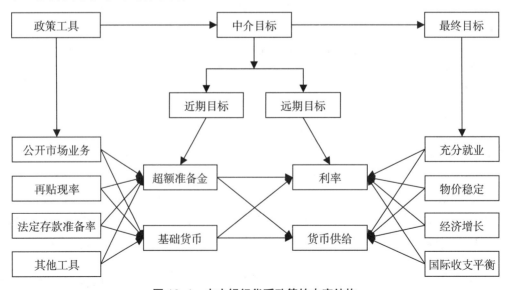

图10-1 中央银行货币政策的内容结构

## 第二节 货币政策目标

### 一、货币政策的最终目标

#### (一)货币政策最终目标的内容

货币政策的最终目标是中央银行通过货币政策工具的操作在一个较长时间内所要达到的最终的宏观经济目标。因为各国的宏观经济政策目标不尽相同,即便同一个国家,在不同的历史发展阶段,其宏观经济政策目标也并非一样,所以各国货币政策最终目标的具体内容也略有差异。总的来说,各国货币政策最终目标应与其宏观经济政策目标保持一致。随着全球经济一体化,各国货币政策最终目标的具体内容也日趋一致,即重点强调物价稳定、充分就业、经济增长和国际收支平衡四个方面。

**1. 物价稳定**

物价稳定是币值稳定的重要标志之一。稳定物价是指通过实行适当的货币政策,保持一般物价水平的相对稳定,以避免出现通货膨胀或通货紧缩。稳定物价是中央银行货币政策的首要目标,因为物价的稳定是发展经济的前提条件。稳定物价的实质是稳定币值,在现代信用货币和纸币流通条件下,币值就是指单位货币在一定价格水平下购买商品和劳务的能力,即货币购买力。因此,币值的稳定与否是用单位货币购买力的稳定与否来衡量的,而单位货币的购买力与物价水平呈负相关,即物价水平上升,货币购买力相应下降,也意味着货币贬值,所以稳定币值与稳定物价的含义是一样的。一些国家货币政策往往用稳定币值代替稳定物价的表述。物价水平的稳定既包含防止物价水平上涨,也包含防止物价水平下跌。通货膨胀的表现是物价总水平的持续上涨,而通货紧缩的表现是物价总水平的持续下跌,因而在一般情况下,反通货膨胀、反通货紧缩与稳定物价水平、稳定币值具有完全一致的意义。

稳定物价不是冻结物价,而是指把物价的变动控制在一定的幅度之内。一般认为,物价上涨率能控制在2%~4%以内就基本上算实现了物价稳定。2020年以来,在全球疫情的影响下,通胀在全球具有普遍性。2022年世界平均消费物价指数增长8.8%,达21世纪以来最高。其中,美国全年平均消费物价指数增长率约8.1%,为40年来最高;欧元区全年平均消费物价指数增长率约8.3%,为1992年《欧洲联盟条约》签署以来最高。因此,欧美国家也都把稳定物价作为货币政策重要的最终目标。

**2. 充分就业**

一个国家的劳动力能否充分就业,是衡量该国的各种资源是否达到充分利用、经济是否正常发展的标志。充分就业,是指失业率降到社会可以接受的水平,也就是要保持一个较高的、稳定的就业水平,即在一般情况下,符合法定年龄、具有劳动能力并愿意参加工作者,都能在较合理的条件下随时找到合适的工作。但充分就业并不意味着每个人都有工作,每个劳动力在现行工资率下都能有一个职位。实际上,充分就业是同某种数量的失业同时存在的。在经济的动态发展中,社会总存在某种最低限度的失业,具体来说有两种情况:一是摩擦性失业,即由于经济制度的动态结构调整、技术变迁、季节等原因造成的短期内劳动力供求失调而形成的临时性失业;二是自愿性失业,即劳动者不愿意接受现行的工资水平或嫌工作条件不好而造成的失业。这两种失业在任何社会经济制度下都是难以避免的。除了自愿性失业和摩擦性失业之外,任何社会都还存在一个可承受的非自愿失业幅度,即劳动者愿意接受现行的工资水平和工资条件,但是仍然找不到工作,也就是对劳动力需求不足而造成的失业。所以,充分就业并不意味着失业率等于零。

失业率,即失业人数与愿意就业的劳动力的比率,通常用来表示就业状况。有的经济学家认为,只要失业率低于5%就可以看成是充分就业了;而有的经济学家认为,应该将失业率控制在2%~3%。因此,究竟失业率为多少才是充分就业,只能根据各国不同的经济发展状况来判断。

### 3. 经济增长

经济增长是指一个国家或地区人力资源和物质资源的增长。目前大多数国家采用GNP或GDP的年增长率或人均年增长率来衡量经济增长程度。经济增长既是提高一个国家国民的物质生活水平的必要保障,也是保持一个国家经济实力和国际地位乃至国家安全的必要条件。低于潜在水平的增长将会导致资源的浪费,高于潜在水平的增长将会导致通货膨胀和资源条件的破坏。

作为宏观经济目标的经济增长就是长期稳定的增长。过度追求短期的高速甚至超速增长可能导致经济比例的严重失调和经济的剧烈波动。货币政策作为国家干预经济的重要手段,在保持国民经济的长期稳定增长方面,有着不可推卸的责任。例如,我国的"十四五"规划纲要就明确指出,要"增强金融服务实体经济能力,健全符合高质量发展要求的财税金融制度"。党的二十大报告进一步强调,要"健全宏观经济治理体系""推动经济实现质的有效提升和量的合理增长"。这表明,在我国的经济政策中,对经济发展的追求,已经从过去简单追求数量和增速的发展,转向了以质量和效益为首要目标的发展。

> **思政专栏 10-1**
>
> **以高质量发展推进中国式现代化:推动高质量发展的实践路径**
>
> 习近平总书记在党的二十大报告中指出:"坚持以推动高质量发展为主题,把实施扩大内需战略同深化供给侧结构性改革有机结合起来,增强国内大循环内生动力和可靠性,提升国际循环质量和水平,加快建设现代化经济体系,着力提高全要素生产率,着力提升产业链供应链韧性和安全水平,着力推进城乡融合和区域协调发展,推动经济实现质的有效提升和量的合理增长。"这为我们进一步推动高质量发展指明了以下实践路径:第一,加快构建高水平社会主义市场经济体制;第二,着力建设现代化产业体系;第三,加快建设创新型国家;第四,全面推进乡村振兴;第五,大力促进区域协调发展;第六,积极推进高水平对外开放。

资料来源:https://baijiahao.baidu.com/s?id=1774512328398380919&wfr=spider&for=pc。

### 4. 国际收支平衡

国际收支平衡是指一个国家或地区与世界其他国家或地区之间在一定时期内全部经济往

来活动的收支基本持平,略有顺差或略有逆差。保持国际收支平衡是保证国民经济持续稳定增长和国家安全稳定的重要条件。一般来说,逆差危害比顺差大,运用货币政策调节国际收支,主要目标是通过利率和汇率的变动来实现本外币政策的协调和国际收支平衡。

那么,国际收支平衡作为货币政策目标是如何被确定的?一个国家要保证对外经济活动和贸易收支的正常需要,必须保持适当的外汇储备,使外汇储备占进口总额的比例维持在相对稳定的水平。究竟多大比例为好,要根据各国的具体情况而定。一个国家的外汇储备的需要,决定了对国际收支状态的具体要求。因此,大多数国家并不是追求国际收支的绝对平衡,而是根据外汇储备增减的需要确定国际收支的具体控制目标。

### 补充阅读 10-1

#### 西方国家货币政策目标的形成历程

从17世纪末英格兰银行诞生到1930年以前漫长的历史过程中,西方国家货币政策都以稳定币值为唯一目标。在资本主义发展初期,新兴的资产阶级进行资本原始积累,需要有十足价值的货币作为聚集财富的手段,代表新兴资产阶级利益的银行自然以稳定币值为主要的政策目标。随后,金本位制下信用工具的使用,客观上也要求单位货币含金量和汇率的稳定。当时,古典经济学占统治地位,认为市场这只"无形的手"可以自发调节经济均衡,因而要求货币保持"中性"地位,国家不干预经济。在这种情况下,国家货币政策的唯一任务就是保证币值稳定,使货币供应量与生产要求相适应。

20世纪30年代以后,各主要西方国家货币政策目标开始由原来的稳定币值转化为实现充分就业。1929—1933年,资本主义世界爆发了空前大危机,当时美国的实际国民生产总值减少了31%,失业率高达32%,失业人口超过1 700万,失业问题成为当时资本主义世界的头号经济问题和政治问题。资本主义世界经济危机的爆发,证明了市场不能自发地调节经济均衡,只能依靠政府直接干预,才能维持资本主义经济运转。当时各主要西方国家的中央银行都以实现充分就业作为货币政策的主要目标。

二战爆发后,由于战争的需要,各国普遍推行凯恩斯主义为实现充分就业而提出的廉价货币政策和赤字财政政策,使货币供给量急剧增加,导致战后的严重通胀。为稳定物价,克服通胀危机,同时实现充分就业,各国政府普遍把稳定币值与充分就业作为主要的货币政策目标。

二战后的十几年里,西欧各国和日本经济迅速复兴,出现了高速增长,而美国的经济增长速度则远远落在后面。为维持霸主地位,也为改善本国就业,更为了与苏联抗衡,在50年代后半期,美国政府率先把经济增长作为货币政策和财政政策共同追求的目标,以后西方各主要资本主义国家也纷纷效仿。至此,各国中央银行的货币政策发展为稳定币值、充分就业、经济增长三大目标。

20世纪50年代末以后,由于通货膨胀的影响和长期实行低利率政策,美国的国际收支状况日益恶化,以美元为中心的国际货币制度受到严重威胁,出现了两次美元大危机。70年代随着布雷森林体系的崩溃,美国首先提出了平衡国际收支的经济目标。因此,中央银行的货币政策目标也相应地发展为四个,即稳定币值、充分就业、经济增长与国际收支平衡。

资料来源:https://finance.sina.com.cn/jjxw/2023-09-04/doc-imzkpnqc9640391.shtml。

## (二)货币政策最终目标之间的关系

货币政策的几个最终目标之间既有一致性,又有矛盾性。

### 1. 物价稳定与充分就业之间的矛盾

根据著名的"菲利普斯曲线"理论,货币工资与失业率呈反方向变动,而物价上涨与工资成本呈同方向变动并保持一定的比例,所以物价上涨与失业率也呈反方向变动,即当币值比较稳定、物价上涨率比较低时,失业率往往很高;当币值不稳定、物价上涨率比较高时,失业率往往较低。只有根据当时的社会经济条件,寻找通货膨胀率与失业率之间的最佳组合,才能协调币值稳定和充分就业这一对矛盾体。

### 2. 物价稳定与经济增长之间的矛盾

关于这一问题,理论上分歧较多。有经济学家认为,只有物价稳定才有利于经济增长;另有经济学家认为,适度的物价上涨能够刺激经济增长;还有经济学家认为,如果经济增长取决于新生产要素的投入和劳动生产率的提高,那么伴随着产品成本的下降、产出的增加、经济的增长,物价水平不会上涨反而会下降。因此,我们可通过发展经济来稳定币值,也可通过稳定币值来发展经济。

### 3. 物价稳定与国际收支平衡之间的矛盾

币值稳定应包含货币对内价值的稳定以及货币对外价值的稳定,货币对外价值的稳定即国际收支平衡。如果货币对内价值不稳定,出现通货膨胀,那么国际收支便很难平衡。因为当国内商品价格大幅度上涨并高于国外商品价格时,必然引起出口减少、进口增加,从而出现贸易赤字和国际收支逆差。反之会出现顺差,大量的顺差也是一种不平衡,不利于本国的经济发展。只有世界各国都维持大致相同的物价水平,保持合理的汇率水平,物价稳定与国际收支平衡才能同时实现。

### 4. 充分就业与经济增长之间的矛盾

一般情况下,就业人数愈多,经济增长速度愈快;经济增长速度愈快,可供劳动者就业的机会愈多。但如果是以内涵型扩大再生产所实现的经济增长,就不一定能够实现高就业。如果就业增加带来的经济增长伴随着社会平均劳动生产率的下降,不仅会浪费本期更多的资源,还会妨碍后期的经济增长,这是不可取的。只有在就业增加所带来的经济增长伴随着社会平均劳动生产率提高的组合,才是我们所期望得到的结果。

### 5. 充分就业与国际收支之间平衡的矛盾

就业的增加意味着货币工资的增加,货币工资的增加意味着有货币支付能力的社会总需求的增加。如果社会总供给不变,求大于供必然导致进口商品的增加。当进口大于出口时,便会出现国际收支逆差。所以当就业增加时,应同时增加国内商品的可供量。

### 6. 经济增长与国际收支平衡之间的矛盾

当经济增长较快时,国家经济实力也相应增长,其结果是出口增加、进口减少,国际收支平衡略有顺差。当国内经济以较快的速度继续增长时,又会加大对各种生产要素的需求,这往往又会增加进口。当进口大于出口时,国际收支逆差出现。当逆差很大时,国家可能就会限制进口,压缩国内投资,这又会妨碍国内的经济增长,甚至会引起经济衰退。

由此可见，如何在货币政策不同最终目标之间做出最佳选择，是各国中央银行以及金融监管当局应着重考虑的问题。

### （三）协调货币政策目标之间矛盾的主要方法

协调货币政策目标之间的矛盾，主要有如下几个方法。

(1) 突出重点，即在一个时期内，选择一个或两个目标作为优先目标，而牺牲某一个或某几个目标。不同的国家，不同的时期，不同的执政党，由于面临的社会经济问题不同，在政治上和策略上考虑的角度不同，选择的重点就不同。

(2) 确定货币政策目标之间的最佳结合点。货币政策目标之间矛盾的激化，往往是中央银行过分追求某一目标所致，因此，中央银行的首要任务之一就是要协调好货币政策各目标之间的关系，依据社会可接受的临界点，求得货币政策两个目标之间或多个目标之间的最佳组合，实现货币政策目标的整体优化。

(3) 根据形势变化，轮番突出。中央银行应根据不同的社会形势变化，在不同的时期，轮番突出不同的货币政策目标。例如，在经济衰退时期，采用扩张的货币政策，以经济增长和充分就业为主要目标；在经济高涨时期，则采用紧缩的货币政策，以稳定物价和平衡国际收支作为主要目标。

### 思政专栏10-2

**我国的货币政策取向**

1984年中央银行体制确立后，我国逐步探索建立起有中国特色的货币政策体系。40年来，我国大致实行过四种货币政策，经历了四个主要时期。

1984—1993年：松紧交替时期。这一时期主要以信贷规模管理为主，中央银行直接调控居于主导地位，计划管理色彩较浓。受经济波动与通货膨胀交替变化的影响，货币政策时松时紧。

1994—1997年：适度从紧时期。这一时期明确了"以币值稳定促进经济发展"的货币政策目标，把稳定币值摆在了突出的地位；调控力度和节奏与改革目标逐渐相适应，尽力避免"急刹车"现象；货币政策独立性增强；财政政策、投融资政策与货币政策配合更加紧密。

1998—2007年：稳健时期。这一时期总体实施稳健的货币政策，成功应对了1998年亚洲金融危机和2003年经济过热。随着经济开放度的提高，货币政策又开始面临对内均衡与对外均衡的矛盾。

2008年至今："从紧""适度宽松"向"稳健"回归时期。为应对国际金融危机的冲击，货币政策由"从紧"转为"适度宽松"，后来面对经济复苏与通胀抬头并存的新形势，又及时回归"稳健"。

总体上看，我国货币政策已相对成熟，基本实现了工具多样化、方式灵活化和调控间接化，增强了预见性、主动性和针对性。

资料来源：http://chinareform.net/index.php?a=show&c=index&catid=29&id=7002&m=content.

## 二、货币政策的中介目标

### (一)货币政策中介目标的作用

货币政策的中介目标,也称中间目标,它是中央银行为了实现货币政策最终目标而设置的、可供观察和调整的中间性或传导性金融变量。中央银行在实施货币政策时所采用的货币政策工具无法直接作用于最终目标,需要一些中间环节来完成政策传导任务,因此,中央银行在政策工具和最终目标之间设置了某些短期的数量化的金融变量,中央银行可以通过它们的变动,观察社会经济活动状态和金融趋势,测定货币政策工具的有效性,监督货币政策的实施进度及效果,并通过对它的控制与调节来影响并最终实现既定的货币政策目标。货币政策中介目标是政策工具和最终目标之间的中介或桥梁,其作用在于:第一,表明货币政策实施的进度;第二,为中央银行提供一个追踪的指标;第三,便于中央银行随时调整货币政策。

### (二)货币政策中介目标的选择标准

#### 1. 相关性

相关性是指与最终目标的相关性,中央银行选择的中介目标必须与货币政策终极目标具有类似于自变量与因变量之间的那种函数关系。中央银行通过对中介目标的控制和调节,能够促使货币政策最终目标的实现。

#### 2. 可测性

可测性是指中央银行选择的金融控制变量具有较明确的内涵与外延,中央银行能准确和迅速地进行量的测度,并且能被社会各方面理解、判断和预测。

#### 3. 可控性

可控性是指中央银行通过各种货币政策工具的运用,能对货币政策中介目标进行有效的控制和调节,较准确地控制该变量的变动状况及其变动趋势。

#### 4. 抗干扰性

抗干扰性是指所选择的金融变量的变化能够有效抵御其他因素的影响,能够独立发挥作用,使中央银行能够准确把握政策的适当与否和力度。

### (三)货币政策中介目标的种类

#### 1. 货币政策的近期中介目标

货币政策近期中介目标又称操作目标,是指货币政策工具直接作用和影响的变量,中央银行对它的控制力较强,但它距离货币政策最终目标较远。常用的操作目标主要有基础货币和超额准备金。

1) 基础货币

基础货币是流通中的现金和商业银行的存款准备金的总和,它构成了货币供应量倍数伸缩的基础。基础货币作为操作目标,其可测性、可控性和相关性非常好。首先,从可测性来看,基础货币表现为中央银行的负债,其数额多少可以随时在中央银行的资产负债表上反映出来,中央银行很容易掌握这些资料。其次,基础货币中的通货是中央银行向社会注入的现金量,中央银行可以直接控制。金融机构的存款准备金总量则取决于中央银行的再贴现、再抵押贷款政策以及法定存款准备金率,有较强的可控性。最后,从基础货币与货币政策目标的相关性来看,中央银行通过对基础货币的操纵,能使商业银行及社会大众调整其资产构成,改变社会的货币供应总量,从而影响到市场利率、一般价格水平以及整个社会经济活动。一般来说,基础货币增加,社会的货币供应总量增加,社会总需求会随之增加。因此,基础货币是一个很好的货币政策操作目标。

2) 超额准备金

超额准备金是指商业银行准备金中超过中央银行规定的法定存款准备金的部分,主要由库存现金和在中央银行的超额准备金存款组成。超额准备金是商业银行扩大贷款、增加货币供应量的基础,中央银行控制商业银行超额准备金是控制贷款规模的重要手段。虽然超额准备金主要受商业银行决策的影响,但是中央银行对商业银行的超额准备金是可以控制的,控制的方法是通过变动法定存款准备金率、开展再贴现业务和实行公开市场操作。当中央银行提高法定存款准备金率、增加对商业银行的再贴现、买入有价证券时,就会使商业银行超额准备金增加。中央银行还可以通过向某一商业银行定向发行央行票据,冻结其过多的超额准备金,限制它的贷款行为。由于商业银行要定期向中央银行报告库存现金变动情况,商业银行在中央银行的超额准备金存款数据可以从中央银行资产负债表上直接获得,因此超额准备金的可测性也是很好的。

**2. 货币政策的远期中介目标**

货币政策的远期中介目标是指那些介于操作目标和最终目标之间的金融变量。这些变量既随操作目标变量的改变而改变,又能影响最终目标的变化,它们距离最终目标较近,但受政策工具的作用和影响是间接的。

1) 利率

作为远期中介目标,利率的优点表现在两个方面。首先,可控性强,中央银行可直接控制再贴现率,而通过公开市场业务或再贴现政策,也能调节市场利率的走向。其次,可测性强,中央银行在任何时候都能观察到市场利率的水平及结构。最后,利率的相关性强,中央银行能够通过利率影响投资和消费支出,从而调节总供求。

但是利率作为中介指标也有不理想之处。利率指标往往具有双重性质:一方面,作为经济内生变量,它们的变动会受到社会经济状况的影响;另一方面,作为政策变量,它们的变动又带有政策性因素,这种状况往往会给中央银行的判断带来麻烦,使中央银行分辨不清这种变动是来自社会经济状况的影响,还是政策产生的效果,有时甚至会产生"误诊"。

2) 货币供应量

货币供应量是以弗里德曼为代表的现代货币主义者所推崇的中介目标,20世纪70年代中期,各国中央银行纷纷把中介目标由利率改为货币供应量。货币供应量作为货币政策的中介目标,同样符合三个条件:第一,就可测性而言,货币供应量无论是M0、M1、M2,均有明确的定义和统计口径,都分别反映在中央银行、商业银行及其他金融机构的资产负债表内,便于准确地测算和分析。第二,就可控性而言,货币供应量是基础货币与货币乘数之积,货币主义者通过实证分析，论证了货币乘数在短期是稳定的，决定货币供应量变动的最主要因素是基础货币，而中央银行对基础货币是能够控制的，所以中央银行通过控制基础货币的投放就能有效地控制全社会的货币供应量。第三，就相关性而言，货币供应量的变动直接影响经济活动，货币供应量扩张时，投资增加，产出增加，经济增长加快；货币供应量收缩时，投资减少，产出减少，经济增长放缓。

作为货币政策中间指标，货币供应量与利率相比较，优点是不会产生内生变量与政策变量之间的互相干扰。作为内生变量，货币供应量的变动是顺经济循环的，即当经济繁荣时，银行会增加信贷资金投放，增加货币供应量；当经济萎缩时，银行会减少信贷资金的投放，减少货币供应量。作为政策变量，货币供应量则是逆经济循环的，在经济过热时，为防止过高的通货膨胀，中央银行会压缩货币供应量；在经济萎缩时，中央银行会增加货币供应量，刺激需求。因此，货币供应量作为中介目标，不会使政策性影响与非政策性影响相互混淆，导致中央银行判断失误。

# 第三节 货币政策工具

货币政策工具又称为货币政策手段，是中央银行为实现货币政策目标、进行金融控制和调节所运用的策略、手段。货币政策工具按其影响范围的不同，可分为一般性货币政策工具、选择性货币政策工具和其他货币政策工具。

## 一、一般性货币政策工具

一般性货币政策工具是中央银行调控宏观经济的常规手段，它主要是调节货币供应总量、信用量和一般利率水平，对整体经济运行施加影响。一般性货币政策工具包括如下"三大法宝"。

### （一）法定存款准备金政策

中央银行在法律规定的权限范围内，通过规定或调整有关金融机构缴存中央银行的法定存款准备金事项，以控制金融机构的信用创造能力，从而达到间接调控货币供应量的目的。法定存款准备金率即商业银行必须向中央银行缴存的存款准备金与存款总额的比率。

中央银行调整法定存款准备金率可以从两方面改变货币供应量：一方面，可以直接增减商业银行的超额准备金，影响商业银行信用扩张基础；另一方面，可以改变货币乘数，影响商业银行信用扩张倍数。比如，中央银行降低法定存款准备金率，一方面，减少了商业银行向中央银行缴存的法定准备金，商业银行超额准备金同时增加，从而增强了商业银行信用扩张的基础；另一方面，会使货币乘数扩大，从而增加商业银行的信用扩张倍数。

由于调整法定存款准备金率不仅会影响商业银行的超额准备金，并且会影响货币乘数，所以即使准备金率的微小变动都会使货币供应量发生重大变化，政策效果十分明显，收效极其迅速，存款准备金政策因而成为中央银行货币政策强有力的工具。美国联邦储备委员会曾估计，存款准备金率调整1个百分点，就会增减30亿美元的超额准备金，在货币乘数的作用下，最终会使货币供应量增减200亿～300亿美元。

但是，存款准备金政策也有如下明显的局限性。

(1) 容易导致商业银行资金严重周转不灵，陷入经营困境。这是因为，提高法定准备金率会立刻引起商业银行资金的流动性困难，商业银行为迅速调整准备金以符合法定要求及保证流动性需要，往往不得不大幅度缩减贷款或大量抛售有价证券，使银行盈利能力下降，甚至可能导致银行陷入经营困境。

(2) 冲击力太大。法定准备金率稍有变动，就会导致货币供给量的剧烈变动，商业银行压缩或者扩张贷款和投资，容易引起经济波动。

(3) 存款准备金对各类银行和不同种类存款的影响不一致，货币政策实现的效果可能因为这些复杂情况的存在而不易把握。

因此，准备金政策操作起来不够灵活，不宜作为日常调节货币供应量的工具，中央银行对法定存款准备金率的调整应持谨慎态度。进入20世纪90年代以来，许多西方国家，如美国、加拿大、瑞士、新西兰、澳大利亚等国中央银行都降低了法定存款准备金率的使用频率或取消了法定准备金率。

### 补充阅读10-2

#### 法定存款准备金与超额准备金

存款准备金是金融机构为保证客户提取存款和资金清算需要而准备的，是缴存在中央银行的存款，中央银行要求的存款准备金占其存款总额的比例就是存款准备金率。

存款准备金分为法定存款准备金和超额存款准备金。法定准备金是商业银行按照中央银行的要求缴存的存款准备金。超额准备金是指商业银行及存款性金融机构在中央银行存款账户上的实际准备金超过法定准备金的部分。

超额准备金和法定准备金都属于存款准备金。但是，法定准备金在一般情况下是不准动用的；对于超额准备金，金融机构可以自主动用，其保有金额也由金融机构自主决定。

超额资本金包括银行自有库存现金和在中央银行的超额准备金存款。一般来说，银行保持超额资本金的目的有三：一是用于银行间票据交换差额的清算，二是应对不可预料的现金提存，三是等待有利的贷款或投资机会。

### (二) 再贴现政策

再贴现政策是中央银行最早拥有的货币政策工具。再贴现是指商业银行或其他金融机构将贴现所获得的未到期票据转让给中央银行。对中央银行来说，再贴现是买进商业银行持有的票据，流出现实货币，扩大货币供应量；对商业银行来说，再贴现是出让已贴现的票据，解决一时资金短缺。整个再贴现过程，实际上就是商业银行和中央银行之间票据买卖和资金让渡的过程。

再贴现政策包括两方面：一是制定、调整再贴现利率水平；二是规定何种票据具有申请再贴现的资格，即再贴现的资格条件。前者主要影响商业银行的筹资成本，限制商业银行的信用扩张，控制货币供应量；后者则主要影响商业银行及社会的资金投向，可以按照国家产业政策的要求，促进经济结构调整。再贴现率工具主要着眼于短期政策效应，而中央银行对再贴现资格条件的规定则着眼于长期的政策效应，以发挥抑制或扶持作用，并改变资金流向。

再贴现率调控货币供求关系的传导机制是：当中央银行提高再贴现利率，使再贴现率高于市场利率时,商业银行向中央银行借款或贴现的资金成本增加,就会减少向中央银行借款或贴现,商业银行的超额准备金相应缩减,如果商业银行不能从其他的渠道取得资金,就只有收回贷款和投资,从而使市场货币供应量缩减,市场利率相应上升,整个社会的投资需求相应减少,从而使经济收缩;当中央银行降低再贴现利率,使再贴现利率低于市场利率时,商业银行向中央银行借款或贴现的资金成本下降,商业银行就会增加向中央银行借款和贴现,并扩大对客户贷款和投资的规模,从而导致市场货币供应量增加,市场利率相应降低,整个社会的投资需求也会相应增加,从而使经济扩张。另外,再贴现率的制定或调整,在一定程度上反映了中央银行的政策意图,会产生"告示效应",如再贴现率升高,意味着国家判断市场过热,有紧缩的意向;反之,则意味着有扩张的意向。这种"告示效应"会影响商业银行及社会公众的预期,并按中央银行的意向调整自己的经济行为,从而使中央银行货币政策目标顺利实现。

尽管再贴现政策有上述这些作用,但也存在着某些局限性。

(1)从控制货币供应量来看,再贴现政策并不是一个理想的控制工具。首先,中央银行处于被动地位;其次,如商业银行依赖于中央银行再贴现,就增加了中央银行的压力。

(2)从对利率的影响看,调整再贴现利率,通常不能改变利率的结构,只能影响利率水平。

(3)就其弹性而言,再贴现政策是缺乏弹性的。

这些局限性决定了再贴现政策不宜作为中央银行日常操作的货币政策工具,但再贴现率的调整对货币市场的广泛影响仍然是不可忽视的。

### (三)公开市场操作

公开市场操作是指中央银行通过在公开市场上买进或卖出有价证券(特别是政府短期债券)来投放或回笼基础货币,以控制货币供应量,并影响市场利率的一种策略和措施。公开市场操作在金融市场发达的国家是最重要、最常用的货币政策工具。

公开市场操作对货币供应量和利率的调节机制是:当经济衰退、金融市场上资金短缺时,中央银行执行放松银根的货币政策,在公开市场上购入有价证券,这实际上相当于中央银行向社会注入了一笔基础货币。有价证券的出售者不论是银行、企业还是个人,经过票据交换以后,必然会导致银行体系超额准备金的增加。当银行扩大贷款规模后,会通过货币乘数的作用使货币供应量呈数倍扩张。与此同时,中央银行购买有价证券的行为会增加金融市场对有价证券的需求,引起其价格上涨,利率下降,这同样有助于商业银行扩大信贷规模。在这两方面路径的共同作用下,中央银行可以顺利实现银根的放松,最终达到扩大投资、刺激消费、促进经济增长的目的;反之,当投资过度、通货膨胀加剧时,中央银行则执行收缩银根的货币政策,在公开市场上卖出有价证券,对货币供应量和利率产生相反的影响。

与再贴现政策和存款准备金政策相比,公开市场操作具有明显优势,具体表现为以下几个方面。

(1)通过公开市场操作可以左右整个银行体系的基础货币量,使它符合政策目标的需要。

(2)中央银行的公开市场操作具有"主动权",即政策的效果并非取决于其他个体的行为,央行是"主动出击"而非"被动等待"。

(3)公开市场操作可以适时适量地按任何规模进行调节,具有其他两项政策所无法比拟的灵活性,中央银行卖出和买进证券的动作可大可小。

(4)公开市场操作有一种连续性的效果,中央银行能根据金融市场的信息不断调整其业务,万一经济形势发生了改变,可以迅速做反方向操作,以改正在货币政策执行过程中可能发生的错误,适应经济形势的变化。相较于其他两种政策工具的一次性效果,公开市场操作具有自身的优越性。

当然,公开市场操作也有其局限性:一是对经济金融的环境要求高,公开市场操作必不可少的前提是有一个比较发达、成熟的证券市场,成熟意味着有相当的深度、广度和弹性;二是证券操作的直接影响标的是存款准备金,对商业银行的信贷扩张和收缩还只是起间接的作用。

### 补充阅读10-3

**公开市场操作的起源**

公开市场操作最早在19世纪初为英格兰银行所采用。当时,英格兰银行为了维持国库券的价格而公开买卖国库券。以后,公开市场操作又被用来辅助"再贴现政策"。1913年,美国采用这一方法维持财政收支平衡,经过20世纪30年代的大危机,美国联邦储备委员会意外地发现公开市场操作可以极大地影响信用条件,于是大加使用。从此,公开市场操作就成为中央银行控制和调节货币供应量的主要工具。1935年,美国国会颁布银行条例,正式建立公开市场委员会,以负责、协调和指导公开市场操作。

## 二、选择性货币政策工具

选择性货币政策工具指中央银行针对特殊经济领域或特殊用途的信贷进行调节而选择性地使用的特殊货币政策工具,主要包括以下五类。

### (一)消费者信用控制

消费者信用控制是指对不动产以外的各种耐用消费品的销售融资予以控制,主要内容包括:

(1)规定用消费信贷购买各种耐用消费品时的首期付款额;

(2)规定分期付款的最长期限;

(3)规定适合于消费信贷的耐用消费品的种类、不同种类消费品取得消费信贷的条件等。

### (二)不动产信用控制

不动产信用控制,是指中央银行对金融机构向客户提供不动产抵押贷款方面实施限制性措施。此项货币政策工具的主要目的是阻止地产投机,防止银行对建筑业过度贷款,以减轻通货膨胀压力,同时降低商业银行风险,实现稳健经营。其措施一般包括:

(1)对不动产贷款最高额度的限制;

(2)对不动产贷款首期支付额度的规定;

(3)对不动产贷款分期支付的最长年限的规定等。

### (三)证券市场的信用控制

证券市场信用控制,是指中央银行对有价证券的信用交易方式规定保证金比率,目的在于限制用借款购买有价证券的比重。中央银行可以通过改变保证金比率来控制证券市场的信用交易规模,遏制过度的证券投机活动。

### (四)优惠利率

中央银行为了促进产业结构调整,对不同行业、部门的企业贷款实行差别利率,对国家重点扶持的企业给予优惠贷款利率以促进其发展。

### (五)预缴进口保证金

预缴进口保证金,主要是指规定进口企业在交付进口外汇前预缴进口商品总额的一定比例的外汇,存于中央银行。对于进口商来讲,这在一定程度上相当于提前付款,提高了进口成本,抑制了进口积极性。而中央银行通过该项措施可以减少外汇储备的流失,缓解国际收支不利的状况。

## 三、其他货币政策工具

### (一)直接信用控制

直接信用控制,是指中央银行以行政命令的方式直接对金融机构的信用活动进行控制,其主要手段包括以下几种。

#### 1. 贷款额度限制

贷款额度限制是指中央银行根据金融市场形势及经济发展的需要,以行政命令的方式直接规定各商业银行信贷的最高限额和最大增长幅度,强制地控制商业银行的信贷规模。

#### 2. 利率最高限额

利率最高限额是指中央银行为维护金融市场秩序,防止商业银行用抬高利率的办法竞相吸收存款,或为谋取高额利润而进行高风险贷款而采取的限制最高利率的强制性措施。

#### 3. 规定流动性比率

为限制商业银行的信用扩张和保护存款人的资金安全,中央银行可能对商业银行全部资产中的流动性资产的比重做出规定。

### (二)间接信用指导

间接信用指导,是指中央银行利用非强制性措施间接影响商业银行的信用创造,其内容主要包括以下几种。

#### 1. 道义劝告

道义劝告是指中央银行运用自己在金融体系的特殊地位和威望,通过对商业银行及其他金融机构的劝告,影响其放款的数量和投资的方向,达到控制信用的目的。道义劝告可以采用由中央银行向商业银行和其他金融机构发出通告、指示的形式,也可以采用与各金融机构负责人进行面谈的形式来表明中央银行的意向、立场等。

## 2. 窗口指导

窗口指导是中央银行间接控制信用的一种政策工具。主要内容是中央银行根据产业行情、物价趋势、金融市场动向和货币政策要求，规定每家商业银行每季度贷款的增减额，指导贷款的使用方向，保证经济优先发展部门的资金需要。虽然窗口指导没有法律约束力，但其作用其实很大。因为，如果商业银行不听从指导，中央银行可削减向该行的贷款，甚至停止向其提供贷款，所以商业银行一般会认真实行。

# 第四节 货币政策传导机制及效应

## 一、货币政策的传导机制

货币政策传导机制是指中央银行运用货币政策工具影响中介指标，进而最终实现既定政策目标的传导途径与作用机理，是从运用货币政策到实现货币政策目标的过程。货币政策传导机制是否完善，直接影响货币政策的实施效果以及对经济的贡献。

### （一）货币政策的传导过程

货币政策的传导过程，是货币政策各项措施的实施通过经济体系内的各种变量影响到整个社会经济活动的过程。货币政策的传导一方面是在各经济变量之间进行，另一方面又通过各经济部门和机构进行。这两种传导是同时进行的，是一次传导过程的两种形式。

#### 1. 货币政策的经济变量传导过程

货币政策的经济变量传导从中央银行变动货币政策工具开始，首先影响的经济变量是操作指标，如商业银行的准备金、基础货币等其他变量，其后影响效果指标，如货币供应量、利率等，最后达到影响生产、物价、就业等最终目标，如图10-2所示。

图 10-2 货币政策变量传导过程

货币政策的经济变量传导过程可分为两个阶段：

（1）在金融自身调节阶段，作用主体是金融体制及金融机构，作用的经济要素是各金融变量，如货币政策工具运用对金融机构信贷能力的调节；

（2）在金融作用于经济的阶段，传导过程是各金融、经济变量之间的相互联系和相互影响，中央银行运用货币政策工具之后，通过商业银行的资产运用与负债经营，由金融体系影响实际经济体系。

## 2. 货币政策的机构传导过程

货币政策的机构传导是指货币政策从中央银行运用货币政策工具开始,通过中间机构的传导,最后到达最终目标的过程。具体来说,中央银行在制定货币政策后,选择适当的货币政策工具并予以实施,货币政策工具作用于商业银行等金融机构和金融市场这两个中间部门,对它们的经济行为产生影响,改变其所涉及的各种经济变量,进而影响企业和社会公众的投资和消费行为。例如,中央银行运用公开市场业务,在金融市场上买入有价证券,增加金融市场资金供应,使金融市场利率下降;同时,商业银行超额准备金增加,信贷规模扩大,企业和社会公众手中的货币增加,利率下降,投资和消费受到刺激,社会总需求增加,就业增加,如图10-3所示。

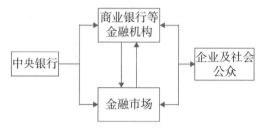

图 10-3　货币政策机构传导过程

## 3. 货币政策的综合传导过程

货币政策的经济变量传导和机构传导综合起来,就构成了货币政策的综合传导过程。中央银行通过各种货币政策工具,直接或间接调节各金融机构的超额准备金和金融市场的融资条件,进而控制全社会货币供应量,使个人和企业不断调整自己的经济行为,整个经济运行也随之发生变动,如图10-4所示。

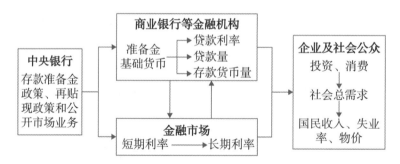

图 10-4　货币政策综合传导过程

## (二)货币政策传导机制理论

货币政策传导机制理论是西方货币政策理论的重要组成部分,它不仅影响着货币政策制定的科学性,更直接决定着货币政策实施的有效性。货币政策传导机制理论经历了古典主义、凯恩斯主义、新古典主义和新凯恩斯主义的理论演进,其间伴随着经济货币化和金融化的体制变革。

### 1. 凯恩斯学派的货币政策传导机制理论

凯恩斯的货币理论阐述了以利率为中介的货币政策传导机制。之后,凯恩斯的追随者不断对其货币理论进行扩展和补充,并与货币学派进行了长期论战,推动了货币政策传导理论研究的深入。

凯恩斯学派关于货币政策的传导过程具体体现为:中央银行实施货币政策后,货币供给数量 $M$ 发生变化。货币供给量相对于货币需求增加时,会导致人们手持现金余额大于其意愿持有量,人们就会将大于意愿持有量的那部分货币用于购买债券,引起债券需求增大,导致债券价格上升,债券利率下降。利率下降,则会刺激投资的增加,然后通过投资乘数效应使国民收入成倍地增长。凯恩斯主义的传导机制通过利息率的变化使投资发生变化,最终影响国民收入。具体可表述为:

$$M\uparrow \to i\downarrow \to I\uparrow \to AD\uparrow \to Y\uparrow$$

综上所述,中央银行货币政策作用的大小主要取决于三个方面的因素:一是取决于一定的货币供应量变动能否引起利率发生变化以及发生多大的变化,如果货币供应量增加不能对利率产生影响,即存在流动性陷阱,则货币政策无效;二是取决于投资支出的利率弹性,即一定的利率变动对投资支出的影响程度;三是取决于投资乘数的大小。在这一传导机制中,利率是整个传导机制的核心和主要环节。如果货币供应量增减后不能对利率产生影响,或者利率变动后对投资支出的影响有限,那么货币政策就会失效。

**2. 货币学派的货币政策传导机制理论**

20世纪60年代末70年代初,货币学派的代表弗里德曼强调货币供应量在整个传导机制中具有决定性效果。货币量对实体经济的影响,是通过较为广泛的资产选择所引起的各种金融资产、实物资产和耐久性消费品的相对价格变化而发生作用的。

弗里德曼对货币量变动的传导过程进行了分析。在他看来,货币当局增加货币供应量以后,最直接的效果是改变非银行部门的资产负债结构,增加个人或企业的手持现金量,从而影响人们的资产选择行为。由于资产选择的范围太大,人们会用货币去购买其他资产,这使购买力的冲击力从一种资产扩展到各种资产,改变了其资产负债结构。于是,各种资产价格上升,利息率下降。这种变化刺激了投资,增加了各类物品的生产,提高了人们的收入。同时,鼓励人们扩大开支,也导致产量和收入增加。这样,货币量变动刚开始对资产负债结构的影响转变为对收入和支出的影响。这时存在一个问题:随着货币量的不断增长,最初可能导致利率下降,但是随着总需求的扩大,价格会很快上升,实际货币量下降,最终在货币供给增加的一段时间后,利率又回到原来的水平。这样使得货币供应量的实际价值下降至与人们的实际货币需求相适应,名义货币供求在更高的名义收入水平上重新恢复均衡,而且如果货币量的增长快于产量的增长,就会发生通货膨胀。货币学派的货币政策传导过程为:

$$货币供应量 \to 公众支出 \to 非货币资产价格(利率) \to 投资 \to 名义收入$$

凯恩斯学派与货币学派在货币政策传导理论上的差异使两大学派倾向于采取不同的经济政策主张,即凯恩斯学派的"相机抉择"和货币学派的"单一规则"经济政策主张。相机抉择是指中央银行在货币政策操作过程中不受任何固定程序或原则的约束,而是依据经济运行态势灵活取舍,通过"逆风向行事"平抑经济周期,以实现货币政策目标。单一规则是指在货币政策实施之前,事先确定据以操作的程序或原则,无论发生什么情况,中央银行都保持一个公开宣布的货币供给固定增长率,目的在于消除频繁的相机抉择引起的经济波动,实现经济长期、稳定的发展。

### 3. 托宾的 Q 理论

新古典综合派主要代表人物之一托宾认为,应将货币理论看作微观经济行为主体进行资产结构管理的理论。托宾把资本市场、资本市场上的资产价格特别是股票交割纳入传导机制。

该理论认为:当中央银行通过降低商业银行准备金率或降低利率等措施来放松银根时,商业银行改变其资产构成,增加了贷款或投资。在贷款需求和债券供给不变的条件下,利率下降,债券价格上涨。这时,社会其他成员调整了其资产结构(降低其证券持有比例,增加现金或其他资产的比例),使得对其他资产的需求增加,价格上升,代表这些资产的某些证券行市上涨,从而刺激该资产的供应。这样,这些资产的供应量和生产这些资产的企业的就业量均会增加。在乘数的作用下,将提高整个经济社会的国民收入水平。但是,这一传导过程存在一个问题,即某一证券行市的上涨,不一定必然刺激这些证券所代表的真实资产的投资和生产。所以托宾引入 $Q$ 值,即一个按照金融市场估价的企业的价值对企业现有资本的税后重置成本的比率。当 $Q$ 值大于 1 时,意味着股票市场价格大于资产重置成本,企业可以通过较少的股票发行来换取较多的新的资本购买,这时企业会扩大投资支出,更新设备,最终使真实产出增加。托宾的货币政策传导过程体现为:

$$M\uparrow \to i\downarrow \to P_s\uparrow \to Q\uparrow \to I\uparrow \to Y\uparrow$$

式中:$P_s$ 为资产价格(股票价格);$Q$ 为真实资本的当期股票市价与真实资本的当期重置成本的比率。

### 4. 开放经济条件下的货币传导机制

在开放经济条件下,净出口,即一国出口总额与进口总额之差,是总需求的一个重要组成部分。货币政策可以通过影响国际资本流动改变汇率,并在一定的贸易条件下影响净出口。在实行固定汇率制度的国家,中央银行可以直接调整汇率;在实行浮动汇率制度的国家,中央银行必须通过公开市场操作来改变汇率。当一国实行紧缩的货币政策时,利率随之上升,外汇对该国生息的金融资产如债券的需求会增加,而该国对国外类似资产如外国生息的金融资产的需求会下降。为了购买该国金融资产,外国人必须购买该国货币,外国对该国货币的需求增加。相应地,该国对外国货币的需求减少。这就使得该国货币在外汇市场上升值。本币的升值不利于本国商品的出口,却会提升外国商品在本国的市场竞争力,增加进口,使得该国净出口下降。当一国实行扩张的货币政策,则有相反的过程。在浮动汇率制度下,这样的机制可以表示为:

$$M\uparrow \to r\downarrow \to r_e\downarrow \to NX\uparrow \to Y\uparrow$$

式中:$r_e$ 代表汇率;$NX$ 代表净出口。

在金融全球化的趋势下,国际资本的流动对本国货币政策的操作具有抵消作用。比如,当本国需要提高利率以限制对本国商品和劳务的总需求时,外国资本的流入会抑制利率的上升。与此相反,当中央银行期望降低利率时,资本的流出会阻碍利率的下降。

## (三)我国货币政策传导机制实践

我国货币政策的传导机制经历了从直接传导向"直接传导 + 间接传导"的双重传导的转变,并逐渐过渡到以间接传导为主的阶段。

## 1. 传统体制下的直接传导机制

直接传导机制与高度集中统一的计划经济管理体制相适应。在计划经济管理体制下，国家在确定经济增长、物价稳定和国际收支平衡等宏观经济目标时，已经通过国民经济综合计划将货币供应量和信贷总规模乃至这些指标的产业分布和地区分布包括在内。因此，中央银行的综合信贷计划只是国民经济计划的一个组成部分（见图10-5）。中央银行的政策工具唯有信贷计划以及派生的现金收支计划，在执行计划时直接为实现宏观经济目标服务。这种机制完全采用行政命令的方式通过指令性指标运作。其特点是：

(1) 方式简单，时滞短，作用效应快；
(2) 信贷、现金计划从属于实物分配计划，中央银行无法主动对经济进行调控；
(3) 由于缺乏中间变量，政策缺乏灵活性，政策变动往往会给经济带来较大的波动；
(4) 企业对银行依赖性强，实际上是资金供应的"大锅饭"。

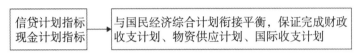

图 10-5　直接传导机制

## 2. 改革开放以来的双重传导机制

改革开放以来，我国货币政策直接传导机制逐步削弱，间接传导机制逐步加强，但仍带有双重传导特点，即兼有直接传导和间接传导两套机制的政策工具和调控目标，如图10-6所示。

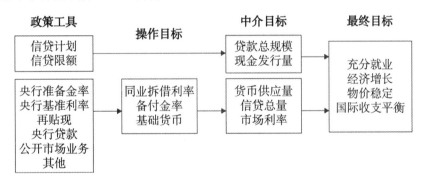

图 10-6　双重传导机制

(1) 第一个环节是运用货币政策工具影响操作目标——同业拆借利率、备付金率和基础货币。信贷计划、贷款限额是直接的货币政策工具，其影响直达中介目标——贷款总规模和现金发行量。在直接传导过程中，没有操作目标，或许可以将季度、月度的贷款、现金指标称为操作目标。这个环节用于调控各金融机构的贷款能力和金融市场的资金融通成本。

(2) 操作目标的变动影响到货币供应量、信用总量、市场利率。信用总量的可测性不强，还不太使用；中央银行根据经济、金融形势变化来调整利率。在这个环节，金融机构和金融市场、企业和居民在变化了的金融条件下做出反应，改变自己的货币供给和货币需求行为，从而影响到货币供应量的变动。

(3) 货币供应量的变动影响到最终目标的变动。改革之初，货币转化为存款和现金比较透明，贷款总量基本反映了货币供应量，只要守住了贷款就几乎守住了货币供给。随着改革的深入，两者的相关性减弱，只控制贷款并不能完全调控货币供应量，直接控制的效果减弱。然而，在货币政策间接调控货币供应量的机制不完善的条件下,只能两者并用。在经济过热、通货膨胀严重时,直接控制比间接调控的效果更好,所以并没有马上放弃它,形成了双重调控的特点。

20世纪90年代,我国经济经历了高通胀后"软着陆"成功,商业银行推行资产负债比例管理,各级政府防范金融风险意识大大加强,取消贷款限额的条件基本成熟。1998年,我国不失时机地取消了对固有商业银行的贷款限额,标志着我国货币政策传导机制从双重传导过渡到以间接传导为主。

然而,我国的社会主义市场经济体制仍在完善过程中,商业银行和企业的运行机制还不健全,所以货币政策传导效应也有待提高。只有真正按现代企业制度的要求加快商业银行和企业的改革步伐,使其对中央银行的货币政策做出灵敏反应,才能完善货币政策传导机制。

货币政策传导机制的效率不仅取决于中央银行货币政策的市场化取向,而且取决于金融机构、企业和居民行为的市场化程度,即它们必须对市场信号做出理性的反应。如果它们不能完全按照市场准则运行,即不能对包括中央银行的间接调控信号在内的市场信号做出理性反应,那么货币政策工具就不可能通过对货币信贷条件的调节来实现其政策目标,货币政策传导过程就会受到梗阻,货币政策效果就会被减弱。

## 补充阅读10-4

**中国人民银行:存贷款降息0.25个百分点,同时定向降准**

2015年6月,中国人民银行决定,自2015年6月28日起有针对性地对金融机构实施定向降准,以进一步支持实体经济发展,促进结构调整。具体措施如下:

(1)对"三农"贷款占比达到定向降准标准的城市商业银行、非县域农村商业银行降低存款准备金率0.5个百分点;

(2)对"三农"或小微企业贷款达到定向降准标准的国有大型商业银行、股份制商业银行、外资银行降低存款准备金率0.5个百分点;

(3)降低财务公司存款准备金率3个百分点,进一步鼓励其发挥好提高企业资金运用效率的作用。

同时,自2015年6月28日起下调金融机构人民币贷款和存款基准利率,以进一步降低企业融资成本。其中,金融机构一年期贷款基准利率下调0.25个百分点至4.85%;一年期存款基准利率下调0.25个百分点至2%;其他各档次贷款及存款基准利率、个人住房公积金存贷款利率相应调整。

【思考】

(1)此次定向降准并结合下调存贷款基准利率的背景是什么?

(2)此次定向下调存款准备金率措施的具体内容是什么?

(3)此次下调存贷款基准利率对于促进降低社会融资成本有何积极意义?

资料来源:https://finance.cnr.cn/gundong/20150627/t20150627_518982016.shtml.

## 二、货币政策效应

货币政策效应是指中央银行推行一定的货币政策之后最终实际取得的效果,即货币政策的有效性问题。它包括货币政策的数量效应和货币政策的时间效应。

## (一)货币政策的数量效应

货币政策的数量效应是指货币政策效应的强度,即货币政策发挥效力的大小。对货币政策效力大小的判断,一般着眼于实施的货币政策所取得的效果与预期所要达到的目标之间的差距。由于货币政策各目标之间存在矛盾,所以考察货币政策的数量效应,不应仅仅观察某一个政策目标的实施情况,而应综合考察各主要货币政策目标的实现情况。比如,如果一个国家货币政策的最终目标主要是稳定物价和经济增长,那么其政策效应就可以用如下方法来考察。

不妨以 $Y$ 代表国民收入增长率,$P$ 代表通货膨胀率,$Y_t$、$P_t$ 分别代表政策实施前的国民收入增长率和通货膨胀率,$Y_{t+1}$、$P_{t+1}$ 分别代表政策实施后的国民收入增长率和通货膨胀率。货币管理当局无论是实行紧缩的货币政策,还是实行扩张的货币政策,都会出现以下三种结果之一。

(1) $Y_{t+1}/Y_t > Y_{t+1}/P_t$。这种情况说明政策实施后,经济增长减速程度小于物价回落程度;或经济增长加速程度大于物价上升程度;或者经济增长加速,而同时伴随物价下降。前两者是比较理想的结果,而后者是最理想的结果。

(2) $Y_{t+1}/Y_t < Y_{t+1}/P_t$。这种情况说明政策实施后,经济增长的减速程度大于物价回落程度;或经济增长加速程度小于物价上升程度;或者经济增长减速,而同时伴随物价上涨。这时,货币政策综合效应为负,因为货币政策的实施已产生了损害实质经济增长的结果。

(3) $Y_{t+1}/Y_t = Y_{t+1}/P_t$。这种情况说明政策实施以后,经济增长率变动的正效应被物价变动的负效应所抵消;或者物价回落的正效应被经济增长的负效应所抵消,货币政策无效。

## (二)货币政策的时间效应

货币政策的时间效应,又称货币政策的时滞,是指中央银行从研究、制定货币政策到货币政策取得预期效果的时差。

由于货币政策时滞的存在,中央银行在实施货币政策的过程中常常发生这样的问题:当中央银行采取的货币政策正在发挥作用时,经济状况却已经发生了完全相反的变化。例如,中央银行在前一经济高涨时期实施紧缩的货币政策,但由于时滞的存在,紧缩的货币政策在随后出现的经济衰退时期仍然发挥着降低收入的作用,这时货币政策不仅不能起到熨平经济周期的作用,反而还会扩大经济周期波动的幅度,使国民经济更加不稳定。如果货币政策的时滞短,并能进行较为准确的预测,则可以大大提高货币政策的有效性。货币政策时滞可以分为以下三个部分。

**1. 内部时滞**

内部时滞是指从政策制定到货币当局采取行动这段时间。内部时滞还可以细分为以下两个阶段:

(1)认识时滞,指经济金融情况变化需要货币当局采取行动,到货币当局认识到这种变化并承认需要调整货币政策之间的时间间隔;

(2)行动时滞,指货币当局认识到需要调整货币政策到实际采取行动之间的时间间隔。

内部时滞的长短取决于货币当局对经济形势发展的敏感程度、预测能力,以及中央银行制定政策的效率和行动的决心,这个时间间隔一般为 2~6 个月。

### 2. 中间时滞

中间时滞是指从中央银行采取行动,到商业银行和其他金融机构根据中央银行政策意图改变其信用条件的时间过程。这段时间的长短取决于商业银行及其他金融机构的反应以及金融市场的敏感程度,是中央银行所不能操纵的,一般为 2 个月左右。

### 3. 外部时滞

外部时滞是指从金融机构改变其利率、信用供给量等信用条件开始,直到对货币政策最终目标产生影响力为止的这段时间。外部时滞又分为以下两个阶段:

(1) 微观决策时滞,即在金融机构信用条件发生改变以后,个人和企业面对新情况改变自己投资决策和支出决策的这段时间;

(2) 作用时滞,即个人和企业做出新的投资决策和支出决策,并采取行动,到对整个社会的生产和就业等经济变量产生影响所耗费的时间。

外部时滞是货币政策时滞的主要部分,它既包括微观经济主体在新货币政策出台后的决策过程,也包括微观经济主体行为对储蓄、投资、消费、货币需求、产出和价格等重要经济变量产生影响的过程。外部时滞最长,各国差异较大,一般为 4~20 个月。

## 补充阅读10-5

### 我国货币政策的时滞效应

20 世纪八九十年代,我国货币政策的时滞效应表现得十分明显,已经成为制约货币政策达到预定政策目标的重要因素。货币政策时滞的存在,对提高货币政策有效性提出了强烈的挑战。

第一,在 1985—1989 年期间,价格时滞比产出时滞短(产出时滞为 7 个季度,而价格时滞为 1 个季度),这与西方经济学家的结论完全相反。西方经济学认为货币供应的变动首先引起经济产出的变动,进而才带动价格的上升,产出时滞应比价格时滞短。在 1990—1998 年期间,价格时滞比产出时滞长(产出时滞为 3 个季度,而价格时滞为 5 个季度),与西方学者的观点吻合。这在一定程度上反映出在 1985—1989 年期间,我国经济运行的市场化程度不高,而 1990 年以后,市场在资源配置中日益发挥了越来越重要的作用。

第二,货币紧缩时滞比货币扩张时滞短。西方经济学家认为货币政策在进行紧缩时的有效性要比进行扩张时的有效性高,对中国货币政策时滞的分析也印证了这一判断。

(1) 从货币政策的紧缩效果来看,1990 年第一季度贷款增长率开始下降,1991 年第二季度工业产值增长率开始下降。1994 年第三季度贷款收缩,1995 年第一季度工业产值增长率明显下降。

(2) 从货币政策的扩张效果来看,贷款从 1995 年第三季度开始扩张,到 1997 年第二季度工业企业贷款增长的速度最高,工作产值的增长率没有明显扩张,货币政策出现低效率格局。

第三,经济转轨时期,政策时滞十分不稳定,变动十分剧烈,影响因素众多,因而政策时滞就成为制约货币政策有效性的关键性因素之一。

第四,随着我国的货币政策从直接调控向间接调控转变,行政手段让位于经济手段,货币政策的外在时滞有加长的趋势。

资料来源:邢毓静.论中国的货币政策时滞[J].华南金融研究,2000(1):9-12.

### (三)影响货币政策效应的因素

#### 1. 货币政策时滞

时滞短,则政策见效快,也便于中央银行及时调整货币政策的方向和力度。但时滞长短对政策效果的影响不是最重要的,最重要的是时滞是否稳定、可预测。如果时滞不稳定、难预测,那么即使货币政策措施正确,出台时机也合适,但货币政策可能会在错误的时点上生效,结果可能适得其反。

#### 2. 货币流通速度

货币流通速度如果不稳定,则货币政策的效果不仅可能被削弱,而且货币政策可能会成为影响经济稳定的根源。这是因为,社会总需求从流量上表现为一定时期内的货币支出总量,它等于货币供应量与货币流通速度的乘积。如果货币流通速度波动不定,那么,即使中央银行能完全按照预定的目标调节货币供应量,也难以使总需求和GDP达到预期的水平,货币政策就难以达到预期效果。

#### 3. 微观经济主体的合理预期

当一项政策措施出台时,各种微观经济主体立即会根据可能获得的各种信息,预测政策的后果,从而很快做出对策,而且很少有时滞。而对微观主体广泛采取的具有抵消性作用的对策,货币当局的政策可能归于无效。不过,实际情况是,公众的预测即使非常准确,实施对策即使很快,其效应的发挥也有一个过程,因此,货币政策仍会部分有效。

#### 4. 其他政治经济因素的影响

货币政策的有效性也会受到其他外来或体制因素的影响,例如宏观经济条件的变化。如果经济出现某些始料不及的情况,而货币政策又难以做出相应调整,就可能出现货币政策效果不佳甚至失效的情况。政治因素对货币政策的影响也是巨大的。由于货币政策会对不同阶层、集团、部门或地方政府的利益带来不同影响,这些主体如果利益受损就会做出强烈反应,从而形成政治压力,当这些压力足够大时,就会迫使中央银行对其货币政策进行调整。

**复习思考题**

### 一、选择题

1. 下列属于货币政策的中间目标的是(　　)。
   A. 基础货币　　　　　　　　　　B. 经济增长
   C. 充分就业　　　　　　　　　　D. 物价稳定
2. 愿意接受现行的工资水平和工作条件,但仍然找不到工作的是(　　)。
   A. 充分就业　　　　　　　　　　B. 非自愿失业
   C. 自愿失业　　　　　　　　　　D. 摩擦失业
3. 根据蒙代尔的政策配合说,(　　)主要解决国内经济问题,而(　　)主要解决国际经济问题。

A. 货币政策　财政政策　　　　　　　　　B. 财政政策　货币政策

C. 财政政策　利率政策　　　　　　　　　D. 货币政策　汇率政策

4. 目前,国际上运用得比较多而且十分灵活有效的货币政策工具为(　　)。

A. 法定存款准备金　　　　　　　　　　B. 再贴现政策

C. 公开市场业务　　　　　　　　　　　D. 窗口指导

5. 下列货币政策操作中,引起货币供应量增加的是(　　)。

A. 提高法定存款准备金率　　　　　　　B. 提高再贴现率

C. 降低再贴现率　　　　　　　　　　　D. 中央银行卖出债券

6. 中央银行降低法定存款准备金率时,则商业银行(　　)。

A. 可贷资金量减少　　　　　　　　　　B. 可贷资金量增加

C. 可贷资金量不受影响　　　　　　　　D. 可贷资金量不确定

7. 一般来说,中央银行提高再贴现率时,会使商业银行(　　)。

A. 提高贷款利率　　　　　　　　　　　B. 降低贷款利率

C. 贷款利率升降不确定　　　　　　　　D. 贷款利率不受影响

8. 中央银行在公开市场上大量抛售有价证券,意味着货币政策(　　)。

A. 放松　　　　　　　　　　　　　　　B. 收紧

C. 不变　　　　　　　　　　　　　　　D. 不一定

9. 作用力度最强的货币政策工具是(　　)。

A. 公开市场业务　　　　　　　　　　　B. 再贴现政策

C. 规定流动性比率　　　　　　　　　　D. 法定存款准备金

10. 通过影响商业银行借款成本而发挥作用的货币政策工具是(　　)。

A. 公开市场业务　　　　　　　　　　　B. 再贴现政策

C. 规定流动性比率　　　　　　　　　　D. 法定存款准备金

## 二、简答题

1. 简述中央银行货币政策目标及其相互之间的冲突。
2. 简述协调货币政策目标之间矛盾的主要方法。
3. 试述凯恩斯学派和货币学派关于货币政策传导机制的理论差异。
4. 中央银行的一般性货币政策工具有哪几种？它们分别是如何应用的？
5. 中央银行的选择性货币政策工具有哪几种？它们分别是如何应用的？
6. 简述货币政策的作用过程。
7. 货币政策的时滞包括哪些类别？

# 案例分析题

### 2023 年稳健货币政策有效　金融对实体经济支持稳固

我国 2023 年全年社会融资规模增量累计为 35.59 万亿元,比上年多 3.41 万亿元;2023 年全年人民币贷款增加 22.75 万亿元,同比多增 1.31 万亿元;2023 年末社会融资规模存量为 378.09 万亿元,同比增长 9.5%。

总体来看,2023年全年稳健的货币政策精准有力,保持流动性合理充裕,金融市场保持平稳运行,信贷结构持续优化,实体经济融资成本稳中有降,金融对实体经济的支持政策持续发力。

2023年宽信用力度维持高位,金融对实体经济支持力度稳固,质效提升。2023年,中国人民银行两次降准、两次降息,优化房地产金融政策等举措也接连出台,有效激励金融机构增加对实体经济的资金投入,再配合国债增发、"三大工程"加快推进等宏观政策"组合拳",进一步提升了经济稳步回升的可持续性。

2023年社会融资规模、M2增速分别为9.5%、9.7%,明显高于名义GDP增速,表明逆周期货币政策力度较大,金融在持续加大对实体经济的支持。

从金融数据可以看出,2023年金融支持力度加大,有效巩固了经济回升向好态势。2024年,稳健的货币政策将灵活适度、精准有效,积极的财政政策将适度加力、提质增效,"保持流动性合理充裕,引导信贷合理增长、均衡投放,保持社会融资规模、货币供应量同经济增长和价格水平预期目标相匹配"成为重要方向,金融机构应继续保障信贷合理投放,确保社会融资规模全年可持续较快增长,促进物价低位回升,支持实体经济可持续良性发展。

【思考】

(1)我国2023年的货币政策使用了什么政策工具?

(2)我国2023年的货币政策对经济有什么影响?

资料来源:http://finance.people.com.cn/GB/n1/2024/0113/c1004-40158223.html.

# 参考文献

REFERENCES

[1] 卞志村.金融学[M].北京:人民出版社,2019.
[2] 曹龙骐.金融学[M].北京:高等教育出版社,2019.
[3] 陈志武.金融通识课[M].长沙:湖南文艺出版社,2018.
[4] 陈志武.金融的逻辑[M].上海:上海三联书店,2018.
[5] 盖锐,丁涛,孙晓娟.金融学[M].北京:清华大学出版社,2020.
[6] 葛联迎,申雅琛.金融学[M].北京:北京理工大学出版社,2020.
[7] 郭兴方,张慧.金融学[M].北京:中国人民大学出版社,2021.
[8] 黄达,张杰.金融学(精编版)[M].北京:中国人民大学出版社,2020.
[9] 黄宪,侯成琪,赵征.货币金融学[M].武汉:武汉大学出版社,2020.
[10] 何光辉.货币银行学[M].北京:高等教育出版社,2020.
[11] 姜克波.国际金融新编[M].上海:复旦大学出版社,2018.
[12] 蒋先玲.货币银行学[M].北京:对外经济贸易大学出版社,2019.
[13] 李健.金融学[M].北京:高等教育出版社,2022.
[14] 刘建波.金融学概论[M].北京:清华大学出版社,2015.
[15] 彭兴韵.金融学原理[M].上海:格致出版社,上海三联书店,2018.
[16] 钱婷婷.货币银行学[M].北京:人民邮电出版社,2013.
[17] 汪玲,胡丹.金融学[M].杭州:浙江大学出版社,2015.
[18] 汪玲,胡丹,褚义景.货币银行学[M].上海:上海财经大学出版社,2020.
[19] 王晓光.货币银行学[M].北京:清华大学出版社,2022.
[20] 王元龙.中国金融安全论[M].北京:知识产权出版社,2019.
[21] 夏丹阳.货币银行学[M].北京:经济管理出版社,2013.
[22] 夏德仁,李念斋.货币银行学[M].北京:中国金融出版社,2009.
[23] 向松祚.新资本论:全球金融资本主义的兴起、危机和救赎[M].北京:中信出版社,2015.
[24] 向松祚.争夺制高点:全球大变局下的金融战略[M].北京:中国发展出版社,2013.
[25] 谢百三.金融市场学[M].北京:北京大学出版社,2009.
[26] 邢毓静.论中国的货币政策时滞[J].华南金融研究,2000(1):9-12.
[27] 幸理.货币银行学[M].武汉:华中科技大学出版社,2008.

[28] 颜军梅.金融学[M].武汉:武汉大学出版社,2018.
[29] 姚长辉,吕随启.货币银行学[M].北京:北京大学出版社,2018.
[30] 易纲,吴有昌.货币银行学[M].上海:格致出版社,上海人民出版社,2014.
[31] 张伟芹.金融基础[M].北京:中国人民大学出版社,2019.
[32] 张亦春.现代金融市场学[M].北京:中国金融出版社,2019.
[33] 张亦春,郑振龙,林海.金融市场学[M].北京:高等教育出版社,2020.
[34] 朱新蓉.货币金融学[M].北京:中国金融出版社,2021.
[35] 弗雷德里克·S·米什金.货币金融学[M].郑艳文,荆国勇,译.北京:中国人民大学出版社,2016.
[36] 约翰·梅纳德·凯恩斯.就业、利息和货币通论[M].高鸿业,译.北京:商务印书馆,1999.
[37] 兹维·博迪,罗伯特·C.默顿,戴维·L.克利顿.金融学[M].曹辉,曹音,译.北京:中国人民大学出版社,2013.

# 与本书配套的二维码资源使用说明

本书部分课程及与纸质教材配套数字资源以二维码链接的形式呈现。利用手机微信扫码成功后提示微信登录,授权后进入注册页面,填写注册信息。按照提示输入手机号码,点击获取手机验证码,稍等片刻收到4位数的验证码短信,在提示位置输入验证码成功,再设置密码,选择相应专业,点击"立即注册",注册成功(若手机已经注册,则在"注册"页面底部选择"已有账号,立即登录",进入"账号绑定"页面,直接输入手机号和密码登录),即可查看二维码数字资源。手机第一次登录查看资源成功以后,再次使用二维码资源时,只需在微信端扫码即可登录进入查看(如申请二维码资源遇到问题,可联系宋焱:15827068411)。